어제보다 더 나은 내일을
응원합니다.

그레이트
리세션
2023년
경제전망

그레이트 리세션 2023년 경제전망

미리 보는 2023년의 20가지 경제 이슈

경제 읽어주는남자
김광석 지음

nomad
지식노마드

2023년 변화를 읽고 기회를 잡아라

경제는 무겁고, 마음은 허탈하다. 일자리를 구하는 청년의 발걸음도, 반찬거리를 구하는 주부의 마음도, 내 집을 구하는 세입자의 한숨도, 사업기회를 구하는 기업의 고민도 모두 무겁기만 하다. 산 넘으면 또 산이고, 겨울 지나면 또 겨울이다. 땅 파면 금이 나올 줄 알았는데, 땅을 파도 여전히 땅속이다. 연일 쏟아지는 불안한 경제 뉴스들은 머리를 무겁게 만드는데, 치솟는 물가와 금리는 내일에 대한 기대마저 억눌러 마음을 텅 비게 만든다. '이러다 외환위기 오는 것 아니야' 하는 말들이 주변에서 자주 들려온다.

좋은 경제 신호를 찾기가 어렵다. 고물가, 고금리, 고환율, 무역수지적자, 소비침체, 가계부채 누증, 주가 하락… 어느 것 하나 좋아 보이지 않는 험난한 경제다. 연일 발표되는 경제 기사들은 '사상 처음', '외환위기 이후 처음'이라며 경고한다. 코로나19는 끝날 생각이 없고, 우크라이나 전쟁은 얼마나 장기화할지 가늠할 수도 없다. 에너지 위기, 식량 위기, 기후위기까지 녹록지 않은 여건이다. 한국경제는 저출산, 고령화, 지방소멸 등과 같은 우리나라만의 고유한 과제가 산적해 있다. 둘러싼 경제 여건이 온통 나쁜 것들뿐이고, 좋은 것은 찾으려도 나타나지 않는다.

'철부지'라는 말이 있다. '철不知'는 한글과 한자의 조합으로, '철'을 모른다는 뜻이다. 봄이 오면 씨를 뿌리고 가을에는 수확해야 하는데, 철을 구분하지 못하면 농사는 망하는 법이다. 봄이 오고, 여름과 가을을 지나 겨울이 온다. 누군가에게는 봄만 오고, 누군가에게는 겨울만 오는 것이 아니다. 모두에게 사계절이 찾아오지만, 계절에 맞게 적절히 대응하는 것이 필요한 것이다.

경제도 마찬가지다. 누군가에게만 금리가 올라가고, 누군가에게는 내려가는 게 아니다. 누군가에게는 주가가 내려가고, 누군가에게는 올라가는 게 아니다. 경제-금융-시장은 '철'에 해당하고, 철은 한 방향으로 움직인다. 철을 구분하고, 경제국면을 이해해 대응해야 한다. 최근 2번의 통제할 수 없는 변수를 만났다. 2020년의 팬데믹과 2022년의 전쟁이다. 계절을 우리가 통제할 수 없듯, 이러한 외재적 변수는 받아들여야만 하는 대상이다. 이러한 변수들은 경제에 상당한 변화를 가져왔고, 누군가에게는 기회가, 누군가에게는 위협이 되었다. 경제 여건의 변화를 읽은 사람은 기회를 잡았고 그렇지 않은 사람에겐 위협이 되었다.

2020년 역사상 가장 충격적인 팬데믹 경제위기를 만났고, 경제위기를 극복하기 위해 세계 각국은 유례없는 수준의 완화적 통화정책을 동원했다. 돈의 가치가 급격히 떨어졌고, 자산가치가 급등했다. 열심히, 성실히 일한 사람은 오히려 가난해졌고, 자산을 보유한 사람은 더 부자가 되었다. 2022년 전쟁 이후 유례없는 고물가가 찾아왔고, 물가를 잡기 위해 세계 각국은 금리 인상을 단행했다. 돈의 이동이 일어났다. 고물가의 동인인 원자재나, 저축과 같은 현금성 자산으로 돈이 이동했다. 돈의 이동을 모른 채 과거의 공식에만 빠져 있던 사람들은 2022년 여전히 주식과 부동산과 같은 자산시장에만 머물렀고, 이유도 모른 채 손실만 쌓였다.

기업도 마찬가지다. 2020년 수많은 오프라인 기반의 사업방식을 영위하던 기업들은 팬데믹 위기를 피해갈 수 없었고, 유연하게 비대면-온라인 서비스로 대처한 기업들은 상당한 기회를 맛봤다. 2022년 전쟁 이후 원자재 공급망이 틀어막히고, 원자재 가격이 치솟으며, 강달러 현상이 눈덩이처럼 부풀려졌을 때, 경제를 읽고 대응한 기업들은 자원개발사업에 뛰어들거나, 공급업체를 다양화하는 구매전략을 취하고, 미리 비축분을 충분히 확보함으로써 대응했다. 그렇지 않은 기업들은 강달러 현상에 더 많은 자금을 지급해야 했고, 원자재를 확보하지 못해 공장가동을 멈춰야만 했다.

복합위기의 시대라고 해서 모두에게 위기가 찾아오지 않는다. 어떻게 대응하느냐에 달려 있다. 총알이 날아온다고 해보자. 총알이 날아오는지 모르거나, 날아오는지 알면서도 꼿꼿하게 서 있는 사람은 위험하다. 바짝 엎드리면 피할 수 있다. 2023년 경제는 경기침체가 예고되다시피 한다. 경제주체들은 그 위기의 성격을 명확히 진단하고, 놓여 있는 여건에 맞게 준비할 필요가 있다. 정부 정책도 마찬가지다. '철부지' 밥그릇 싸움할 때가 아니다. 그 어느 때보다 엄중하게 경제를 살펴야 할 때다. 어떠한 혹독한 현실에 놓여 있는지를 진단하고, 경제주체들이 '엎드릴 수 있도록' 안내해야 한다.

그레이트 리세션이 온다. 2023년 경제는 '내핍점Point of Austerity'에 해당한다. 어려운 상황을 인내하는 '내핍'이 필요하다. 경기침체 공포는 투자자의 심리를 얼어붙게 할 것이고, 기업들의 신사업 의지를 꺾어놓을 것이며, 높은 금리는 이자 부담을 가중해 소비자의 소비를 위축시킬 것이다. 그동안 형성되었던 자산버블은 점차 소멸될 전망이다. 2023년에 펼쳐질 거대한 변화를 먼저 들여다봐야 한다.

최악의 조건에서도 최선의 결과를 만들어야 한다. '비머네스크'를 기억하라. 어떤 악조건하에서도 놀라운 성과를 거둘 수 있음을 뜻하는 용어다. 1968년 멕시코시티 올림픽에서 밥 비먼Bob Beamon이 최악의 조건에서도 한계를 넘어선 멀리뛰기를 한 것은 동료의 조언이 있었기 때문이다. 결론 부분에서 강조했듯, 동료인 랠프 보스턴Ralph Boston이 비먼에게 건넨 말이 있다. "Your legs have never been as strong as they are right now. Your body weighs nothing. Your mind has wings. Use them! Fly up! Fly out!" "지금 너의 다리는 그 어느 때보다 강인해. 지금 이 순간 네 몸은 깃털처럼 가벼워. 네 마음엔 날개가 달려 있어. 그것을 사용해서 힘껏 날아오르라고!" 본서는 여러분이 비머네스크를 발휘할 수 있도록 조언할 것이다.

"경제를 모르고 투자하는 것은 눈을 감고 운전하는 것과 같다."

『경제 읽어주는 남자』를 통해 처음 남겼고, 매년 경제전망서에서 재인용 하는 문구다. 이 말은 반드시 재테크만을 이야기하는 것이 아니다. '나'에 대한 투자는 물론, 기업들의 신사업 투자와 정부의 공공 투자도 포함된다. 어떤 경제환경에 놓이게 되고, 어떤 위협요인이 있으며, 또 어떤 기회요인이 있을지를 기민하게 살펴봐야 한다. 눈을 감고 운전하는 일이 없어야 하겠다.

본서는 '먼저 읽어보기'로 시작한다. 왜 '경제전망'을 읽어야 하는지, 2023년 경제를 왜 '내핍점'이라고 규명했는지를 설명한다. 이어서 2023년에 펼쳐질 20가지 경제 이슈들을 기술한다. 특히, 20가지 경제 이슈들은 크게 3가지 영역으로 구분된다. 세계경제의 주요 이슈 7가지, 한국경제의 주요 이슈 6가지, 그리고 산업·기술 관점에서의 이슈 7가지로 구성된다. 끝으로 세계경제와 한국경제가 어떠한 흐름으로 전개될지를 분석한 경제전망을 담고, 가계·기업·정부가 각각 어떻게 대응해야 할지를 요약적으로 제안했다.

그동안 '경제전망 시리즈'에 보내주신 독자들의 관심이 저자를 성장시킨 것 같다. 많은 질문을 만나면서 더 깊게 고민해보게 되었고, 수많은 다양한 입장에서 경제를 해석하고 더 나은 제안을 담기 위해 생각하게 되었다. 본서 『그레이트 리세션 2023년 경제전망』을 통해 그 관심과 사랑에 보답하고, 매년 경제전망 도서를 발간하겠다는 약속을 지킬 수 있게 되었다.

한해를 또 지나니, 장석주 시인의 「대추 한 알」이라는 시가 더 큰 울림을 주는 것 같다. "대추가 저절로 붉어질 리는 없다. 저 안에 태풍 몇 개, 천둥 몇 개, 벼락 몇 개." 책상머리에서만 고민했다면 대추가 익을 리 없었다. 뒤늦게 빚져서 집을 샀는데, 사자마자 집값이 떨어지고 있다는 가장의 한숨이 이 책에 담겼다. 전기세, 가스요금, 단무지 가격, 달걀 가격… 안 오른 게 없는데 손님 떨어질까 걱정되어 김밥 가격을 못 올리는 김밥가게 할머니의 고통도 이 책에 담겼다. 기업 강연에서 만난 경영자들의 냉철한 질문들은 죽은 교과서가 아닌 살아 있는 조언이 될 수 있도록 숙고하게 했고, 정부 자문회의에서 만나 정책에 관해 고민한 시간이 본서의 빈틈을 메워주었다.

TV 토론에서 마주한 전문가들의 반론은 나를 한쪽으로 치우치지 않게 도와주었고, '경제 읽어주는 남자' 유튜브 구독자들의 질문들이 부족한 나의 생각을 정교하게 만들어주었다. 글은 혼자 썼지만, 책은 나만의 것이 아니다. 사랑하는 가족들의 이해와 동료 연구자들의 도움이 없었다면 발간될 수 없는 책이었다. 수많은 태풍과 천둥과 벼락을 담아 본서를 발간하고자 한다.

"앞으로 경제가 어떨까요?"라는 일반 대중 여러분들의 질문에 다가가 대답해 드리고자 한다. 연구자들만의 언어가 아닌, 대중 여러분들께 쉬운 언어로 전달해 드리고자 한다. 경제 읽어주는 남자 김광석은 매년 경제전망 도서를 발간할 계획이다. 본서는 그 다섯 번째 도서다. 여러분들께서 갖고 계신 "앞으로 경제가 어떨까요?"라는 질문에 본서와 함께 다가가 대답드리고자 한다.

2023년 주요 경제 이슈의 선정

내핍점Point of Austerity, 2023년

자료: brettonwoodsproject.org.

왼쪽 그림을 보면 무엇이 떠오르는가? 맞는 옷이 있음에도 불구하고, 작은 옷을 선택하는 모습이다. 고기를 양껏 2인분 먹고 싶지만, 1인분으로 만족해야 하는 상황에 비유될 수 있다. 마음에 드는 것을 '정하기'보다, 조건에 맞추어 '정해지는' 모습이랄까? 살기 좋은 집을 정하는 것이 아니라, 사정에 맞게 살집이 정해지는 처지다. 부모님께 풍성한 명절 선물을 드리고 싶지만, 여유가 없어 알뜰한 상품을 골라야만 하는 불효자의 마음이다. 아이에게 유기농 달걀로 요리해 주고 싶지만, 저렴한 물건을 골라야 하는 부모의 감정도 보여주는 듯하다.

2023년은 '내핍'의 시대다. 내핍austerity, 耐乏은 물자가 없는 것을 참고 견딤을 뜻한다. 궁핍needy, 窮乏과도 유사한 표현이지만 다소 차이가 있다. 궁핍은 몹시 가난한 상황을 말하고, 내핍은 가난한 상황을 인내하는 모습을 의미한다. 2023년 경제가 녹록지 않을 것이고, 경제주체는 그 어려운 경제를 인내해야 한다.

높은 물가에 허덕이는데, 소득은 넉넉지 않다. 가진 자산은 쪼그라들고, 이자 부담은 눈덩이처럼 커져간다. 소비심리만 떨어지는 것이 아니라, 소비할 여력 자체가 없어진다. 가계만 힘든 것이 아니다. 소비가 위축되니 기업도 생산활동을 줄일 수밖에. 가뜩이나 원자재 가격이며 전기요금, 가스요금 모두 올랐는데, 매출은 그 자리다. 허리띠를 졸라매는 수밖에 없다. 2023년 경제를 '내핍점Point of Austerity'이라고 규명한 이유다.

인플레이션 쇼크는 2022년 고점을 찍고 내려오겠지만, 2023년에도 해소되지 않은 채 여전히 높은 수준에서 과제로 남아 있을 것이다. 세계 각국의 인플레이션과의 전쟁이 2023년까지 연장됨에 따라, 종전에 생각했던 수준보다 기준금리의 고점과 속도는 올라갈 수밖에 없다. 이에 따라 높아져버린 시중금리는 기업의 투자를 위축시키고, 가계의 소비심리를 얼어붙게 만든다. 고물가와 저성장의 부담을 안고 경제활동을 해야 하는 경제주체들은 매우 어려운 국면을 맞이하게 될 전망이다.

한국경제는 스태그플레이션Stagflation에 처하게 될 것이다. 학술적으로는 4% 수준의 높은 물가상승률이 유지되고, 경제성장률은 전년동기대비 1%를 밑도는 상태를 의미한다. 쉽게 말해, 고물가와 저성장이라는 안 좋은 선택지만 받아든 상태를 뜻한다. 보통 고물가 시대에는 고성장이, 저성장 시대에는 저물가가 찾아오는데 말이다.

높은 곳에 올라가야 한다. 세계 그리고 한국경제가 어떤 국면에 있는지를 보아야 한다. 경제 여건은 모두에게 똑같이 찾아온다. 누구에게만 금리가 올라가고, 누구에게는 금리가 떨어지는 것이 아니다. 거시경제는 한 방향으로 찾아오지만, 방향을 모르는 사람에게만 위협이 찾아온다. 코끼리 뒷다리에 매달려 있지 말라. 코끼리 발의 발톱만 바라보지 말라. 높은 곳에 올라가 수십 마리의 코끼리 떼가 어디서 어디로 이동하는지를 지켜보라. 종목만을 지켜보면, 이 종목이 왜 오르고 또 왜 떨어지는지 알 수가 없다. 본서는 당신을 높은 곳으로 안내할 것이고, 거대한 세상의 움직임이 내려다보이게 할 것이다.

자료: Surrounded by Books, 2013©Quint Buchholz.

2023년 경제를 먼저 들여다보라

매년 경제전망서를 내면서 그해를 하나의 점으로 표현하고 있다. 점을 이으면 하나의 선이 되듯, 본서를 통해 그 흐름과 추세를 들여다보았으면 하는 마음에서다. 『한 권으로 먼저 보는 2019년 경제전망』은 2019년을 '결정점Deciding Point'으로 표현했고, 미중 무역전쟁이 격화하면서 경제주체의 의사결정이 중요하다는 것을 설명했다. 『한 권으로 먼저 보는 2020년 경제전망』은 2020년을 '대전환점Point of a Great Transition'이라고 명명했고, 경제구조와 산업 전반에 걸쳐 거대한 전환이 시작됨을 강조했다. 『포스트 코로나 2021년 경제전망』은

2021년을 '이탈점Point of Exit'으로 표현했고, 2020년의 경제충격으로부터 점차 빠져나오는 시점이라고 내다봤다. 『위드 코로나 2022년 경제전망』은 2022년을 '회귀점Point of Turning Back'으로 표현했고, 팬데믹 위기 이전수준으로 돌아오는 시점이라고 정의했다.

언제까지 당하고만 있을 텐가. 코끼리 다리에 매달려 버티고만 있을 것인가? 2020년 자산버블 시기를 놓치면서 당하고, 2021년 뒤늦게 내 집 마련하자마자 집값 내려가서 또 당하고, 2022년 주가 하락하는데 '쌀 때 담아야 한다'면서 추격 매수하며 또 당하지 않았는가? 경제를 모르면 당한다. 거품의 생성과 소멸을 읽어내야 한다. 돈의 이동을 들여다보아야 한다.

재테크에 관한 관심이 증폭되었다. 하지만 재테크에 관한 방법은 고민이 덜 된 듯하다. 필자가 『경제 읽어주는 남자』를 통해 처음 남겼고, 매년 경제전망서에 재인용 하는 말이 있다. "경제를 모르고 투자하는 것은, 눈을 감고 운전하는 것과 같다." 재테크는 소득의 일부를 자산과 바꾸는 행위다. 주식, 부동산, 금, 채권 등과 같은 자산가치의 움직임은 경제라는 큰 바구니 속 열매와 같다. 아무 자산과 바꾸는 것이 아니라, 가치상승이 기대되는 자산을 찾아 바꾸어야 한다. 투자대상의 가치는 경제와 연결되어 움직이고, 어떤 자산에 투자할 것인지는 경제전망을 통해 결정해야 한다. 눈을 감고 운전하는 일이 없어야 하겠다.

2023년 경제는 지독하게 어려워지는 해다. 어렵다고 당하는 것이 아니라, 어려움을 인내해야 한다. 즉, 내핍의 시대다. 어떻게 자산을 관리하고, 내 자산을 지킬 수 있는지 진중하게 숙고해야 한다. "변화에 투자하라." 향후 경제가 어떻게 흘러갈 것인지, 그 변화를 들여다보는데 투자해야 한다. 경제는 나와 관련 없는 것이 아니다. 나는 경제를 살아가고, 나는 경제의 일부다. 경제의 주체인 것이다. 미국 땅에서 이루어지는 기준금리 인상은 나의 호주머니에 영향을 준다. 정부의 재정정책과 통화정책은 나의 삶에 직접적인 영향을 준다. 나의 내일을 보고, 오늘은 내일을 준비해야 한다.

기업도 마찬가지다. 지난해 『위드 코로나 2022년 경제전망』을 통해 공급망 대란에 대응할 것을 경고했다. 실제 2022년 한 해는 원자재나 부품 조달에 차질을 얼마나 겪었는가가 기업의 경쟁력을 좌지우지했다. 달러 강세 기조가 나타날 것을 먼저 판단하고, 조기에 비

축분을 확보한 기업들은 위험을 선제적으로 방어해낼 수 있었다. 선제적으로 디지털 전환을 단행하고, 친환경적 접근을 시도한 기업들은 투자자금 유치와 소비자로부터의 만족을 이끌 수 있었다. 2023년 녹록지 않은 국내외 경제환경을 제대로 이해하고, 선제적으로 어떻게 대응할지를 모색해야만 한다.

정부의 역할이 어느 때보다 중대한 순간이다. 좋은 선택지가 별로 없다. 기준금리를 인상하자니 경기침체가 우려되고, 동결하자니 물가상승 압력이 고조된다. 재정을 확장하자니 정부부채가 문제고, 재정을 긴축하자니 서민이 배고파진다. 외환위기 가능성이 고조되고, 무역적자 문제는 해소될 기미가 없다. 대내외 경제환경을 정확하게 진단하고, 정교한 위기대응 능력을 발휘해야만 한다. 가계와 기업이 안전하게 '내핍의 시대'를 건널 수 있도록 대내외 불확실성을 관리해 내야만 한다.

2023년 20대 경제 이슈

세계경제, 한국경제, 산업·기술적 관점에서 2023년 경제를 결정지을 주요한 이슈들을 도출했다. 2023년 '내핍점'의 경제에서는 어떠한 이슈들이 내 앞에 나타날까? 그러한 이슈들은 나에게 어떤 영향을 미치고, 나는 어떤 준비를 해야 하나? 20가지 주요 이슈들을 바탕으로 2023년이라는 산을 크게 그려보고, 이어지는 챕터들을 통해 각각의 나무에 올라가보자.

우선, 세계경제의 주요한 이슈들은 다음과 같이 7가지로 선정했다. 첫째, R의 공포가 시장을 어지럽힌다. 2022년 세계 각국이 물가를 잡기 위해 금리인상을 단행했다면, 2023년에는 금리의 역습으로 리세션이 온다. 둘째, 신흥국의 외환위기 위험이 고조되고, 취약 신흥국들의 위험이 주변 신흥국으로 전이될 수 있다. 셋째, 예상보다 고물가 기조가 장기화함에 따라, 미국을 비롯한 세계 주요국들은 고강도 긴축카드를 꺼내 든다. 기준금리 인상 기간이 장기화하고, 기준금리의 고점이 상향조정된다. 넷째, 미국의 강한 긴축 행보는 경기침체를 용인하는 모습이다. 2023년 미국 경제는 고용지표를 비롯해 경제 성적표가 어두울 전망이다. 다섯째, 러시아-우크라이나 전쟁 이후 세계화가 종식되고 탈세계화가 진전된다. 서방이 러시아에 도입한 경제제재 등으로 원자재나 공급불안이 장기화할 전망이다. 여섯째, 거대 경제권역인 IPEF의 본격화로, 미중 패권전쟁이 격돌하고 세계가 양분되다시피 한다. 일곱째, 2020년 이후 발생한 공급망 병목현상이 2023년까지 지속함에 따라, 글로벌 밸류체인GVC이 점차 붕괴된다.

한국경제의 이슈들은 크게 6가지로 선정했다. 첫째, 스태그플레이션이 온다. 경기는 불황인데, 높은 물가에 허덕여야 하는 고충이 시작된다. 둘째, 고물가-고금리-고환율의 복합위기 상황이 지속되고, 최대폭의 무역적자와 외국인 자금유출로 외환위기 가능성이 고조된다. 셋째, 어두운 경제국면에서 K-콘텐츠 산업이 한국의 희망이 된다. 팬더스트리Fandustry가 부상하고, 산업간 탈경계화Boarderless가 진전되며, 초실감Ultra Reality 콘텐츠로 업그레이드되고 있어 콘텐츠 산업의 변화를 선도해나가야 하는 과제가 주어진다. 넷째, 인구구조가 급격히 변화하고 있다. 인구보너스 시대에서 인구오너스 시대로 전환되었다. 다섯째, MSCI 선진국 지수에 편입되기 위해 외환시장 개방이나 공매도 재개 등의 금융시장 선진화 노력을 추진한다. 여섯째, 2023년 부동산 시장은 '거품 수축Bubble Deflating'의 시대로 정의 내려질 전망이다. 2020~2021년 자산버블이 형성되었던 시기를 지나, 2022~2023년 점차 거품이 꺼지는 과정을 마주하게 될 것이다.

끝으로 산업·기술적 관점의 7가지 이슈를 선정했다. 첫째, 에너지 위기의 시대다. 러시아의 에너지 무기화로 유럽의 에너지난은 심각해지고, 석탄 발전을 재가동하는 등 탄소중립의 후퇴가 있게 되었다. 2023년에는 EU의 에너지 개혁과 미국 인플레이션 감축법IRA의 이행 등으로 탄소중립의 이행을 적극적으로 단행하고, 재생에너지 인프라 보급사업에 탄력이 붙을 전망이다. 둘째, 지능화된 웹의 등장으로 '웹3.0시대'가 도래한다. 셋째, 디지털 대전환이 앞당겨지면서, '규모의 경제Economy of Scale'가 가고 '속도의 경제Economy of Speed'가 온다. 넷째, 반도체, 미래 모빌리티, 디스플레이, 바이오헬스, 2차전지와 같은 한국의 5대 미래전략산업에 경쟁국들로부터의 도전이 있다. 다섯째, 자동차 산업에 전기차, 자율주행차, 모빌리티서비스와 같은 3대 패러다임 변화가 일어난다. 자동차는 더는 기계가 아니라 소프트웨어로 정의 내려질 것이다. 여섯째, NFT(대체 불가능한 토큰)가

전산업에 걸쳐 도입되면서 가상자산 시장이 확대된다. 마지막으로 세계는 이상기후, 러-우 전쟁 등으로 식량위기에 놓이게 된다. 옥수수, 대두 등과 같은 농산물 원자재 가격이 장기적으로 상승하는 흐름이 이어질 전망이다.

2023년 20대 경제 이슈 도출

구분	20대 경제 이슈
세계	① R의 공포, 글로벌 리세션의 서막
	② 내몰리는 신흥국, 외환위기 오는가?
	③ 긴축의 시대, 2023년의 연장전
	④ 용인된 미국의 경기침체
	⑤ 세계화의 종식, 탈세계화의 진전
	⑥ 블록경제의 도래, IPEF를 둘러싼 미중 패권전쟁
	⑦ 글로벌 공급망 대란, 언제까지?
한국	① 스태그플레이션이 온다
	② 'IMF 외환위기' 다시 오나?
	③ 소프트 파워 시대, K-콘텐츠가 주는 기회
	④ 인구오너스 시대, 3대 인구구조의 변화
	⑤ 금융시장 선진화, MSCI 선진국 지수 편입 시나리오
	⑥ 2023년 부동산 시장 전망 : '거품 수축'
산업·기술	① 글로벌 에너지 위기, 탄소중립의 후퇴와 도약
	② 웹3.0 시대가 온다
	③ '규모의 경제'에서 '속도의 경제'로
	④ 5대 미래전략산업, 잡을 것인가? 잡힐 것인가?
	⑤ 자동차 산업의 패러다임 변화
	⑥ NFT(대체 불가능한 토큰)에게 불가능한 시장은 없다
	⑦ 식량전쟁의 시대, 식료품 원자재 슈퍼 스파이크 오나?

경제 이슈별 주요 내용
고물가-고금리 장기화로 글로벌 리세션의 고통 시작
취약 신흥국의 등장, 신흥국 외환위기 도미노 확산 우려
인플레이션 쇼크가 장기화로, 글로벌 금리 인상의 시계 가속화
2022년 굳건한 미국경제, 2023년 금리의 역습 시작, 침체 본격화
세계 경제 질서의 재편으로 원자재 및 부품 수급불안 장기화
미중 패권전쟁이 군사적인 충돌로 확전될 우려 고조
글로벌 공급망 대란 장기화로, GVC(글로벌 벨류체인) 붕괴
경제불황 속에서 물가상승이 동시에 발생하는 최악의 상황이 온다
복합위기 경고등, 외환건전성 급격히 악화
팬더스트리(Fandustry), 탈경계화(Boarderless), 초실감(Ultra Reality)
인구보너스에서 인구오너스로, '빠른' 고령화, 1인가구의 표준화
관찰대상국 편입 초읽기 : 외환시장 개방과 공매도 재개 추진
2020~2021년 형성된 자산버블이 2022~2023년 점차 꺼지는 과정
EU의 에너지 개혁 '리파워 EU'로 러시아의 에너지 무기화에 대응
상황인식 기반의 초맞춤화 정보제공이 가능한 지능화된 웹의 등장
디지털 대전환(Digital Transformation)의 가속화
반도체, 미래 모빌리티, 디스플레이, 바이오헬스, 2차전지의 부상
전기차, 자율주행차, 모빌리티 서비스로 대전환 가속화
NFT가 전 산업에 걸쳐 도입되면서 가상자산 시장 확대
이상기후, 러-우 전쟁 등으로 식량위기 도래… 식료품 원자재 폭등

차례

3부.

2023년 산업의 주요 이슈

4부.

2023년 경제전망과 대응전략

2023
ecession

1부

2023년
세계경제의 주요 이슈

1

R의 공포, 글로벌 리세션의 서막

2마리의 토끼가 있다. 1마리는 물가고, 다른 1마리는 경기다. 둘 다 잡을 수 없다. 2022년 경제는 물가를 잡기 위해, 빅스텝과 자이언트스텝을 단행하며 전속력으로 달려갔다. 경기침체를 용인하더라도 물가를 우선 잡기 위한 행보다. 물가를 잡을 수 있을지도 고민이지만, 놓쳐버린 경기는 언제 잡을 수 있을지 걱정이 커져가고 있다. 이른바 금리의 역습이 시작되었고 경기는 예보되다시피 침체국면으로 접어들고 있다.

세계 경제가 공포에 휩싸이고 있다. 이른바 'R의 공포'가 시작되었다. 통상적으로 장기금리와 단기금리의 격차가 좁혀지거나 역전되면 경기침체Recession의 전조현상[1]으로 받아들여지고 있는데, 2022년 들어 이 현상이 빈번해지고 있다. 2021년 중반부터 미국 10년물 국채금리와 2년물 국채금리의 격차가 좁혀져왔다. 통화정책 기조가 긴축적으로 빠르게 전환됨에 따라 나타나는 현상이었다. 2022년 들어 장단기 금리차는 급격히 줄어들기 시작했고, 7~8월 동안 약 4달간 연속 역전[2]되는 일이 일어났다.

미국 장단기 국채금리 추이

자료: FRED.

1 실제로, 장단기 금리차는 미래 경기를 예측하는 경기선행지수의 핵심 구성요소이기도 하다는 점에서 중대한 현상이 나타난 것으로 받아들여질 만하다. 역사적으로도 장단기 금리가 역전되는 현상이 있을 때마다 경제위기가 이어졌던 것을 근거로 공포감이 조성되고는 있지만, 이는 참조할 만한 것이지 반드시 그렇다고 해석할 수는 없다고 생각한다.

2 2022년 7월 6일~10월 10일, 미국 10년물 국채금리와 2년물 국채금리의 역전현상이 일어났다.

기초 설명

기준금리, 장기금리, 단기금리

중앙은행은 정례회의를 통해 기준금리를 인상할지 인하할지, 아니면 동결할지 여부를 결정한다. 통화정책의 중요한 부분을 차지하는 정책 의사결정인 것이다. 만약 금리가 하락하면, 기업들이 저렴한 금리를 이용해서 적극적으로 투자하고자 움직이고, 투자가 늘어나면 양질의 일자리가 창출되어 고용이 확대된다. 늘어난 고용은 국민경제의 소득 수준을 개선하고, 나아가 소비를 진작시킨다. 소비가 진작되면 기업들은 더욱 적극적으로 투자하고자 할 것이다. 이러한 흐름을 '경제의 선순환 구조'라고 한다. 결국, 기준금리를 인하하는 결정은 경기를 부양시키기 위한 정책이 된다.

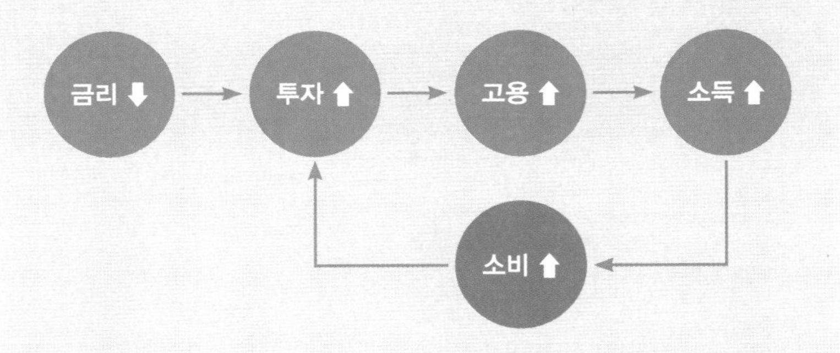

통상적으로 장기금리는 단기금리보다 높게 형성된다. 돈을 지인에게 빌려준다고 생각해보자. 내일 갚기로 하고 빌려준다면 굳이 이자를 받지 않을 수 있다. 만약 10년 후에 갚기로 한다면, 상당한 이자를 요구해야 할 것이다. 10년 동안 지인의 채무상환능력(소득 등의 채무를 변제할 수 있는 능력)이 변화할 수 있다는 면에서 위험risk이 크고, 10년 동안 돈을 빌려주지 않을 경우 다양한 방법으로 내가 활용할 수 있는 기회를 잃는 것이기 때문에 기회비용opportunity cost도 크기 때문이다.

장기금리는 중장기적인 거시경제의 흐름을 반영한다. 미중 무역분쟁이 격화되는 등 글로벌 경기침체 및 미국 성장 둔화 불안감에 휩싸인 투자자들이 안전자산인 장기채권 매입에 나서면서 장기채 금리가 가파르게 떨어진 것이다. 반면, 단기금리는 기준금리 변화에 민감하게 반응한다. 상대적으로 경제의 부진한 흐름에도 불구하고, 미국의 기준금리 인하속도가 느리다고 지적할 수 있는 대목이다. 이렇게 장단기 금리가 좁혀져오다가 2019년 들어서 장단기 금리가 역전하는 현상이 나타났다.

이미 시작된 글로벌 리세션

세계 주요국들의 경기침체가 이미 시작되었다. OECD 경기선행지수가 100을 밑돌아 하락하고 있는 현상은 향후 경제가 더 좋지 않을 것을 예고해준다. 2022년 10월의 경제 성적표 즉, 실업률, 소매판매, 무역수지, 경제성장률 등의 경기지표는 11월이 되어야 확인할 수 있다. 지금의 경제 상황을 체감적으로 인지하는 것도 중요하다. 초인플레이션은 이른바 스티커 쇼크sticker shock[3]로 이어지고, 자산

3 고물가로 오른 상품 가격표를 소비자가 보고 놀라 소비가 줄어드는 현상. 기대 이상의 비싼 가격으로 소비자가 받는 충격을 일컫는 말이다. 제품 가격표(스티커)를 본 소비자들이 충격(쇼크)을 받을 정도로 물가가 올라 소비가 침체된다는 뜻이다.

가치 급락으로 소비심리와 투자심리를 위축시키고 있다.

OECD경기선행지수 추이

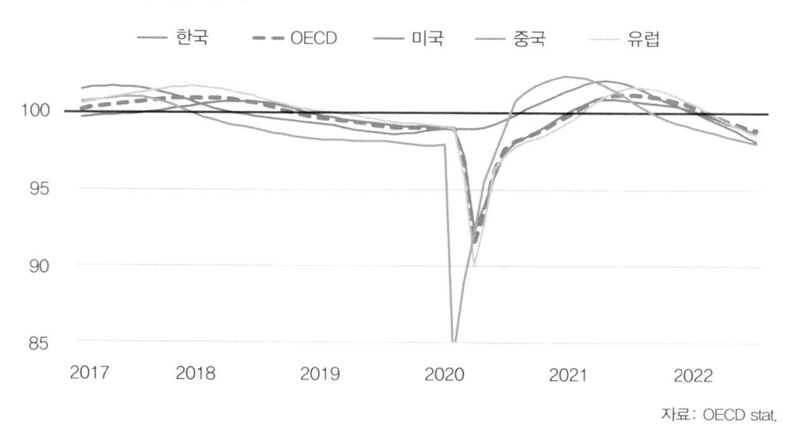

자료: OECD stat.

레버리징Leveraging 시대에서 디레버리징Deleveraging[4] 시대로 전환되고 있다. '영끌해서 투자'하던 시대는 끝났다. 시중금리가 가파르게 상승하면서, 대출해서 투자하려는 생각은 상상하기도 어려워지고 저축성향은 강해지고 있다. 저축은 곧 현재의 소비를 줄임을 뜻하는 바 소비위축으로 연결될 수밖에 없다. 더욱이, 2022년 하반기 들어 부상하기 시작한 리스크 요인이 디레버리징 심화[5]다. 금리 인상기에 은행들이 선제적으로 위험관리에 나서면서, 신규대출을 보수적으로 제공하거나 대출금리를 올리는 경향이 있다. 이는 곧 원리금 상환부

4 레버리징은 부채를 발생시키는 것을, 반대로 디레버리징은 부채를 축소하는 것을 뜻한다.

5 국제금융센터(2022.7), '2022년 7월 글로벌 리스크 워치'.

담을 가중시켜 가계는 소비를, 기업은 투자를 줄이는 내수침체로 연결된다.

볼커 시대 재현되나?

41년만의 최고치인 9.1%라는 미국의 6월 물가상승률은 세계경제를 긴장감 그 자체로 내몰고 있다. 초인플레이션 현상 그 자체도 그렇지만, 인플레이션을 잡기 위한 중앙은행의 긴축행보가 경제를 더욱 세게 긴장하게 만든다. 2022년 미국 연준은 빅스텝(기준금리 0.5%p 인상)과 2번 연속 자이언트스텝(기준금리 0.75%p 인상) 행보를 이어나갔다. 2022년 11월과 12월에 있을 FOMC(미연방공개시장위원회)에서도 긴축행보를 유지할 가능성이 높다.

제3차 오일쇼크 시대를 재현하는 것인가? 하는 우려가 가득하다. 1970년대 당시 미국은 퍼펙트 스톰perfect storm 그 자체였다. 당시 베트남 전쟁으로 전비를 조달하기 위해 돈을 많이 찍어냈고, 이에 따라 인플레이션 쇼크가 찾아왔다. 1971년 8월 닉슨 대통령은 오히려 경기부양을 우선시하며 금본위제[6]까지 폐기했고, 달러와 금의 연결성이 끊어지며 달러가 엄청나게 추가 발행되기 시작했다. 인플레이

6 금본위제(gold standard)란 금의 일정량의 가치를 기준으로 단위 화폐의 가치를 재는 화폐 제도를 의미한다.

션은 더욱 가중되었고, 오일쇼크(석유파동)[7]까지 찾아왔다. 1973년 원유는 1년 만에 4배나 올랐고, 초인플레이션을 야기했다. 인플레이션과 경기침체가 같이 찾아온 스태그플레이션 상황이었다. 이 와중에 경기부양에 초점을 둔 미국경제는 악순환의 늪에 빠졌던 것이다.

영웅이 등장했다. 1979년 8월 볼커 시대가 시작되었다. 폴 볼커 Paul Volcker, 1927~2019는 경제사적으로 '인플레이션 파이터inflation fighter'라고 평가받는 전 연준 의장(1979~1987년)이다. 물가와 경기 2마리 토끼 중 1마리만 잡겠다는 의지로 하이퍼스텝(기준금리 4%p 인상) 조치를 단행했다. 1981년 미국 기준금리는 21.5%까지 인상되었다.

볼커 시대

자료: 폴 볼커, 〈TIMES〉.

7 아랍석유수출국기구(OAPEC)와 석유수출국기구(OPEC)가 원유의 가격을 인상하고 생산을 제한하여 야기된 세계 각국의 경제적인 혼란을 가리킨다. 원유값이 급등하여 전 세계 각국에 경제적 타격을 준 석유파동을 말하며, 지금까지 가장 큰 영향을 끼친 2차례의 석유파동은 각각 1973과 1978년에 일어났다.

기초 설명

1·2차 오일쇼크

제1차 오일쇼크는 1973년 10월 6일 발발한 제4차 중동전쟁이 10월 17일부터 석유전쟁으로 비화된 사건이다. 1973년 10월 16일 페르시아만의 6개 석유수출국들은 석유수출국기구OPEC 회의에서 원유 고시가격을 17% 인상한다고 발표했다. 이어서 17일 이스라엘이 아랍 점령지역에서부터 철수하고 팔레스타인의 권리가 회복될 때까지 매월 원유생산을 전월에 비해 5%씩 감산하기로 결정하였다고 발표하여 중동전쟁에서 석유를 정치적인 무기로 사용할 것을 선언하였다. 이에 따라 1973년 초 배럴당 2달러 59센트였던 중동산 기준원유 값은 1년 만에 11달러 65센트로 무려 4배가량 올랐다. 제1차 오일쇼크는 석유가 싼값으로, 필요한 양이 공급된다고 안이하게 믿어왔던 석유수입국들에게 석유공황이라고 할 만한 사태를 초래하였다. 각국 정부는 여러 업종에 대한 전력·석유의 공급 삭감, 민간인에 대한 에너지 절감요청 등의 조치를 취하였다. 세계경제 전체의 경제성장률이 크게 떨어져 1975년에는 서방 선진국은 마이너스 성장을 하게 되었고 인플레이션이 가속화되었으며 국제수지도 각국은 대폭적인 적자를 기록하였다. 이 오일쇼크로 인하여 OPEC는 국제석유자본Oil Major이 독점하고 있던 원유가격의 결정권을 장악하게 되었으며, 자원민족주의를 강화시키는 결과를 초래하였다.

제2차 오일쇼크가 일어났다. 제1차 오일쇼크는 1974년 일단 진정되었으나, 이번에는 1978년 말 이란의 국내 혼란과 1979년 초의 이슬람혁명이 계기였다. 세계 석유 공급의 15% 수준을 점하고 있던 이란은 석유의 전면 수출금지 조치를 취하였다. 여기에 석유업자들의 매점매석과 투기성 시장 조작까지 횡행하면서 국제석유시장은 급격히 혼란에 빠져들었다. 1980년 8월 이

자료: 박문각.

란·이라크전쟁이 일어나기 1달 전에는 기준원유가도 30달러를 돌파하였으며 1981년 10월 34달러 선에서 단일화되었다. 1978년의 12달러 70센트에서 무려 268% 오른 것이다. 제2차 석유파동의 여파는 제1차 오일쇼크와 마찬가지로 경제성장률 하락과 소비자 물가의 급상승 등 세계 경제에 큰 영향을 미쳤다. 한국의 경제는 제1차 오일쇼크 때에 다른 국가에 비해 크게 영향을 받지는 않았으나, 제2차 오일쇼크 때는 극심한 피해를 입었다. 이는 제1차 오일쇼크 이후 경제 체질 개선이 이루어지지 못하고 중화학공업 중심의 확대정책에 중점을 둔 것에 기인한 것이라는 시각이 높다.

폭동이 일어나기도 했다. 부채에 허덕이는 농민들이 트랙터를 몰고 연준 건물을 봉쇄하며 시위하기도 했다. 엄청난 소동들이 벌어졌고 연일 계속되는 위협에 볼커는 권총을 몸에 지니며 재직해야 할 정도였다. 그는 굴하지 않고, 14%의 인플레이션을 잡았다.

경기후퇴를 용인해야 하는 결정이었다. 1980년대 미국은 수많은 기업들이 파산에 내몰리고, 수백만 명이 일자리를 잃었고, 경기가 급격히 침체되기에 이르렀다. 그러나 시중에 풀렸던 유동성이 회수되기 시작했고, 1982년 4%, 1983년 2%대로 물가상승률이 떨어졌다. 물론, 경제적 고통을 감내해야 했지만, 물가를 우선 잡지 않으면 악순환의 고리에서 빠져나올 수 없었을 것이다. 물가를 먼저 잡고, 다시 경기를 부양시키는 데 초점을 두었다. 이후 미국 경제는 안정을 찾았다.

볼커 시대의 기준금리와 실업률

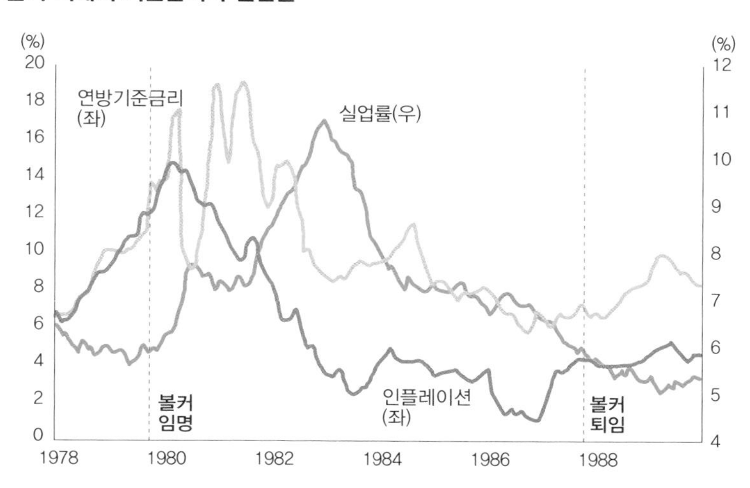

자료: 〈TIMES〉.

이른바 볼커 시대의 귀환이다. 인플레이션과의 전쟁이다. 우선 물가를 잡는 것이 필요한 상황임을 이해할 필요가 있다. 물론, 2023년에는 경제적으로 고통의 시간이 올 것이다. 긴축의 시대, 객관적으로 세계경제의 흐름을 판단하고, 고통의 시간에 어떻게 대응할지를 집중적으로 고민해야 할 시점이다.

글로벌 리세션의 시대에 취해야 할 전략

정부의 대응책은 매우 중대하다. 어제 수립했던 계획으로 내일을 살아가면 안 된다. 아무리 좋은 공약도 늘상 좋을 순 없다. 경제상황에 맞게 유연한 정책을 펼쳐야 한다. 글로벌 리세션에 대한 우려조차 없었던, 그 우려가 현실화한 지금에도 어제 세웠던 계획이 유지되면 안 된다. 이제 경기침체기에 맞는 대응책을 다시 마련해야 한다. 특히, 경제주체들에게 부담을 가중시키는 정책이나, 무분별한 확장적 사업을 유도하는 것은 금물이다. 그렇다고 위기 상황에 내몰리고, 삶의 질이 실추되고 있는 취약계층을 보살피는 일에 게을리함이 없어야 한다. 세계 주요국들의 역동성이 줄어들고, 신흥국들의 위기 가능성이 고조되는 위험한 경제이기 때문에 안전하고 보수적인 방향으로 나라 살림살이를 지휘해야 한다.

기업도 긴축전략tightening strategy으로 전환해야 한다. 세계적으로 소비규모가 수축되는 경제구간이 시작될 것이기 때문에 과도한 부채에 의존해 확장적인 사업을 추진할 경우 그 충격이 클 수 있다. 성장성보다는 수익성이 높은 캐시카우cash cow[8]에 집중하는 사업방향을 취해야 할 것이다. 경기침체의 바닥을 형성하는 구간이 찾아왔을 때, 그때가 역동적으로 유망·신사업을 추진하기 위한 준비의 시간이라고 판단해도 좋을 것이다.

가계는 주요국의 통화정책 기조를 예의주시하고, 이로 인해 야기되는 자산시장의 영향을 그려야 한다. 하루 종일 주식차트만 보면, 그 주가가 올라갈지 떨어질지 누가 이야기해주는가? 일희일비하는 투자 방식이 아니라, 시대를 규명해야 한다. 2023년에는 높은 금리가 경제주체의 역동적인 경제활동을 막고, 글로벌 경기가 침체되는 구간을 맞이하고 있다. 2023년 경제를 전망하고, 주요 변수들을 진단하며 대응 시나리오를 짜야 한다. 일희일비하면 지고, 시대를 규명하면 이긴다.

8 제품 성장성은 낮아졌지만 수익성은 여전히 높은 산업. 이 단계의 산업은 투자비용을 모두 회수하고 많은 이익을 창출한다.

2

내몰리는 신흥국, 외환위기 오는가?

아일랜드 대기근Great Famine, 1845~1852년. 끔찍한 역사를 회상해보자. 당시 아일랜드 국민 약 100만 명이 사망했다. 당시 감자 역병이 유럽을 휩쓸어 감자 농사를 황폐시켰던 데서 그 원인을 찾을 수 있다. 유럽 전역에서 감자 역병이 돌았는데, 아일랜드에서만 대기근이 발생한 것은 감자가 그들의 주식이었기 때문이다[1].

누구도 감자 역병을 예측할 수는 없었을 것이다. 사후적으로라도, 하나의 작물에 전적으로 의존하는 식량 구조는 외부 변수에 크게 취

1 역사학적으로 대기근의 원인을 규명하는 논쟁이 이어지고 있다. 대기근의 원인이 감자 역병이라고 널리 알려진 것은 대기근에 책임이 있는 영국의 역사 날조에 따른 것이라는 주장도 있다.

약할 수 있음을 깨닫게 해준다. 이 잔혹한 역사는 현대인에게도 무언가에 편중되게 의존할 때 문제가 발생할 수 있음을 시사해준다. 코로나19나 러시아 전쟁도 마찬가지로 예측할 수 없었기에 속수무책으로 당했지만, 이후 불안하게 전개되는 세계 경제 시나리오를 그려보고 대응책을 마련하는 일은 지금의 시점에 중대한 일이라 판단된다.

불균형한 긴축 행보와 신흥국에 몰려온 먹구름

문제는 불균형한 긴축 행보에 있다. 2022년 세계적으로 원자재 가격이 급등하면서 물가상승 압력이 경제를 짓누르고 있다. 다만, 미국 경제는 코로나19 충격으로부터 탄탄하게 회복된 터여서 물가 잡기에만 주력할 만한 여건이다. 경기라는 토끼는 이미 잡았고, 물가라는 토끼만 잡으면 되니 보폭을 늘리며 긴축 행보를 보일 수 있다. 그러나 신흥국들은 아직도 코로나19 충격에서 채 벗어나지 못한 상황이라 물가 잡기 위해 기준금리를 빠르게 인상하면, 경기라는 토끼마저 놓칠 판이다.

강한 달러의 시대다. 긴축의 시계가 국가마다 따로 돌기 때문이다. 미국의 긴축 행보는 매우 빠르지만, 다른 나라들은 그 속도를 맞출 수가 없는 형편이다. 미국으로서도 강달러가 좋을 것이다. 강달러가 미국 경제에 주는 영향은 좋은 면도 있고 나쁜 면도 있겠지만, 지금 우선 닥친 과제는 물가이기 때문에 강달러를 동원해 수입물가부터 잡는 것이 그 어떤 나쁜 면을 상쇄할 것이다.

문제는 신흥국이다. 위기 상황에 있는 취약 신흥국들이 속속 등장하고 있다. 이집트는 이미 지난 3월 IMF에 추가 구제금융을 요청한 바 있고, 헝가리는 국가비상사태(22.5.25. 0시 발효)를 선포했다. 이집트, 아르헨티나, 터키는 IMF가 제시한 적정 외환보유액 수준에 미달하고, 단기외채 비율도 높아 대외지급능력이 매우 열악하다. 주요 신흥국의 3분의 2가 에너지 순수입국임을 생각하면, 달러화 강세는 경상수지를 악화시키고 물가상승을 더욱 부추길 것이다. 코로나19에 대응하느라 정부 재정 여력이 없고, 생산원가 부담 등에 따라 기업들의 재무구조도 심각하게 악화되고 있다.

세계가 이미 경기둔화에서 경기침체로 진입한 듯하다. 금리상승이 실물경제에 미치는 영향은 시간적 격차를 두고 작용한다. 더욱이 미국경제는 이미 팬데믹 위기 이전 수준으로 회복된 상황이었기 때문에, 2022년까지는 나름 버틸 만한 수준이다. 그러나 신흥국들은 아직 코로나19 충격에서도 미처 벗어나지 못했기에 달러 강세라는 늪에 먼저 빠져들 것으로 보인다. 『위드 코로나 2022년 경제전망』에서 불균형 회복에 진전되고 있음을 강조했고, 선진국과 신흥개도국간 백신 보급속도가 달라 나타나는 특징으로 설명한 바 있다. 즉 미국의 경기침체는 2023년에 본격화할 것으로 보이지만, 주요 취약 신흥국들은 2022년 하반기에 이미 위기 가능성이 점등되고 있고, 이는 글로벌 경기침체를 부추길 최대 악재가 될 것으로 우려된다.

달러인덱스 추이

자료: 국제금융센터, 〈Bloomberg〉.

신흥국 외환위기 현실화하나?

신흥국 위기의 첫 번째 배경은 달러 강세와 자금유출에 있다. 2021년부터 시작된 강달러 기조는 2022년 들어 더욱 가속화되기 시작했다. 미국이 통화 긴축을 시작했고, 그 어떤 나라보다 강한 긴축 행보를 보이면서, 달러 가치가 매우 강해진 것이다. 달러 강세는 곧 신흥국 통화의 평가절하를 뜻한다. 2022년 연초대비 6월 말 기준 15% 이상 통화가치가 하락한 나라들로는 라오스(-25.5%), 터키(-21.4%), 아르헨티나(-17.7%), 이집트(-16.4%) 등이 있다. 신흥국에 투자되었던 자금이 순식간에 빠져나오고, 경제는 흔들리는 것이다.

두 번째 이유는 신흥국의 수출침체다. 강달러는 신흥국의 수출에 기회가 될 것으로 판단하지만, 아이러니하게도 반드시 그렇지만은 않다. 신흥국들이 무역계약을 체결하면서 대부분 결제 통화를 달러화로 사용하고 있다. 따라서 달러 강세는 수입국의 자국통화 표시 수입가격을 상승시키고, 수입수요를 억제하게 된다. 세계적으로 교역이 위축되는 경향이 나타나면서 대외의존도가 높은 신흥국들은 더욱 어려워지는 것이다. IMF 등의 연구에 따르면 달러화가 다른 모든 통화에 대해 1% 절상될 경우 나머지 국가 간 연간 교역량이 0.6% 감소하는 것으로 추정[2]된다. 최근 4개월째 한국의 무역수지가 연속 적자를 기록하는 것도 이러한 여건을 충분히 설명해준다.

세 번째는 신흥국 물가 비상이다. 신흥국 대다수가 에너지 순수입국이기 때문에 각종 원자재 가격이 급등하는 흐름은 매우 큰 부담이 된다. 이 와중에 달러 강세가 맞물려 원자재 수입 비용을 한 번 더 상승시키는 압력이 작용해 신흥국의 전반적인 수입물가에 영향을 미친다. 인플레이션 공포가 전 세계를 위협하고 있고, 미국을 비롯한 선진국들은 적극적인 긴축 행보로 대응에 나서고 있지만, 신흥국들은 고스란히 부담을 떠안는 형국이다. 같은 물가 충격도 취약 신흥국에게 더 가혹한 것이다.

끝으로, 신흥국 외환위기 가능성은 자본유출로 인해 초래된다. 달러 강세는 글로벌 투자자들의 위험자산 선호를 억제해 신흥국 투자

2 MF SFAFF DISCUSSION NOTE(2020), "Dominant Currencies and External Adjustment", Gita Gopinath(2016), "DOMINANT CURRENCY PARADIGM".

GDP 대비 달러 표시 부채 비율

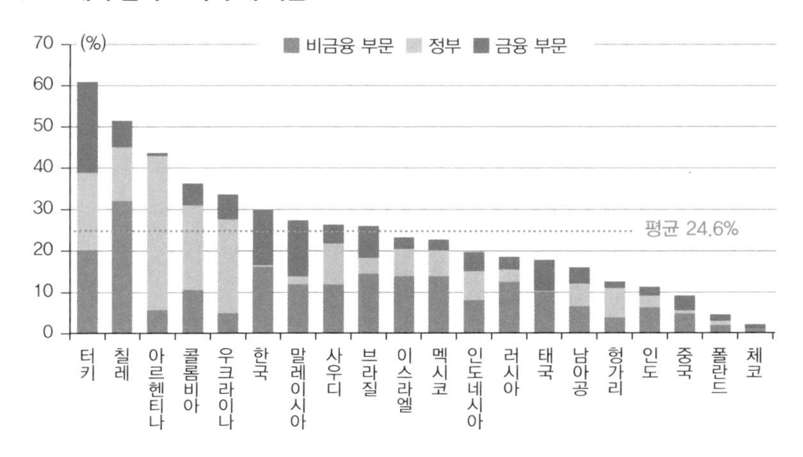

자료: 국제금융센터, IIF.
주: 2022년 1분기 기준.

자금을 회수하도록 유도한다. 신흥국 자산가치가 급격히 하락함에 따라, 금융 불안도 야기된다. 더욱 중요한 것은 외채다. 선진국들의 시중금리 상승으로 신흥국들의 차입비용이 상승하고, 추가적인 자금조달도 어려운 환경이다. 그뿐만 아니라 달러 표시 부채가 증가해 온 데다, 달러 강세로 인한 외채상환 부담도 가중되어 이중고에 직면한다.

테킬라 위기 재현되나?

테킬라 위기는 한 국가의 경제 위기가 주변국으로 번지는 현상을 일컫는다. 테킬라는 멕시코 특산의 다육식물인 용설란의 수액을 채취한 즙을 증류시켜 만든 멕시코의 전통술을 가리킨다. 독한 멕시코 테킬라에 이웃 나라들이 모두 취한 것처럼 경제 위기가 파급된 데서 나온 말이다. 1994년 12월 외환 사정 악화로 멕시코는 금융위기에 처했다. 이에 따라 멕시코 페소화 가치가 급락하자 아르헨티나, 브라질 등 남미국가들로 위기가 확산한 바 있다. 이러한 현상을 테킬라 효과tequila effect라고 한다.

유사한 개념으로 바트 효과baht effect가 있다. 1997년 태국 중앙은행에서 변동환율제를 도입하고, 바트화가 폭락하면서 외환위기가 발생했다. 7월에 태국의 바트화가 폭락하면서 아시아 주변국으로 외환위기가 번진 일이 있다. 필리핀 페소, 말레이시아 링깃, 인도네시아 루피아화 등 주변 국가들의 화폐 가치가 동반 폭락하면서 외환위기가 발생한 것이다. 태국 바트화의 가치 폭락이 그 시발점이 되었다는 사실을 비유해서 '바트 효과'라고 한다.

신흥국 중에서도 이집트, 터키, 아르헨티나, 헝가리 등이 가장 취약함을 보이고 있다. 주요 신흥국들의 대내외 건전성을 점검해보았을 때, 취약신흥국들은 경상수지 적자 폭이 크거나 GDP 대비 외환보유액이 작으며, 장기외채 대비 단기외채가 많은 비중을 차지하는 경향을 보인다. 대내적으로도 물가 상승세가 높고, 정부 재정도 취약하다. 그밖에도 튀니지, 에티오피아, 파키스탄 등과 같은 저소득 개발도상국들이 부채상환이 어려운 고위험국으로 진단되고 있다. 각 신흥국의 위기 발생 시 세계경제에 미치는 영향은 크지 않겠지만, 이러한 사례들이 연쇄적으로 발생할 경우 상당한 나비효과를 불러올 수 있다. 신흥국 위기 가능성을 사전에 점검하고, 주요 기업들의 공급사슬과 금융거래 등을 파악하여 위험이 전이되는 일을 선제적으로 차단하는 대응책을 마련해야만 한다.

복합위기의 경제다. 코로나19는 아직 끝나지 않은 데다, 전쟁이 장기화되면서 공급난이 심각해지고 있다. 주요국의 빅스텝 금리인상 행보는 개도국들의 자금유출로 이어지며 개도국 위기 가능성이 제기되고 있다. 펀더멘탈이 취약한 저소득 개발도상국들이 디폴트(채무상환불이행)에 직면할 위험이 고조되고 있다. 취약 개도국들에 대한 모니터링을 강화하고, 잠재적 위험이 감지될 때 선제적으로 대응할 수 있도록 해야 하겠다. 특히, 해당국 공급업자나 현지 법인 및 파트너사를 중심으로 위험을 관리함으로써 테킬라 효과가 전이되지 않도록 해야 하겠다.

2023년 금리의 역습을 예상하고 대응해야 한다. 한국의 재정과 외환 여건을 진단하고, 취약 신흥국들과의 연결고리들을 검진해야 한다. 몇몇 신흥국 위기가 연쇄적으로 세계 경제에 미치는 나비효과를 감지해야 한다. 감자병이 잔혹한 역사를 남겼듯, 미국발 긴축이 새로운 경제사를 가져올 수 있다. 예상 가능한 시나리오들을 상정하고, 시나리오별로 어떻게 대응할지를 고민해야 한다. '내가 바라는' 시나리오 하나에 편중되게 의존하는 정책은 끔찍한 역사의 반복을 초래한다.

3

긴축의 시대, 2023년의 연장전

돈은 이동한다.

돈은 늘 더 높은 수익성을 찾아서 이동한다. 그래서 돈의 심리를 읽어야 한다고들 말한다.

투자자들은 돈의 가치가 강해지는 시점엔 주식이나 부동산에서 돈을 이탈시킨다. 즉, 현금화하는 것이다. 반대로 돈의 가치가 약해질 때는 돈을 빌려서라도 자산확보를 위해 움직인다. 자산가치가 상승하기 마련이다.

돈의 심리를 읽어야 한다.

2020~2022년 통화정책의 역사(전쟁 이전 상황)

2020년 팬데믹 경제위기에 대응하기 위해 유례없는 수준으로 기준금리를 인하하고, 유동성을 공급했다. 2021년 들어 세계 경제가 뚜렷한 회복세를 보이기 시작했고, 이제 고물가(인플레이션), 자산버블, 부채누증 등과 같은 다른 경제문제들을 마주하게 되었다. 2021년부터 세계는 금리를 인상하는 방향으로 통화정책 기조를 전환해 나갔다. 세계 경제가 코로나19 이전수준으로 회귀하는 새로운 국면이었고, 새로운 국면으로 전환하는 만큼 행동의 전환, 즉 통화정책의 전환이 있을 수밖에 없었다.

2022년은 이전과 완전히 달라진 국면이었다. 2020년은 한 번도 경험해보지 못한 수준의 세계 경제의 충격이 작용했던 해였고, 막대한 돈이 풀렸던 시대였다. 2022년에는 돈이 거둬지는 시대로의 전환이 시작되었다. 즉 완화의 시대에서 긴축의 시대로의 전환이 시작된 것이다. 한국은 코로나19에 잘 대응한 국가로서, 먼저 제로금리 시대의 막을 내렸다. 2021년 상반기까지는 경기회복을 위해 제로금리가 필요했다면, 하반기 이후에는 물가를 잡기 위해 기준금리 인상이 필요해졌다. 2021년 8월과 11월 두 차례 기준금리를 인상했고, 1.00% 기준금리 시대로 돌아왔다. 이미 2021년부터 기준금리를 인상하기 시작했고, 미국도 테이퍼링을 시작함으로써 완화의 시대를 벗어나는 행보를 보여나갔다.

경기회복과 함께 나타난 글로벌 인플레이션은 세계 주요국들의 기준금리 인상을 부추겼다.

러시아의 우크라이나 침공이 있기 이전부터, 공급망 병목현상이라는 숙제를 풀지 못해 인플레이션 압력이라는 벌을 받고 있었다. 원자재와 부품가격이 치솟고, 이는 수입물가, 생산자물가 상승에 이어 소비자물가를 자극하고 있다. '인플레이션과의 전쟁'을 선언하는 많은 국가가 기준금리 인상을 가속화하고 있다. 러시아, 브라질, 헝가리가 이미 기준금리 인상을 여섯 차례 이상 단행했고, 체코를 비롯한 유럽이나 중남미 국가들도 긴축의 시대라는 결승점을 놓고 경주하듯 움직이고 있었다.

미국의 경제성장률과 기준금리 추이

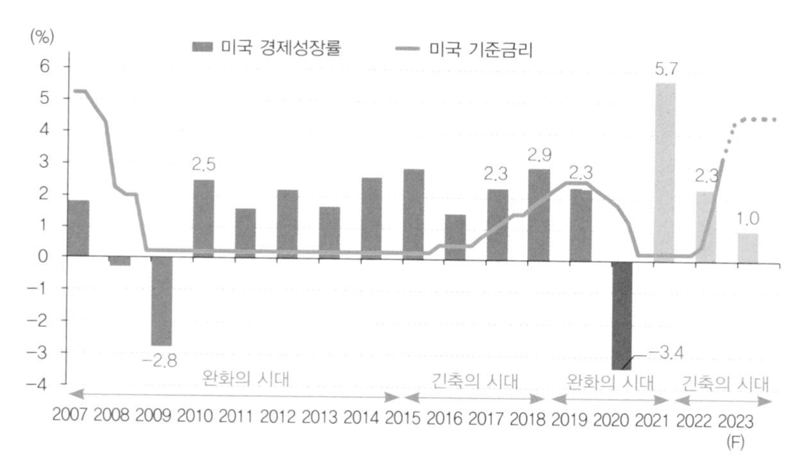

자료: IMF, Fed.
주: 2022년과 2023년 미국 경제성장률은 IMF의 2022년 7월 기준 전망치임.

러-우 전쟁과 인플레이션 쇼크

2022년 우크라이나 사태 이후, 긴축의 시계가 이례적인 수준으로 빨라졌다. 우크라이나 사태는 공급망 문제를 더욱 악화시키고, 이는 인플레이션 압력을 가중시켰다. 국제유가뿐만 아니라 에너지 대전환의 주요 원자재인 구리와 알루미늄 등의 가격이 급등할 수밖에 없었다. 러시아는 세계 원유 시장 점유율 2위 국가이고, 세계 최대 알루미늄 회사 루살RUSAL이 러시아 기업이다. 미국-유럽 동맹국과 러시아 동맹국간의 긴장감이 장기화하면서 무역 거래량이 줄고, 경제 제재가 가해짐에 따라 공급망 대란으로 인한 인플레이션 현상을 격화시켰다.

세계 Top 10 원유 생산국별 생산량과 비중

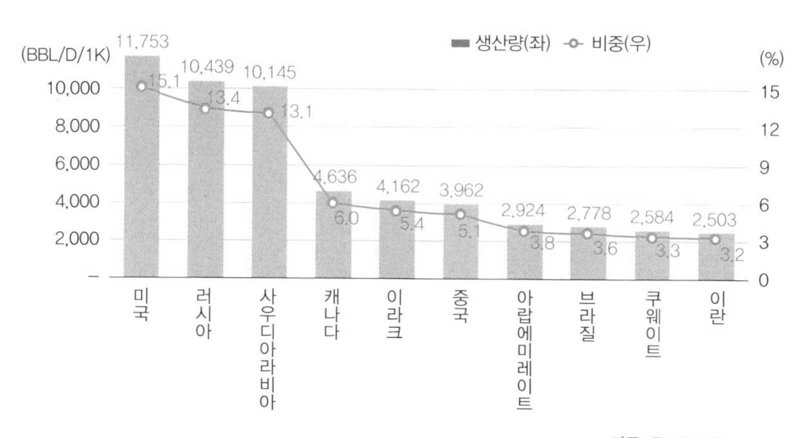

자료: Trading Economics.
주: 검색 시점은 2022년 2월 19일, 국별 자료는 최근 시점(2021년 10월~2022년 1월) 기준임.

고물가의 공격이 시작됐다. 시멘트나 철근과 같은 건축 자재값이 치솟아 공사가 중단되는 일이 벌어지고 있다. 국제 펄프 가격이 급등해 출판계가 비상이다. 사료값이 올라 축산농가의 시름이 깊어지고 있다. 식자재값이 다 올라도 메뉴 가격을 올리면 손님이 줄까 고심하는 자영업자의 고충은 헤아릴 수도 없다.

글로벌 인플레이션 쇼크가 이어지고 있다. 미국이 41년 만에 최고치를 기록하더니, 영국도 40년 만에 최고 수준인 10%를 상회했다. 장기 디플레의 늪에 빠졌던 일본마저 7년 만에 가장 큰 폭의 물가 상승세를 기록했다.

물가는 사실상 충격적인 수준이다. 이토록 미국 물가지표에 주목했었던 적이 있던가? 미국 물가상승률이 9.1%(2022년 6월)를 기록했다. 41년 만의 최고치다. 이것이 얼마나 충격적인 물가인지를 글로는 아무리 설명해도 실감하기 어렵다. 적어도 만 41세 이하의 세계 인구는 이런 물가상승률을 처음 경험했다고 할 수밖에. 한국의 7월 물가상승률인 6.3%와 비교해도 절대적으로 높지만, '저성장-저물가'의 경제 대국에서 9%대 물가는 한국경제에 비유하면 2배인 18% 이상에 해당할지 모른다.

더욱 긴장되게 만드는 것은 인플레이션 현상이 장기화할 것이라는 점이다. 최근까지 인플레이션을 초래한 요인들이 작아지지 않고 있고, 특히 공급망 병목현상이 장기화하면서 원자재 가격을 비롯한 생활 전반의 가격이 치솟을 것이란 전망이 나오고 있다. 초인플레이션 현상은 공급 측면의 요인이기 때문에, 쉽게 해결될 과제가 아니

미국 물가상승률(CPI) 추이

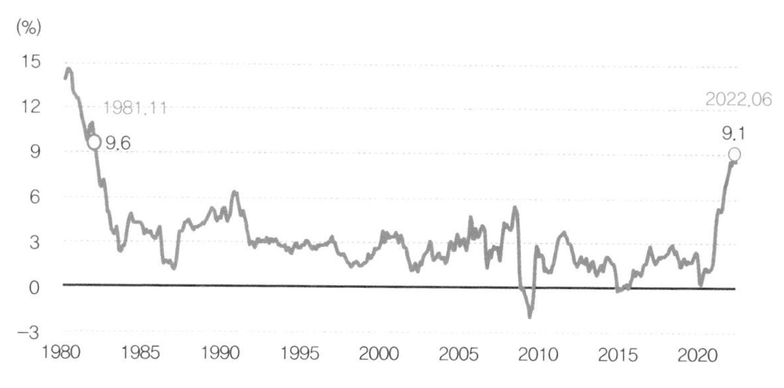

자료: 미국 노동통계국(U.S. Bureau of Labor Statistics).

다. 식량자원만 봐도 그렇다. 얼마 전에 인도네시아가 팜유 수출을 차단하더니, 인도는 밀을, 말레이시아는 닭고기 수출을 금지하기에 이르렀다. 자국 물가안정을 우선하는 정책들이 집중되다 보면, 글로벌 공급망은 더욱 틀어 막히게 되고 가격은 치솟게 된다.

심리적으로도 그렇다. 경제 주체들이 향후 물가가 상승할 것으로 판단하면, 실제 물가가 그렇게 반영되어 나타나는 경향이 있다. 물가 상승률을 반영해 임금협상을 추진한다든가, 재료값이 올라 메뉴 가격을 올린다든가 하는 현상이 그런 것이다. 원자재 구하기가 힘들어질 것이라고 예상하는 기업들이 미리 비축분을 늘린다든가, 화장지값이 오를 것으로 생각하는 가계가 사재기하는 현상도 심리적인 움직임이 실제 물가상승을 부추기는 대표적인 사례다. 즉, 기대인플레이션율[1]이 최고치를 계속 경신하고 있어서 고물가 현상은 장기화할 것으로 보인다.

주요 지역별 소비자물가상승률 변화

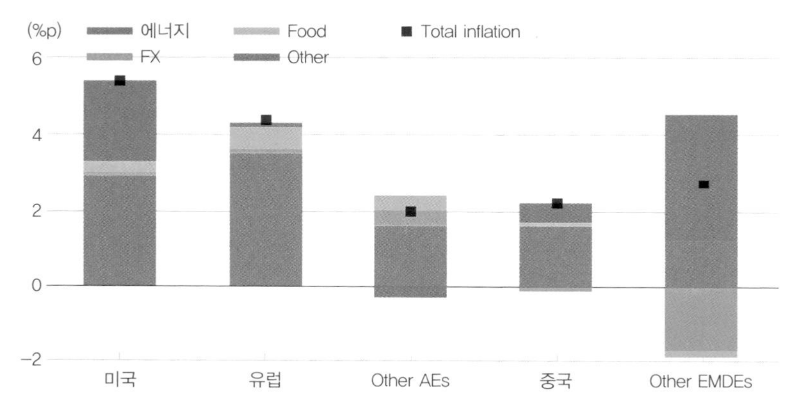

자료: IMF(2022.1.) World Economic Outlook update.
주: IMF Staff가 각 지역의 소비자물가상승률을 2020년 12월과 2021년 12월의 차이값 계산.

인플레이션 압력은 특히 미국에 집중되었고, 미국의 금리인상 속도가 격화되기에 이르렀다. 코로나19 이후 인플레이션 압력을 가장 집중적으로 받은 나라는 미국이고, 따라서 어떤 나라의 중앙은행보다 미국 연준이 인플레이션 문제를 대응하기 위해 적극적인 모습이다. 실제, 전쟁 이전까지도 미국을 중심으로 인플레이션 압력이 가

1 기대 인플레이션(Expected Inflation)은 기업 및 가계 등의 경제 주체들이 현재 알고 있는 정보를 바탕으로 예상하는 미래의 물가상승률이다. 기대 인플레이션은 임금 협상, 가격 설정 및 투자 결정 등에 영향을 미치면서 최종적으로는 실제 인플레이션에 영향을 주기 때문에 주요한 경제지표 중의 하나로 취급된다.

장 강했다(옆 그래프 참조). 그런데 미·러 갈등이 고조/장기화됨에 따라, 공급망 문제가 가중되고, 이는 다시 추가적인 인플레이션 압력으로 작용해 긴축의 시계를 더 앞당긴 것이다.

2022년 하반기의 이례적 기준금리 인상, 2023년에도 이어지나?

2022년 하반기 역사가 새로 쓰였다. 이례적인 물가의 충격은 이례적인 금리인상 행보를 유인했다. 미국 연준의 0.75%p의 기준금리 인상은 28년 만인 매우 보기 드문 거인의 행보, 즉 '자이언트스텝'이었다. 미국의 움직임이 예사롭지 않았다. 통화정책 기조의 전환을 천천히 함으로써 시장에 부작용을 최소화하기 위한 약속 '베이비스텝 룰'Baby Step rule도 잊은 듯하다. 빅스텝에 이어 자이언트스텝을 연거푸 단행한 이례적인 기준금리 인상이다.

치솟는 물가만큼이나, 물가 잡기 행보도 장기화할 전망이다. 2022년 8월 25~27일에 개최된 잭슨홀 미팅이 있었고, 세계는 제롬 파월 연준의장의 연설에 주목했다.

"연준은 물가상승률을 2% 목표치 아래로 끌어내리는 데 집중할 것이고, 그것이 연준의 책무다…focus right now is to bring inflation back down to our 2 percent goal. Price stability is the responsibility of the Federal Reserve…"라고 발언했다. 연준은 물가 등의 지표를 확인하면서 의사결정을 하겠지만, 물

가상승률이 2022년~2023년 동안 2% 이하로 떨어지기 어려운 국면이기 때문에 긴축적 통화정책의 행보는 지속될 것으로 전망한다. 2022년 하반기 동안 빅스텝과 자이언트스텝을 지속하는 큰 폭의 기준금리 인상 속도를 유지할 것이지만, 2023년 들어 물가상승세가 어느 정도 진정되면서 베이비스텝(0.25%p 인상) 정도로 금리인상 속도가 완만해질 것으로 전망한다. IMF는 미국의 소비자물가 상승률을 2022년 7.7%, 2023년 2.9%로 전망하고 있고[2], 이는 곧 미국의 긴축기조가 유지될 것을 암시해 주는 근거가 된다.

한국도 2023년까지 추가적인 기준금리 인상을 단행할 것으로 전망한다. 미국의 금리인상 속도를 따라가긴 어렵겠지만, 빅스텝과 베이비스텝을 단행하면서 긴축 기조를 유지할 것이다. 미국만큼 경제가 견조하게 뒷받침되지 못하기 때문에, 한미간의 기준금리를 수용한 채 통화정책을 운용할 것으로 판단된다. 더욱이, 미국에 비해 기준금리 인상 속도가 완만할 뿐이지 유로존, 일본, 중국 등의 주요국들에 비하면 상당히 빠른 수준이 될 것이고, 한국은행은 이를 주된 논리로 기준금리 운용의 정당성을 주장할 것으로 보인다.

2 IMF(2022.7), 「World Economic Outlook Update」.

한국과 미국의 기준금리 추이 및 전망

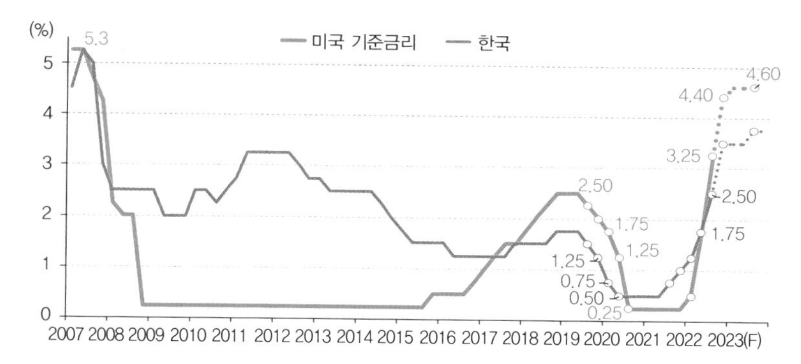

자료: 한국은행, Fed.

기초 설명

잭슨홀

잭슨홀Jackson Hole은 미국에서 인구수가 가장 적은 와이오밍 주의 서쪽에 위치한다. 와이오밍 주는 때 묻지 않은 자연을 만나볼 수 있는 곳이다. 미국에서 가장 유명한 국립공원인 옐로스톤Yellowstone과 그랜드 티턴Grand Teton도 와이오밍 주에 위치해 있다. 이곳에는 자연을 사랑하는 사람들과 관광객은 물론 도시에서 벗어나 일탈을 즐기려는 여행객들의 발길이 끊이지 않는다.
잭슨홀은 미국 와이오밍 주 그랜드티턴 국립공원에 있는 계곡을 가리킨다. 옛 미국 서부의 느낌이 물씬 풍기는 고급 휴양지로 스키 및 하이킹을 즐길 수 있는 마을이다. 티턴 산과 빙하호를 품고 있다. 만년설을 이고 있는 티턴 산을 배경으로 잭슨 호를 내려다보는 조용한 시골 마을이다.

스키인들이 대전에서 무주에 가고, 서울에서 곤지암을 간다. 무주나 곤지암 같은 휴양지 같은 곳이다. 이런 시골마을에 매년 각국 중앙은행 총재와 노벨경제학상 수상자, 경제학자 등 150여 명이 모여든다. '세계 중앙은행 총재 연찬회', 이른바 '잭슨홀 미팅'이 열리는 명소가 되었다.

와이오밍 주 잭슨홀 위치

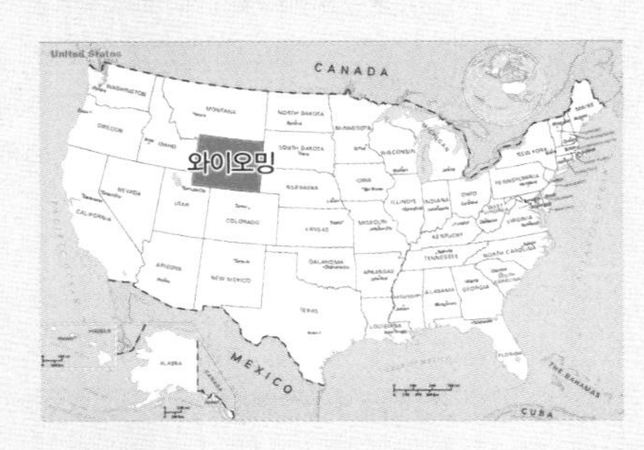

잭슨홀 전경 및 잭슨홀 미팅 현장

자료: 미국 현지 특파원으로 활동하고 있는 매일경제신문 박용범 기자로부터 제공받은 사진.
주: 잭슨홀 미팅 현장에서 보이는 전경(좌)과 연방준비은행 총재들을 비롯한 주요 인사들(우).

잭슨홀 미팅

미국 연방은행인 캔자스시티 연방은행Federal Reserve Bank of Kansas City이 매년 8월 주요국 중앙은행 총재 및 경제전문가들과 함께 와이오밍 주의 휴양지인 잭슨홀에서 개최하는 경제정책 심포지엄이다. 주요국 중앙은행 총재와 재무장관, 경제학자, 금융시장 전문가들이 참여한다. 1978년부터 열리기 시작하였으며 1985년까지는 미국의 농업 관련 주제를 다루다가, 1986년부터 본격적으로 경제정책 및 금융시장에 관한 주제들을 논의하기 시작하였다.

이 행사에 참여한 주요 경제학자 및 중앙은행 총재들의 발언이 시장에 파급력을 가지기 시작하면서부터 유명해졌다. 예를 들어, 2005년에는 인도 중앙은행 총재인 라구람 라잔Raghuram G. Rajan이 글로벌 금융위기의 가능성을 언급했다. 2010년에는 벤 버냉키Ben Bernanke 연준 의장이 2차 양적완화의 가능성을 언급하기도 했다. 유럽중앙은행ECB도 양적완화 계획을 내놨다. 글로벌 금융위기가 한창일 때 주요국가에서 돈을 풀어 경제를 살리겠다는 의지를 잭슨홀 미팅에서 드러낸 것이다. 열리는 해의 경제 현안에 따라 주제가 정해지며, 주로 해당 주제에 대해 중앙은행이 어떻게 정책적으로 접근해야 하는지에 대한 논의가 이루어지기 때문에 세계의 통화정책 기조를 파악할 수 있다는 의미를 가진다.

긴축의 시대 연장전, 어떻게 대응할까?

다음 문장은 『위드 코로나 2022년 경제전망』을 통해, 전달한 메시지다. "새로운 국면에 각국 중앙은행이 행동을 전환하듯이, 기업과 가계의 행동도 달라져야 한다. 완화의 시대에서의 자산시장은 요동치듯 성장했지만, 긴축의 시대에는 안정을 찾을 것이다. 주가와 주택매매가격이 폭등했던 시대가 가고 전반적으로 둔화하는 흐름이 나타날 것이다. 2022년에는 현금의 비중을 확대…" 2022년에는 강도 높게 금리 즉 돈의 가치가 상승하고, 자산가치가 하락할 것이라는 전망이었다.

2023년은 긴축의 시대가 지속될 전망이다. 2022년만큼 금리 인상 속도가 강하진 않겠지만, 물가가 안정적인 수준으로 떨어질 때까지 금리인상 행보를 지속할 것이다. 각 은행은 시중금리를 올릴 것이고, 저축금리와 대출금리가 2022년보다도 상승할 것이다. 돈은 여전히 현금으로 쏠릴 것을 암시한다. 웬만한 투자보다 은행 저축상품이 안정적인 수익률을 보장해줄 것이다. 4~5% 수준의 저축금리 상품이 나타난다는 것은 투자자들에게 '굳이 불확실성을 안고 주식투자를 해야 하는지' 그 이유를 찾기 어렵게 만들 것이다. 만약, 러시아-우크라이나 전쟁의 종식이 있어 급격히 공급망 문제가 해소된다면, 예상보다 빠른 물가 안정기가 올 수 있겠다. 이 경우 2023년 연내에도 경기 부양을 위해 기준금리 인하를 결정할 수 있지만, 그러한 외재적인 변수가 발생하지 않는 한 위와 같은 흐름이 유지될 것으로 판단한다.

2023년까지 긴축 행보를 지속할 것이라는 미국 연준의 전망은 세계경제를 더욱 긴장하게 만든다. 2022년 세계는 미국 연준의 결정을 예의주시했다. 2023년에도 눈치 게임이 있을 것이다. 자국의 경제여건만 보면 도저히 금리를 인상할 수 없는 국가들은 미국의 속도에 맞추어 기준금리를 인상할 수도, 자국 경기 부양을 위해 마음 놓고 인하할 수도 없는 상황에 빠질 것이다. 이러한 국가들을 중심으로 상당한 경기 하방압력이 있을 것이다. 미국경제마저 녹록지 않을 것이고, 더욱이 리쇼어링[3]을 대대적으로 단행할 것이기 때문에, 주요국들의 수출도 제약요건이 많아질 것이다. 2023년에는 글로벌 리세션이 현실화할 것으로 전망되고, 이에 따라 세계 주식시장의 반등세도 미약할 것으로 보인다.

정책적으로도 해결해야 할 숙제들이 산적해 있다. 시중금리가 상승함에 따라 기업들의 투자심리가 많이 꺾일 것이기 때문에, 경제의 역동성을 지탱하기 위한 방향으로 예산을 투입해야 한다. 높은 금리하에서도 기업들이 신산업 기회를 발굴하고, 양질의 일자리를 창출할 수 있도록 경영여건을 개선해나가야 한다.

금융정책도 전환이 필요하다. 높은 금리가 시장의 대출심리를 제약할 것이기 때문에, 금융정책마저 대출규제를 강화하면 부작용이 초래될 수 있다. 자산시장의 거품이 꺼지는 시점이기 때문에, 상환능력이 충분한 건전한 차주를 중심으로 대출규제를 완화하는 방향으로의 정책전환이 요구된다.

3 리쇼어링(Reshoring)은 '제조업의 본국 회귀'를 의미한다. 인건비 등 각종 비용 절감을 이유로 해외에 나간 자국 기업이 다시 국내에 돌아오는 현상을 말한다. 장기화되는 경기침체와 급증하는 실업난을 해결하기 위함이다. 자국 기업이 해외로 이전하는 '오프쇼어링(off-shoring)'의 반대 개념이다. 미국의 경우, 세계 주요 다국적 기업들이 반도체, 자동차, 배터리, 디스플레이 등의 주요 공장들을 설립하도록 유도하고 있어, 무역 파트너국들로서는 기회와 위협이 동시에 찾아오고 있다.

2022년 잭슨홀 미팅, 제롬 파월 연준의장 연설 전문

오늘 제게 발언 기회를 마련해주셔서 감사합니다.

지난 잭슨홀 컨퍼런스에서 저는 끊임없이 변화하는 경제구조와 높은 불확실성하에서 통화정책을 수행하는 문제와 같은 광범위한 주제에 대해 논의했습니다. 그러나 오늘의 제 연설은 더 짧고, 초점을 좁힐 것이며, 직접적으로 메시지를 던질 것입니다.

현재 연방공개시장위원회FOMC의 가장 중요한 초점은 인플레이션을 목표치인 2%로 낮추는 것입니다. 물가안정은 연방준비제도이사회의 책임이자 우리 경제의 근간이 됩니다. 물가안정이 없으면 경제는 아무에게도 효과가 없습니다. 특히 물가안정 없이는 모두에게 이익이 되는 강력한 노동시장 조건을 지속적으로 달성할 수 없습니다. 높은 인플레이션의 부담은 그것을 감당할 수 없는 사람들에게 가장 무겁습니다.

가격을 안정시키는 작업은 시간이 다소 걸리며, 이를 위해서는 우리가 가진 도구를 이용해서 수요와 공급의 균형을 강제적으로도 맞춰야 합니다. 또한 물가안정을 위해서는 한동안 위축된 경제성장이 불가피할 수도 있을 것입니다. 경직된 노동시장 상황도 다소 완화될 수 있을 것입니다. 금리가 높아지면 성장과 노동시장이 둔화되어서 인플레이션을 끌어내릴 수 있습니다. 하지만, 이 과정에서 가계와 기업에 고통을 안겨줄 수도 있습니다. 이는 인플레이션 감축을 위해서 불가피하게 감내해야 하는 안타까운 비용입니다. 그렇다고 물가를 잡지 못하면 이보다 더 큰 고통을 겪게 될 것입니다.

미국경제는 코로나 팬데믹발 경기침체를 겪고 마침내 2021년 재개했을 성장은 역대 최고치를 기록했습니다. 하지만 성장은 그 이후 눈에 띄게 둔화하는 추세입니다. 최근 경제지표가 혼조세를 보이고 있지만, 제 생각에 우리 경제는 강력한 기저 모멘텀을 계속 보여주고 있습니다. 노동시장 여건이 특히 강하긴 하지만, 수요와 공급은 불균형을 이루고 있습니다. 노동 수요가 급증했지만 공급이 이를 따라가지 못하고 있는 실정입니다. 인플레이션은 2%를 훨씬 상회하고 있으며 높은 인플레이션은 계속해서 경제 전반에 퍼졌습니다. 7월의 인플레이션 수치가 낮아진 것은 환영할 만한 일이지만, 한 달 동안의 개선은 인플레이션이 하락하고 있다고 확신하기에는 무리가 있습니다.

연준은 인플레이션을 목표치 2%로 제약할 수 있는 충분한 수준이 될 때까지 우리의 정책방향을 계속 유지해나갈 것입니다. 지난 7월 회의에서 FOMC는 연방기준금리를 2.25~2.5% 수준까지 상향조정했습니다. 이는 SEP(경제전망요약)에 근거한 수치로서, 연방기준금리가 장기적으로 어느 수준에서 안정화될지를 보여주는 추정치입니다. 인플레이션이 2%를 한참 상회하고 있고 노동시장이 극도로 경직되어 있는 현상황에서는 장기중립추정을 멈추거나 머뭇거릴 상황이 아닙니다.

7월 금리인상은 연준의 두 번째 0.75% 인상이었고(여러 회의에서 이 같은 의견이 제시되었고), 당시 저는 다음 회의에서도 또 한 번 이례적인 큰 폭 인상을 하는 것이 적절할 것 같다고 말한 바 있습니다. 다음 회의까지 한 달 정도 남았습니다. 9월 회의에서 우리는 그간 집계되는 데이터와 전망치를 기준으로 해서 해당 인상폭을 결정할 것입니다. 만일 어느 시점에서 통화정책 긴축 기조가 정점에 이르면 인상 속도를 적절하게 늦출 수도 있을 것입니다.

물가안정을 회복하려면 한동안 제한적인 정책 기조를 유지할 필요성이 있을 것입니다. 우리 역사적 기록도 정책기조를 너무 일찍 완화하지 말아야 한다고 강하게 경고하고 있습니다. 위원회 참석자들이 가장 최근(6월 SEP)에 낸 개별 추정은, 연방기준금리 중앙값이 2023년 말까지 4%를 약간 하회할 것이라고 전망합니다. 9월 회의에서 다시 업데이트된 전망을 제시할 것입니다.

미국은 1970년대, 1980년대에 두 번의 심각한 고인플레이션과 이후 25년간 이어진 안정적인 저인플레이션을 경험했습니다. 이를 통해서 인플레이션 역학을 알게 되었고, 연준은 이런 과거의 학습을 기반으로 정책 기조를 세우며 수행하고자 노력하고 있습니다. 특히 우리가 배운 중요한 교훈은 세 가지로 요약할 수 있습니다.

우리의 첫 번째 교훈은 중앙은행이 낮고 안정적인 인플레이션을 이룰 수 있고can, 그렇게 해야 한다should는 겁니다. 중앙은행과 다른 사람들이 이 두 제안을 납득시켜야 했던 시절도 있었다는 점을 알면 이상하게 들릴 수 있습니다. 그러나 벤 버냉키 전 연준의장이 보여주었듯이 대공황 시기에는 이 두 제안에 대한 회의론적 입장이 대세였습니다.

이제는 아무도 이러한 입장에 의문을 제기하지 않습니다. 가격 안정에 대한 우리의 책임은 무조건적입니다. 현재 고물가는 전 세계적 추세이며 미국만큼 높거나 이보다 더 높은 인플레이션을 겪고 있는 나라도 많습니다.

또한 제 관점으로는 미국이 현재 겪고 있는 고물가는 수요는 강한데 공급이 제대로 이뤄지지 않아서 빚어진 결과물이라고 봅니다. 연준이 가진 도구(정책)들은 총수요 문제를 원칙적으로 해결합니다. 그렇다고 해서 가격을 안정시켜야 하는 연준의 주 책무가 줄어드는 것이 아닙니다. 총수요를 완화시켜서 공급과 일치시키는 것이 핵심이며, 바로 이 일이 연준의 책임입니다.

우리의 두 번째 교훈은 대중의 인플레이션 기대감이 미래 인플레이션 방향을 결정하는 데 중요한 역할을 할 수도 있다는 것입니다. 현재는 여러 측정 방법을 쓰더라도 장기 인플레이션 기대심리는 잘 통제anchored되고 있습니다. 가계와 기업을 대상으로 한 광범위한 설문조사나 전문가 전망, 시장 기반의 측정 결과 등을 보더라도 결과는 일치합니다. 그렇다고 자만을 하긴 이릅니다. 인플레이션이 한동안 아직 우리 목표치를 한참 상회하고 있기 때문입니다.
대중들이 물가가 낮고 안정적일 것이라 예측하면, 심각한 충격은 일어나지 않을 것입니다. 하지만 불행하게도 반대의 경우도 일어날 수 있는데, 가령 높고 불안정한 인플레이션 심리가 실제로 그런 상황을 만들 수도 있습니다. 인플레이션이 치솟았던 1970년대에 고물가 기대심리가 강해서 가계나 기업의 의사결정에 크게 영향을 끼친 바 있습니다.
인플레이션이 높아지면 더 많은 사람들이 고물가 상황이 지속될 것이라 기대하게 되고, 그렇게 되면 임금 인상, 가격 인상을 해야하는 쪽으로 생각이 굳어지게 됩니다. 1979년 대인플레이션great inflation이 정점을 찍었을 때 당시 연준의장이었던 폴 보커가 이렇게 말했습니다. "인플레이션은 자가 증식하는feed on itself 성질이 있으니, 더 안정적이고 생산적인 경제를 회복하기 위해서는 반드시 인플레이션 기대심리의 악순환 고리를 끊어야만 합니다." 라고요.

실제로 인플레이션이 미래 진행방향에 대한 기대심리에 어떻게 영향을 주는가, 이를 설명할 수 있는 근거는 '합리적 부주의'라는 개념에 기반을 두고 있습니다. 인플레이션이 계속 높은 수준을 유지하면 가계와 기업은 이에 합당한 경제적 의사결정을 내리기 위해 계속해서 물가 움직임을 주시할 것입니다. 하지만 낮고 안정적인 인플레이션이 유지된다면, 가계와 기업은 주의를 다른 곳으로 돌릴 여유가 생길 것입니다. 앨렌 그린스펀 전 의장은 이를 다음과 같이 표현했습니다. "실질적인 모든 목적을 위해서, 가격 안정화는 평균 물가 수준범위내에서 예상된 가격 변화가 충분히 작고 점진적으로 일어나서 가계와 기업의 재무 결정에 영향을 주지 않는 것을 의미한다."

물론 지금은 모든 사람들의 관심이 인플레이션에 쏠려 있고, 이 점이 리스크로 작용할 수도 있습니다. 현재 고물가 상황이 더 길어지면 길어질수록, 실제로 고물가가 고착화될 확률이 더 높아질 것입니다.

세 번째 교훈은 이와 관련된 내용입니다. 다시 말해 물가안정이 완료될 때까지 우리의 기조를 계속 유지해야 한다는 것입니다. 역사적 사실을 보더라도, 우리가 지체하고 머뭇거린다면 인플레이션을 잡기 위해 치러야 하는 고용비용(실업)은 더 커질 수밖에 없습니다. 왜냐하면 고물가가 임금과 가격 책정에 점점 더 영향을 줄 것이기 때문입니다.

1980년대 볼커 전의장은 당시 인플레이션을 성공적으로 잡았고, 이후 15년간 물가를 낮추기 위한 시도가 수차례 더 있었지만 성공적이진 못했습니다. 고물가 상황을 근본적으로 뿌리 뽑고 인플레이션을 낮고 안정적인 수준으로 유지하기 위해서는 매우 긴축적인 통화정책을 장기간 펼쳤어야 했습니다. 작년 봄까지만 해도 그러한 낮고 안정적인 인플레이션은 통념으로 받아들여져 왔습니다. 우리의 목표는 지금 단호하게 행동해서 고물가의 부정적 결과를 피하는 것입니다.

이러한 세 가지 교훈을 토대로 해서 우리가 가진 모든 도구들을 활용해 인플레이션을 낮출 것입니다. 우리는 강력하고 신속한 조치를 취해서 수요를 완화시킬 것입니다. 수요를 공급과 일치시키고 인플레이션 기대심리를 고정시키기 위해 노력할 것입니다. 충분히 가격이 안정되었다는 자신감이 들 때까지 우리의 이러한 노력은 계속될 것입니다. 감사합니다.

Thank you for the opportunity to speak here today.

At past Jackson Hole conferences, I have discussed broad topics such as the ever-changing structure of the economy and the challenges of conducting monetary policy under high uncertainty. Today, my remarks will be shorter, my focus narrower, and my message more direct.

The Federal Open Market Committee's (FOMC) overarching focus right now is to bring inflation back down to our 2 percent goal. Price stability is the responsibility of the Federal Reserve and serves as the bedrock of our economy. Without price stability, the economy does not work for anyone. In particular, without price stability, we will not achieve a sustained period of strong labor market conditions that benefit all. The burdens of high inflation fall heaviest on those who are least able to bear them.

Restoring price stability will take some time and requires using our tools forcefully to bring demand and supply into better balance. Reducing inflation is likely to require a sustained period of below-trend growth. Moreover, there will very likely be some softening of labor market conditions. While higher interest rates, slower growth, and softer labor market conditions will bring down inflation, they will also bring some pain to households and businesses. These are the unfortunate costs of reducing inflation. But a failure to restore price stability would mean far greater pain.

The U.S. economy is clearly slowing from the historically high growth rates of 2021, which reflected the reopening of the economy following the pandemic recession. While the latest economic data have been mixed, in my view our economy continues to show strong underlying momentum. The labor market is particularly strong, but it is clearly out of balance, with demand for workers substantially exceeding the supply of available workers. Inflation is running well above 2 percent, and high inflation has continued to spread through the economy. While the lower inflation readings for July are welcome, a single month's improvement falls far short of what the Committee will need to see before we are confident that inflation is moving down.

We are moving our policy stance purposefully to a level that will be sufficiently restrictive to return inflation to 2 percent. At our most recent meeting in July, the FOMC raised the target range for the federal funds rate to 2.25 to 2.5 percent, which is in the Summary of Economic Projection's (SEP) range of estimates of where the federal funds rate is projected to settle in the longer run. In current circumstances, with inflation running far above 2 percent and the labor market extremely tight, estimates of longer-run neutral are not a place to stop or pause.

July's increase in the target range was the second 75 basis point increase in as many meetings, and I said then that another unusually large increase could be appropriate at our next meeting. We are now about halfway through the intermeeting period. Our decision at the September meeting will depend on the totality of the incoming data and the evolving outlook. At some point, as the stance of monetary policy tightens further, it likely will become appropriate to slow the pace of increases.

Restoring price stability will likely require maintaining a restrictive policy stance for some time. The historical record cautions strongly against prematurely loosening policy. Committee participants' most recent individual projections from the June SEP showed the median federal funds rate running slightly below 4 percent through the end of 2023. Participants will update their projections at the September meeting.

Our monetary policy deliberations and decisions build on what we have learned about inflation dynamics both from the high and volatile inflation of the 1970s and 1980s, and from the low and stable inflation of the past quarter-century. In particular, we are drawing on three important lessons.

The first lesson is that central banks can and should take responsibility for delivering low and stable inflation. It may seem strange now that central bankers and others once needed convincing on these two fronts, but as former Chairman Ben Bernanke has shown, both propositions were widely questioned during the Great Inflation period.

Today, we regard these questions as settled. Our responsibility to deliver price stability is unconditional. It is true that the current high inflation is a global phenomenon, and that many economies around the world face inflation as high or higher than seen here in the United States.

It is also true, in my view, that the current high inflation in the United States is the product of strong demand and constrained supply, and that the Fed's tools work principally on aggregate demand. None of this diminishes the Federal Reserve's responsibility to carry out our assigned task of achieving price stability. There is clearly a job to do in moderating demand to better align with supply. We are committed to doing that job.

The second lesson is that the public's expectations about future inflation can play an important role in setting the path of inflation over time. Today, by many measures, longer-term inflation expectations appear to remain well anchored. That is broadly true of surveys of households, businesses, and forecasters, and of market-based measures as well. But that is not grounds for complacency, with inflation having run well above our goal for some time.

If the public expects that inflation will remain low and stable over time, then, absent major shocks, it likely will. Unfortunately, the same is true of expectations of high and volatile inflation. During the 1970s, as inflation climbed, the anticipation of high inflation became entrenched in the economic decisionmaking of households and businesses.

The more inflation rose, the more people came to expect it to remain high, and they built that belief into wage and pricing decisions. As former Chairman Paul Volcker put it at the height of the Great Inflation in 1979, "nflation feeds in part on itself, so part of the job of returning to a more stable and more productive economy must be to break the grip of inflationary expectations."

One useful insight into how actual inflation may affect expectations about its future path is based in the concept of "rational inattention." When inflation is persistently high, households and businesses must pay close attention and incorporate inflation into their economic decisions. When inflation is low and stable, they are freer to focus their attention elsewhere. Former Chairman Alan Greenspan put it this way: "For all practical purposes, price stability means that expected changes in the average price level are small enough and gradual enough that they do not materially enter business and household financial decisions."

Of course, inflation has just about everyone's attention right now, which highlights a particular risk today: The longer the current bout of high inflation continues, the greater the chance that expectations of higher inflation will become entrenched.

That brings me to the third lesson, which is that we must keep at it until the job is done. History shows that the employment costs of bringing

down inflation are likely to increase with delay, as high inflation becomes more entrenched in wage and price setting.
The successful Volcker disinflation in the early 1980s followed multiple failed attempts to lower inflation over the previous 15 years. A lengthy period of very restrictive monetary policy was ultimately needed to stem the high inflation and start the process of getting inflation down to the low and stable levels that were the norm until the spring of last year. Our aim is to avoid that outcome by acting with resolve now.

These lessons are guiding us as we use our tools to bring inflation down. We are taking forceful and rapid steps to moderate demand so that it comes into better alignment with supply, and to keep inflation expectations anchored. We will keep at it until we are confident the job is done.

4

용인된 미국의 경기침체

어느 것을 선택해도 좋지 않다. 안 좋은 선택지 중 골라야 한다. 물가충격과 경기침체. 둘 중 하나를 먼저 해결해야 하는데, 물가를 잡자니 경기를 놓치고, 경기를 잡자니 물가를 놓친다. 9.1%에 달하는 미국의 초인플레이션은 물가 잡는 것이 우선해야 할 과제라고 연준의 생각을 자극한다.

2022년 굳건한 미국경제

미국경제는 굳건하다. 『위드 코로나 2022년 경제전망』에서 우선하여 강조했던 2022년 경제 트렌드가 '불균형 회복'이었다. 코로나19 팬데믹 경제충격을 세계 모든 국가가 경험했지만, 미국을 비롯한 선진국들은 코로나19 이전수준으로 회복되고, 신흥개도국들은 전혀 회복되지 못하는 흐름이 계속되고 있었다. 미국 실물경제의 바로미터 격인 고용상황이 많은 것들을 보여준다. 미국 실업률은 2021년 4월 4%에서 3.6%로 떨어졌다. 더욱이 이 실업률이 3~6월 동안 4개월 연속 같은 수치를 유지하고 있다가 7월에는 3.5%로까지 떨어졌다. 이는 미국 역사상 50여 년 만에 최저수준이다. 미국에서 3%대의 실업률은 자연적으로 발생하는 실업을 감안했을 때 사실상 완전고용으로 간주한다. 이러한 노동시장의 흐름은 미국경제가 아직 견조하다는 방증이다. 실업률뿐만 아니라 신규일자리나 실업수당 청구건수와 같은 고용지표들이 모두 호조세다.

미국 실업률 및 고용비용지수(ECI) 추이

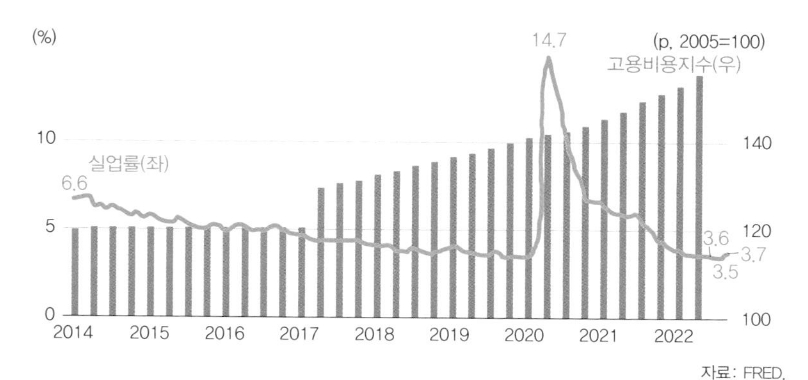

자료: FRED.

주: 고용비용지수(ECI, Employment Cost Index)는 미국 노동부가 1976년부터 발표하기 시작한 대표적인 분기별 임금 측정 지표다. 고용주가 고용자에게 주는 임금 지수로, 임금과 임금 이외의 다른 보상으로 구성된다.

사실 미국경제가 굳건하기 때문에 인플레이션이 발생하는 것이기도 하다. 전통적인 경제학 이론인 필립스 곡선Phillip's curve도 이를 지지해준다. 물가상승률과 실업률은 역의 상관관계를 가진다는 이론으로, 미국의 고용시장이 매우 좋고 인력이 부족한 상황이기 때문에 높은 물가에도 불구하고 소비도 탄탄한 상황인 것이다. 임금이 올라 재화나 서비스 가격에 반영되어 인플레이션이 쉽게 내려가기 어려운 것이다. 미국의 임금 수준을 나타내는 고용비용지수ECI도 상승세를 지속하고 있어, 구인에 어려움이 있고 인건비 부담도 가중되고 있음을 확인할 수 있다.

기초 설명

필립스 곡선Phillip's curve은 실업률과 화폐임금상승률 사이에는 매우 안정적인 함수관계가 있음을 나타내는 모델로서 영국의 경제학자 필립스Phillips, A. W.에 의해 발표된 것이다. 즉, 인플레이션의 요인에 대한 수요견인설demand-pull theory과 비용인상설cost-push theory 사이에 열띤 논쟁이 계속되고 있을 때 필립스는 영국의 경제통계로부터 화폐임금상승률과 실업률 사이에는 역의 함수관계가 있음을 발견했다. 각국에 따라 다소의 차이는 있지만 필립스 곡선은 일반적으로 아래 그림과 같다. 원래는 화폐임금상승률과 실업률 사이의 관계로 표시되지만 물가상승률과 실업률 사이의 관계로 표시되기도 한다. 그림에서 알 수 있듯이 실업률이 낮을수록 화폐임금상승률 또는 물가상승률이 높으며, 반대로 화폐임금상승률이 낮을수록 실업률은 높다.

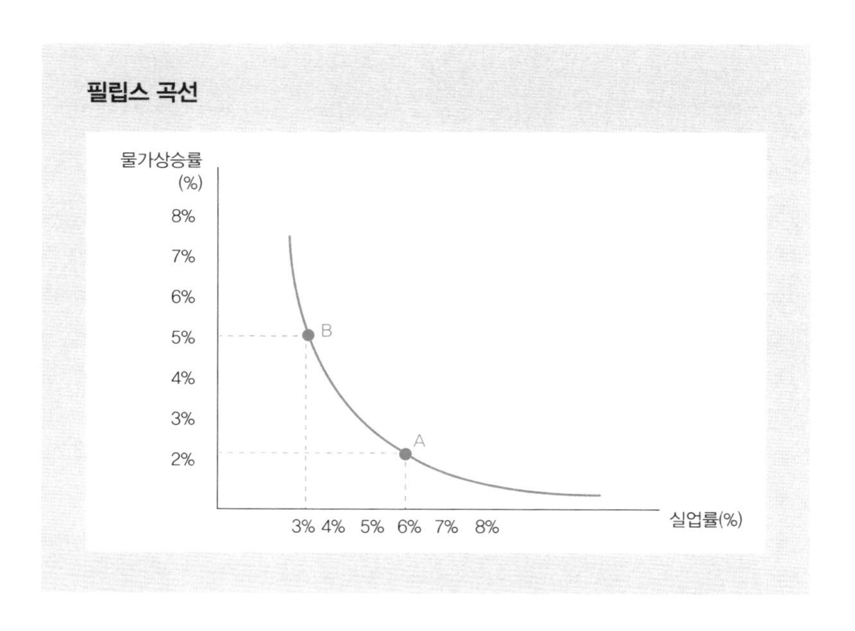

정확히 예견하자면 미국경제는 '아직' 굳건한 것이다. 사실 그렇기 때문에 물가 잡는 데inflation fighting만 집중할 수 있는 것이다. 경기가 '아직' 받혀주기 때문이다.

2022년 6월 연준은 2022년과 2023년 경제성장률이 1.7%를 유지할 것으로 전망했는데, 미국의 잠재성장률 등을 고려하면 아직 견조함을 보여준다. 시장이 울트라스텝(기준금리 1%p 인상)에 무게를 싣고 있다. 고강도 긴축행보는 경기침체를 어느 정도 용인하겠다는 행간의 메시지가 있다.

특히, 금리 인상에 따른 실물경제의 충격이 시간적 격차가 있다는 것을 생각해보면, 2022년이 아니라 2023년에 사실상의 경기침체가 시작될 것이라는 판단이 가능하다. 즉, 2022년에는 우선 물가를 잡고, 2023년에는 이어 경기를 잡겠다는 의미다.

미국의 예고된 경기침체

경기침체가 오면, 물가는 자연히 잡힌다. 금리인상으로 '탱크를 멈출 수 있느냐', '공급망 병목현상을 해결할 수 있느냐' 하는 의문을 던지고 있다. 금리인상이 전쟁을 멈추고 원자재 공급을 늘릴 수는 없다. 그러나 가계의 소비를 위축시키고, 기업의 투자를 멈추게 할 수 있다. 부족한 공급만큼이나 수요를 줄여준다면 가격은 잡히는 법이다. 결국, 지금의 인플레이션은 경기침체가 와야만 멈추는 것이다.

정보기술IT 기업과 월가 금융투자기관을 중심으로 감원 열풍이 시작되었다. JP모건, 골드만 삭스, 모건 스탠리 등 글로벌 투자은행들은 2023년 초까지 전체 인원의 8~10% 가량을 감원할 것으로 내다보고 있다. 실적 부진을 겪는 기업들이 우선적으로 신규 투자를 대대적으로 줄일 것이고, 고용 부진으로 연결될 것으로 판단된다. 이는 다시 소비침체로 나타나 사실상의 경기침체가 현실화할 전망이다. 2022년 6월 영국 파이낸셜타임스FT와 미 시카고대 부스경영대학원이 경제학자 49명을 설문조사한 결과 내년 안에 경기침체로 접어든다는 예상이 70%를 넘었다.

부메랑이 되었다. 러시아-우크라이나 전쟁이 발발하기 전까지 미

자료: 〈Global Times〉.

국은 매우 견조한 회복세를 지속하고 있었다. 전쟁 이후 러시아에 대한 경제제재Economic Sanctions를 가했다. 바이든은 "러시아는 훨씬 더 큰 대가를 치를 것이다Russia will pay an even steeper price."라고 경고했다. 이는 세계 경제에 에너지 위기를 가져왔고, 비료 부족과 식량 위기에 처하게 했으며, 모든 원자재 가격이 폭발적으로 치솟아 인플레이션의 부메랑이 돌아온 모습이다.

금리의 역습이 시작되는가? 미국의 금리인상은 2.5%의 중립금리를 훌쩍 넘는 수준으로 강한 행보다. 중립금리는 연준이 설정한 최적의 기준금리 선으로, 인플레이션도 경기침체도 유발하지 않는 적정금리라고 볼 수 있다. 즉, 중립금리를 초과해가면서 인플레이션 파이팅을 진행한다는 것은 경기침체를 용인할 수밖에 없다는 연준의 판단인 것이다.

미국뿐만 아니라 세계 경제는 녹록지 않은 2023년을 보내게 될 것으로 전망한다. 1부 1장에서 소개된 바대로, 세계 경제가 리세션에 놓이게 될 것으로 보인다. 아울러, 미국 경제도 2023년 본격적인 경기둔화를 맞이할 것으로 전망한다. IMF는 2021년 10월 미국경제가 2022년 5.2%의 호황을 지속할 것으로 판단했지만, 전쟁과 인플레이션의 충격으로 2022년 4월 들어 3.7%로, 7월 들어 2.3%, 10월 들어 1.6%로 지속 하향 조정했다. 또한, 2023년 미국경제는 지난 2022년 4월까지만 해도 2.3%의 잠재성장률 수준을 유지할 수 있을 것으로 전망했지만, 이후 큰 폭으로 하향 조정하여, 1.0% 수준의 침체국면으로 전망했다. 물가 상승압력은 장기화하고, 높은 시중금리는 기업의 투자심리와 가계의 소비심리를 크게 위축시킬 것으로 판단했다.

IMF의 미국 경제성장률 전망치 조정

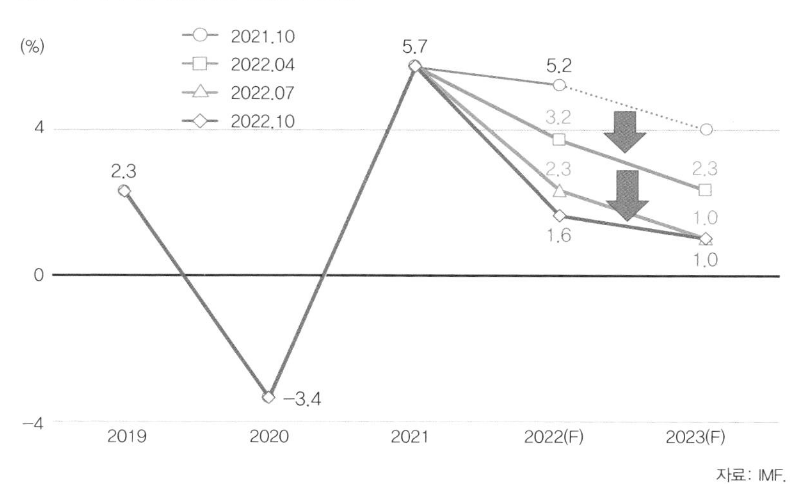

자료: IMF.

2022년 하반기 경제는 어느 것 하나 좋은 것이 없어 보인다. '고물가-고금리-고환율' 3고 시대다. 2023년 미국경제마저 침체한다면 무엇을 기대할 수 있을지 의문이 제기될 만하다. 수축전략shrink-age strategy이 필요하다. 기업은 가능성에 무게를 두고 확장적인 다각화 전략을 펼치기보다는 실적에 무게를 두고 보수적인 사업전략이 필요하다. 2023년 인플레이션이 잡히고 경기침체가 본격화될 지점을 가늠하자. 미국의 기준금리 인상 행보가 멈추는 지점을 상정하자. 경기부양책이 다시 집중될 때 사업의 기회를 적극적으로 포착하는 탐색의 시간이 필요하다.

미국은 강력한 통화정책으로 소진되다시피 할 실물경제를 재정정책을 동원해 보완하려는 모습이다. 대표적인 정책 방향이 리쇼어링이다. 다국적 기업들을 미국 내로 불러들여 기술이전과 고용 창출을 만드는 것이 전략인 것이다. 바이든 대통령이 해외 순방 때마다 주요 기업 총수들을 만나고, 미국에 제조공정을 유치할 것을 제안하는 모습도 같은 맥락이지 않은가? 엄청난 관심이 집중되고 있는 미국의 인플레이션 감축법IRA: Inflation Reduction Act 도입도 그렇다. 전기차, 풍력 터빈, 태양광 패널 등의 친환경산업에 집중적인 투자를 유치하는 것이 주요한 골자인데, 미국에서 생산된 자동차에만 보조금을 제공해준다던가 재생에너지 및 광물 생산 시설을 자국에 유치하기 위한 세액 공제를 도입하는 등 리쇼어링 유인책을 포함하고 있다.

심상치 않은 미국경제의 흐름을 주시해야 할 때다. 한국의 두 번째 수출 대상국이자, 그 어떤 나라보다 외교·안보적 교류가 많은 나라가 아닌가? 정부는 미국의 IRA 등과 같은 정책도입에도 한국 기업들에 피해가 돌아가지 않도록 외교적 교섭력을 발휘해야 할 것이다. 세계적으로 미국 내 공장 증축 및 이전이 집중될 것이고, 이에 따라 글로벌 공급망GVC: Global Value Chain 재편이 시작될 것이다. 완제품을 수입하던 미국이 소재나 장비를 수입하는 구조로 바뀔 것이다. 미국의 경기둔화로 완제품 수입이 줄어드는 국면에서, 구조적인 변화까지 만나게 될 것이기 때문에 기업들의 대미 수출전략 등에 대한 판을 다시 그려야만 할 것이다.

5

세계화의 종식,
탈세계화의 진전

맥도널드가 러시아에서 철수했다. 1990년 미국 자본의 상징인 맥도널드가 러시아(당시 소련)에 입점한 것은 세계화의 상징처럼 일컬어졌다. 러시아의 우크라이나 침공으로 맥도널드가 32년 만에 철수했고, 이는 세계화의 종식 즉, 탈세계화deglobalization의 상징이 되었다.

탈러시아 행렬이 이어지고 있다. 나이키는 러시아 내 매장 116곳을 폐쇄하고 온라인 판매도 중단했다. 이케아는 영업과 수출입을 모두 멈췄다. 코카콜라, 구글, 애플, 인텔, 테슬라, GM 등 300여 개의 다국적 기업들이 러시아에서 사업을 완전히 중단하거나 부분적으로 중단했다. 경제제재뿐만 아니라, 세계 소비자들로부터의 평판 관리를 위해 기업들이 전략적으로 대응한 것이다.

중국을 철수한 주요 기업 사례

기업명	업종	세부내용
구글	IT	미국으로 수출하는 컴퓨터의 핵심부품인 메인보드 생산시설의 상당 부분을 대만으로 이전
폭스콘	전자	애플 최대 제조 협력사로, 미·중 무역분쟁으로 인한 미국의 관세 보복피해를 최소화하기 위해 중국 텐진, 선전 소재 생산라인을 대만으로 이전
콴타컴퓨터	전자	애플 위탁 생산업체로 50~60억 NTD(대만달러)를 투자하여 대만 타오위안에 1만 평의 공장 용지 매입
인벤텍	전자	대만 타오위안에 서버 생산공장을 확충하고자 약 60억 NTD 투자
한스타	전자	중국 난징에서 생산하던 자동차용 중소형 LCD 물량의 20%를 대만 난커로 이전
컴팔	부품	약 60억 NTD를 투자하여 대만과 베트남에 공장 확충 추진
자이언트	자전거 제조	관세로 인해 중국 생산 자전거 가격이 평균 100달러 오르는 것을 피하기 위해 중국 공장 6곳 중 1곳 폐쇄하고 대만 공장을 2교대로 운영
애플	IT	미·중 무역분쟁의 장기화와 중국 내 인건비 상승, 코로나19 확산으로 인한 공급망 다변화 필요성으로 인해 최대 생산기지인 중국에 대한 의존도를 줄이고자 소형 PC 맥미니 생산설비 일부를 말레이시아로 이전
구글	IT	2019년 미국에 판매할 네스트 온도계와 서버 하드웨어의 일부 생산기지를 말레이시아로 이전
파나소닉	전자	자동차 스테레오 등 차량용 기기의 생산지 일부를 말레이시아, 태국, 멕시코로 이전
마이크로소프트	IT	2019년 가정용 게임기 엑스박스, AI스피커 코타나를 인도네시아나 태국에서 제조하는 방안 검토
페가트론	전자	약 93억 NTD를 투자하여 인도네시아에 생산기지 확충. 중국 내 무선공유기, TV 튜너 등의 통신기기 생산라인 일부를 인도네시아로 이전 예정

자료: 한국무역협회, 국회입법조사처.

탈세계화의 전개

세계화의 종식은 이미 진전되고 있던 현상이다. 세계 GDP에서 상품 무역이 차지하는 비중이 1960년 16.6%에서 2008년 51.2%로 상승했다. 냉전이 종식되고, 2001년 중국이 WTO(세계무역기구)에 가입하는 등 세계화가 급속하게 진전되던 시기였다. 글로벌 금융위기를 거치면서, 이른바 보호무역주의 시대에 이르고 세계화 추세는 꺾이기 시작했다. 그 비중은 2020년 42.1%까지 떨어졌다. 주요국들이 자국의 경제를 부양시키기 위해 오프쇼어링이 아닌 리쇼어링을 주요 산업정책으로 채택했기 때문이다.

미중 패권전쟁과 코로나19는 탈세계화를 급진전시켰다. 중국의 부상을 막기 위한 미국의 경제제재는 미국 우방국과 중국 우방국 간의 블록화를 초래했다. 대표적인 예로, 중국은 미국 우방국 진영에 있는 호주로부터 석탄 수입을 금지했고, 한국에 요소[1] 공급을 차단하기도 했다. 더욱이, 코로나19는 대규모 공급망 차질을 빚었고 해외 생산거점을 두는 것이 더는 유리하지 않음을 깨닫은 기업들이 적극 리쇼어링을 선택했다. 정책적으로도 위생·방역·의료용품만큼은 자립화해야 함을 지각한 주요국들의 움직임이 글로벌 밸류체인

1 요소는 석탄으로부터 추출한 암모니아를 활용해 제조하는 것으로, 당시 중국이 석탄 부족으로 전력난(화력발전 가동 제약)을 겪고 있었고, 자국 내 요소를 확보하기 위한 목적으로 대외 수출을 금지한 것으로 추정하고 있다. 몇몇 전문가들은 미국 진영에 있는 한국에 경고하기 위한 목적으로 요소 공급을 차단한 것으로 분석하고도 있다.

GVC의 지각변동을 가져왔다. 글로벌 공급망에 관한 논의는 '1부 7. 글로벌 공급망 대란, 언제까지?' 편에서 상세하게 다루었다.

공급망 병목현상은 세계화에 대한 회의감을 갖게 만드는 계기가 되었다. 2020년 차량용 반도체 공급 차질을 경험한 자동차 강국들은 반도체 굴기를 선언하면서 자립화를 추진하기에 이른다. 그동안 미국은 반도체 설계와 같은 고부가가치 영역을 제외하고 생산 및 시험 등의 공정을 해외에 위탁(파운드리, Foundry)하면서 세계화에 기여해왔는데, 이제 반도체의 'A to Z'를 다 미국에서 하겠다는 방향으로 선회한 것이다. 그뿐만 아니라 2022년 제조기업들의 최대 과제가 공급망 대란인 만큼 각 기업은 원자재, 소재, 부품 등을 스스로 조달하는 내재화 전략을 꾀하고 있다.

꺾이기 시작한 세계화: 세계 GDP 대비 상품 무역 비율 추이

자료: 세계은행.

○ 찬성	미국, 영국, 독일, 일본, 한국, 캐나다,프랑스, 이탈리아, 호주, 아르헨티나, 터키
△ 기권	브라질, 인도, 인도네시아,사우디아라비아, 멕시코, 남아프리카공화국
× 반대	중국

* 러시아, EU는 제외

자료: IMF-WBG 춘계회의.

러시아의 우크라이나 침공은 세계화의 종식을 알리는 포성이 되었다. 전쟁이 끝날지라도 미러 갈등은 미중 패권전쟁과 맞물려 탈세계화를 부추길 것으로 전망된다. 러시아의 유엔 인권이사회 이사국 자격을 정지하는 결의안을 가결할 때, 이를 놓고 양쪽 진영이 쪼개졌다. 미국을 비롯한 서방 진영은 러시아 퇴출에 찬성했지만, 중국, 브라질, 인도, 인도네시아, 멕시코 등의 신흥국들은 반대 혹은 기권을 표했다. 그뿐만 아니라, G20[2]은 선진국과 신흥국의 협의체로 수십 년간 세계경제 질서를 이끌어왔지만, 러시아의 G20 퇴출에 엇갈

2 G20(Group of 20)이란, 다자간 금융 협력을 위해 결성한 조직으로 선진 경제국 G7(독일, 미국, 영국, 이탈리아, 일본, 캐나다, 프랑스)과 남아프리카공화국, 러시아, 멕시코, 브라질, 사우디아라비아, 아르헨티나, 인도, 인도네시아, 중국, 터키, 한국, 호주, 유럽 연합(EU) 등 20개국을 의미한다. 1999년 9월에 개최된 IMF(국제통화기금) 총회에서 G7과 신흥시장이 참여하는 기구를 만드는 데 합의하여 같은 해 12월 창설되었다. 'G'는 영어 '그룹(group)'의 머리글자이고, 뒤의 숫자는 참가국 수를 가리킨다.

린 입장을 보여 해체 가능성까지 거론되고 있다.

세계 경제 질서의 재편… 전략적 방향성을 선정하라

세계화의 종식에 대응해야 한다. 무역의존도가 높다는 점을 고려하면, 한국은 탈세계화라는 구조적 변화에 상당한 영향을 받을 수 있음을 가늠할 수 있다. 수출 대상국이라는 면에서도 중요하겠지만, 원자재나 부품 수급이라는 면에서 더욱 중요한 시점이다. 제2의 요소수 사태가 발생하지 말라는 법이 없다. 탈세계화는 식료품 원자재를 비롯한 에너지 및 광물자원의 수급난을 부추길 것이기 때문에, 매우 중대하고 시급한 정책과제로서 해외자원개발사업 및 자원 외교를 추진해야만 한다.

군사 및 안보적 긴장감이 확대되는 국면에 진입했다. 세계 주요국들이 전투 능력을 보강하고, 국방비 예산을 확대하고 있다. 우방국들은 자국의 안위를 위해 동맹국들 간의 군사적 협력체제를 더욱 공고히 하는 모습도 나타난다. 방위산업 관점에서는 큰 기회가 작용되는 시점이다. 실제, K-방산 수출에 순풍이 불어오고도 있다. 이를 유행처럼 인식할 것이 아니라, 국가의 주요 전략산업으로 목표와 방향성을 설정하고 중장기 로드맵을 짜야 한다. K-방산의 강점을 살리고, 약점을 보완해야 하며, 시장의 위기 요인들을 극복하고, 기회 요인들을 적극 포착해야만 한다(다음 '한국의 방위산업 경쟁력 분석' 참조).

기초 설명

방위산업 수출 현황

2022년 1월 LIG넥스원과 한화시스템은 아랍에미리트 방산업체와 국산 요격미사일 천궁II 수출계약을 체결했다. 총 규모 35억 달러, 한화기준 약 4조 2,000억 원에 달하는 규모다. 국산 단일 무기 수출계약으로는 사상 최대 규모였다.

2022년 7월 폴란드에 총 40조 원 이상의 규모에 달하는 무기 수출계약을 체결했다. 현대로템은 8조원 규모의 K2 전차 수출 계약을 체결했고, 이는 8년간의 먹을거리를 확보한 셈이다. 폴란드 정부는 K2 전차 외에도 한화디펜스

세계 주요국 무기 수출 비중(2017~2021년)

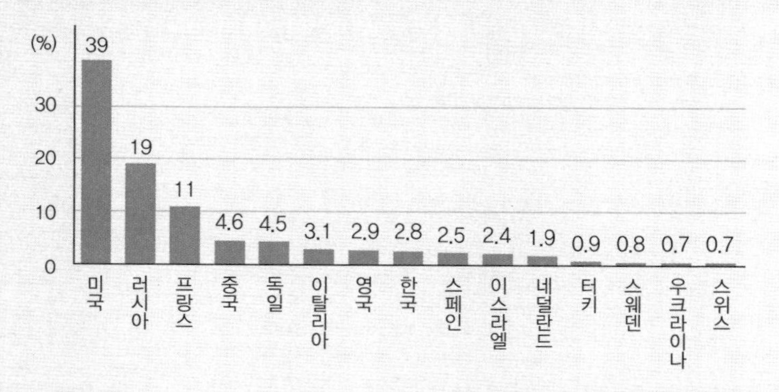

자료: SIPRI(스톡홀름국제평화연구소).

의 K9 자주포 648대, 한국항공우주산업(KAI)의 FA-50 경공격기 48대 등을 도입하는 무기 구매계획을 승인했다.

그뿐 아니라 호주, 말레이시아, 노르웨이, 이집트 등도 한국 무기에 지대한 관심을 보이기 시작했다. 세계 5위권 방위산업 수출강국으로 도약할 수 있다는 기대가 조성되고 있는 이유다. 세계 무기 수출국으로서 미국이 39%를 차지해 압도적인 비중을 유지하고 있고, 한국은 현재 8위 수준이지만, 2022년 하반기~2023년 동안 대규모 계약을 성사시킬 경우, 단번에 5위권으로 도약할 수도 있다.

한국의 방위산업 경쟁력 분석

K–방산의 강·약점과 기회 및 위기 요인을 분석해보기 위해, 간략히 SWOT분석[3]을 해보자. 먼저, 강점(S)은 북한이라는 적을 둔 상태에서 지속적·안정적인 내수 기반을 갖추고 있다는 점이다. 민간 분야의 제조 경쟁력과 시너지를 내고 있다. 약점(W)으로는 핵심 기술에선 여전히 선진국과 격차가 있다는 점이다. 국산화율이 낮고, 원천기술에 대한 해외 의존도가 높아 부가가치를 높이기에 한계가 있다고 할 수 있다. 기회(O)요인으로 세계 방위시장이 커지고 있다는 점이다. 세계적으로 군사·안보적인 긴장감이 고조되고 있다 보니, 각국이 국방비 예산을 확대하는 모습이 진전되고 있어, 방위산업 관점에서는 기회요인으로 평가된다. 마지막으로 위기(T)요인으로는 '무기동맹'이 강화되고 있다는 점이다. 방위산업이 커지고는 있지만, K–방산으로서는 러시아, 중국 및 이들의 우방국 진영의 시장을 장기적으로 잃게 될 수 있다.

3 강점(strength), 약점(weakness), 기회(opportunity), 위기(threat)의 앞 글자를 따서 SWOT 분석이라 하며 기업의 강점과 약점, 환경적 기회와 위기를 열거하여 효과적인 기업 경영전략을 수립하기 위한 분석 방법이다.

'K-방산' SWOT분석

S 강점	민간 제조업 경쟁력, 우주·항공 분야 원천 기술력
W 약점	선진국과의 기술 격차, 기업 조의 혁신 부족
O 기회	시장 대형화, 공중 위협 대응 체계 등 신시장 개척
T 위기	내수 중심, 러·우 전쟁으로 인한 주요국 '무기동맹' 강화

자료: 〈중앙일보〉.

6

블록경제의 도래, IPEF를 둘러싼 미중 패권전쟁

미중 패권전쟁이 격돌하면서, 세계 경제가 양분되는 모습이다. 미국과 중국의 개인전이 아니라, 미국 우방국들과 중국 우방국들의 단체전으로 불거지고 있다. '글로벌'이라는 수식어가 어색해지는 세계는 새로운 수식어를 찾아 꿈틀거리는 모습이다. 바로 블록경제[1]다.

미국은 IPEF를 출범하고, 미국을 중심으로 한 동맹국 간의 블록을 형성했다. 향후 중국을 배제한 더 많은 국가가 IPEF에 참여하도록 유도하고 있다. 중국이 한국을 비롯한 IPEF 참여국들에 민감한 반

1 블록경제(bloc economy)는 정치적·경제적으로 관계가 깊은 여러 국가가 결집하여 역내의 경제교류를 촉진하는 반면, 역외국가들에 대해서는 차별대우를 취함으로써 폐쇄적이고도 유리한 경제관계를 맺는 경제나 경제권을 뜻한다.

응을 보여, 2022년 하반기 대외거래 및 외교·안보에 상당한 불확실성이 고조되고 있다. 어떤 선택이든 얻는 게 있다면 잃는 것도 있게 마련이다. 한국이 IPEF에 참여함에 따라 갖게 될 기회와 위협을 명확히 판단하고, 블록경제하의 대응전략을 모색해야 하겠다.

IPEF는 무엇인가?

IPEF[2] 가 2022년 5월 23일 공식 출범했다. 한국뿐만 아니라 일본, 호주, 인도 등과 같은 중국 주변국들이 출범에 참여했다. 미국이 주도하는 경제협력체라는 면에서 그리고 중국을 배제하고 있다는 점에서 상당한 의미가 있다. 중국이 주도하는 RCEP[3]에 대응하기 위해 미국 바이든 대통령이 구상해온 것이다. 특히, 5월 28일에는 피지가 14번째 가입국이 되었는데, 왕이王毅 외교부장이 사모아, 솔로몬제도 등 남태평양 8개국을 순방하는 일정 중 침투 작전처럼 일어났다. 중국은 남태평양을 포섭하여 미국의 대중 포위망을 뚫기 위해 전략을 모색하던 중이었고, 향후 IPEF의 행보는 미중 패권전쟁의 긴장감을 고조시킬 것으로 보인다.

2 Indo-Pacific Economic Framework의 약자로 인도태평양경제프레임워크를 뜻한다.

3 Regional Comprehensive Economic Partnership의 약자로, 역내포괄적경제동반자협정을 뜻한다. 중국 주도로 2019년에 협정이 타결됐고, 2022년 1월부터 효력이 시작되었다. 중국 외에도 한국, 일본, 호주, 뉴질랜드 등 15개국이 참여하고 있다.

주요 거대 경제협력체 비교

구분	RCEP	CPTPP	IPEF
참가국	15개국(한국, 중국, 일본, 호주, 뉴질랜드, 아세안 10개국)	11개국(일본, 호주, 뉴질랜드, 캐나다, 멕시코, 칠레, 페루, 아세안 4개국-브루나이, 말레이시아, 싱가포르, 베트남)	13개국(한국, 미국, 일본, 호주, 뉴질랜드, 인도, 아세안 7개국-브루나이, 인도네시아, 말레이시아, 필리핀, 싱가포르, 태국, 베트남)
인구	22.7억명 (29.7%)	5.1억명 (6.7%)	25억명 (32.3%)
GDP	26.1조 달러 (30.8%)	10.8조 달러 (12.8%)	34.6조 달러 (40.9%)
한국과의 교역 규모	4,839억 달러 (49.4%)	2,364억 달러 (24.1%)	3,890억 달러 (39.7%)

자료: 산업통상자원부.
주: (　)는 2020년 기준 대세계 또는 한국 규모 대비 비중.

IPEF는 그동안의 다자간 경제협력체제와는 차이가 있다. CPTPP[4]에 참여하는 방식을 선택하지 않은 것도 다자간의 무역협정 이상의 무엇이 있다고 해석하는 근거가 된다. FTA는 상대국간 관세를 낮추어 자유로운 무역을 하자는 데 초점이 있었으나, IPEF는 관세에 관한 논의가 없다. 따라서 메가 FTA와는 성격에 차이가 있다. IPEF는 바로 '공급망 확보'에 주안점을 두고 있다. 즉, 국가 간 혹은 권역 내

4 Comprehensive and Progressive Agreement for Trans-Pacific Partnership의 약자로, 포괄적·점진적 환태평양경제동반자협정을 의미한다. 기존에 미국과 일본이 주도하던 TPP(환태평양경제동반자협정)에서 미국이 빠지면서 일본 등 아시아·태평양 11개국이 새롭게 추진한 경제동맹체로, 2018년 12월 30일 발효됐다.

FTA를 넘어서 코로나19 이후 부상한 핵심이슈에 주목하고 있다는 점에서 차이가 있다. 즉, 공급망 문제, 디지털 교역, 그린 에너지 등과 같은 2020년대 부상한 새로운 통상의제를 공동으로 해결하기 위해 협력체계를 구축했다.

IPEF가 줄 기회와 위협

선택은 곧 포기를 뜻하기도 한다. 가능한 대안 중 하나를 선택하면, 나머지 대안들을 포기해야만 한다. 일반적인 선택은 효용을 극대화하기 위해 내려진 결정이기 때문에, 다른 대안을 포기하는 것 이상의 가치가 있다. IPEF 참여라는 선택도 마찬가지다. IPEF 참여는 교역과 경제교류뿐만 아니라 외교, 안보, 군사적으로 고려할 것이 많은 복잡한 고차 방정식이기 때문에 이것이 가져다줄 기회와 위협 요소들을 꼼꼼히 따져볼 필요가 있겠다. 한국 수출의 25%에 달하는 중국 시장과 멀어지는 일일지 몰라도, 40%를 초과하는 IPEF 참여국과 가까워지는 일일 수 있다. 중국으로부터의 보복이 두렵지만, IPEF에 참여하지 않을 때 한국-미국-일본-대만에 이르는 반도체 동맹을 포기하는 것은 더 두렵다.

IPEF가 줄 기회는 상당하다. 첫째, 국가 간 혹은 권역 내 디지털·그린 통상규범을 설정하는 데 이점이 있을 것으로 기대된다. 『위드 코로나 2022년 경제전망』에서 "글로벌 통상 환경이 구조적으로 변

한국의 IPEF 및 중국과의 교역구조

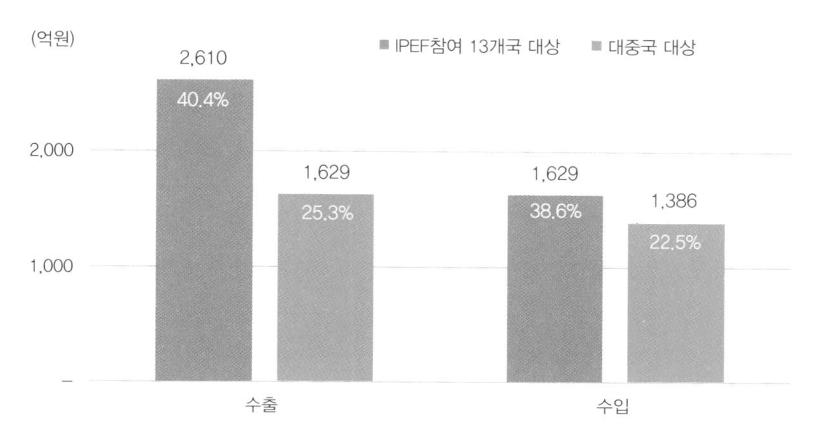

자료: 관세청.
주: 2021년 연간 기준 수출입무역통계. ( )은 대세계 수출입 규모 대비 비중.

화"하고 있음을 강조했던 것처럼, 디지털세와 탄소국경조정제도 등과 같은 논의가 세계적으로 확대되고 있다. 한국이 IPEF에 주도적으로 참여함으로써, 통상규범을 설정하는 데 룰메이커rule maker로서 유리한 고지를 점유할 것으로 기대된다. 둘째, 국내 기업들이 IPEF 권역 내 신시장을 확보하고, 해외 진출을 추진하는 데에도 이점으로 작용할 것으로 보인다. 인도, 인도네시아, 베트남 등과 같은 신흥국 인프라 사업 참여가 가장 대표적인 예가 될 것이다. IPEF 참가국들이 세계 GDP의 40%를 넘게 차지고 있는 만큼, 거대 시장과 한층 가까워진다는 의미가 있다. 넷째, 기술교류 및 기업협력에 활발히 이루어질 것으로 기대된다. 특히, AI나 청정에너지 분야의 공동연구나 기술표준에 대한 논의도 진행될 것으로 전망한다. 무엇보다

IPEF의 중요한 의미는 공급망 안정화에 있다. 에너지나 광물 원자재뿐만 아니라 식료품 원자재 수급이 그 어느 때보다 불안정한 환경에서 역내 공급망 협력이 크게 증진될 것으로 기대된다.

IPEF가 주는 위협요인도 적다고 할 수 없다. 중국으로부터의 경제보복이 우려된다. 2017년에 사드 보복으로 중국인 관광객이 급감했던 사례가 있다. 제2의 사드 보복 조치 우려가 상당하다. 최근 호주도 중국으로부터 석탄 수입을 차단당한 전례가 있듯이, 중국이 반한 감정을 경제보복으로 확대할 명분을 제공하는 일이 될 수 있다.

K-콘텐츠뿐만 아니라 한국 제품 수요를 차단할 수 있다. 더욱 우려되는 것은 공급망 충격이다. 중국 및 중국 우방국들에 의존하는 광물 원자재 공급을 차단할 경우, 상당한 혼란을 가져올 수 있다. 즉, 제2의 요소수 사태가 올 수 있다. 요소, 마그네슘, 니켈 등과 같은 중국에 집중적으로 의존하고 있는 원자재나 부품 공급을 불시에 중단할 때 오는 산업계 충격은 상상 이상이 될 것이다.

기초 설명

미중 패권전쟁의 전개

코로나19의 충격을 잠시 잊고 근래 5년간의 가장 중요한 경제 이슈를 떠올려보면, 이는 곧 미중 무역전쟁이다. 매년 발간하고 있는 『한 권으로 먼저 보는 2019년 경제전망』, 『한 권으로 먼저 보는 2020년 경제전망』, 『포스트 코로나 2021년 경제전망』, 『위드 코로나 2022년 경제전망』을 통해 세계 경제 이슈로 미중 무역전쟁을 빼놓고 이야기한 적이 없을 정도다.

미중간의 무역분쟁은 사실상 패권전쟁으로 설명된다. 즉, 미국이 중국의 부상을 견제하려는 데서 미중 갈등이 시작되었다고 평가된다. 2000년까지 세계 교역에서 1위 자리를 지켜오던 미국은 2010년대 들어 중국에 그 자리를 내주게 되었다. 1990년 세계 교역에서 15위에 불과하던 중국은 점차 그 교역규모가 빠르게 증가하면서 2000년에 7위를 기록했고, 2010년에 1위 자리에 올라섰다. 미국 트럼프 대통령이 2017년 1월 집권을 시작하면서 'Make the U.S. Great Again' 공약을 실행하기 위해 중국을 대상으로 한 강도 높은 무역분쟁이 시작된 것이다.

미국은 기술패권을 중국에 빼앗기지 않기 위해, 중국은 미국으로부터 빼앗기 위해 끝없는 싸움이 될 것으로 전망한다. 아날로그 경제에서 디지털 경제Digital Economy로 전환되고 있기에 향후 유망한 기술과 산업도 달라지고 있고, 이에 미래 경제패권을 놓치지 않으려 미중 무역전쟁은 지속될 것으로 판단된다. 코로나19 이후 미국 정치권에서는 반중국 정서를 확산시키며 중국 경제제재를 정당화하고 있다. 바이든 행정부도 중국에 대해 강경한 태도를 고수하고 있다.

미국 국민의 대중국 정서

자료: PEW Research Center.

최근의 미중 무역갈등은 단순한 관세전쟁을 넘어서 디지털 무역전쟁으로 진화하는 모습이다. 미국은 2020년 8월 청정 네트워크 정책Clean Network Program을 발표해 중국 IT기업의 부상을 견제하기 시작했다. 청정 네트워크는 중국의 통신사, 앱, 클라우드, 해저케이블, 5G 통신장비 등을 미국 통신 네트워크에서 사용할 수 없도록 규제하는 미국 국무부 프로그램이다. 중국도 2020년 9월 '글로벌 데이터안보 이니셔티브'를 제시해 본격적으로 미국의 압박에 대응하고 있다. 중국은 디지털 위안화를 바탕으로 통화 패권에 대한 도전을 진행하고 있다. 중국이 디지털 위안화를 중심으로 단기간 안에 외환시장을 흔들기는 어렵겠지만, 일대일로 사업 등과 같은 주변국들이 참여하는 주요 프로젝트에 참여조건으로 내걸거나, 중국에 대한 의존도가 높은 국가들에게 수출입 조건으로 디지털 위안화 결제를 압박하는 움직임이 시작될 수 있다.

블록경제를 준비하라

글로벌 경제가 가고, 블록경제가 온다. 미중 패권전쟁이 군사적인 충돌로 확전될 우려가 있고, 중국이 가장 예민하게 생각하고 있는 대만과 홍콩과 같은 주요 지역을 격전지로 할 가능성이 고조되고 있다. 블록화된 경제를 가능한 시나리오로 가정하고, 사전에 대응태세를 갖춰야만 한다. 더는 특정 국가의 경제보복에 나라가 흔들리는 일이 없도록 해야 하겠다.

IPEF가 주는 잠재적 위협들을 최소화해야 한다. 한국경제의 체질 개선이 필요하다. 특정 국가에 집중적으로 의존하는 경제구조로부터 탈피해야 한다. 중국에 대한 의존도가 높다는 점은 중국경제가 고성장할 때는 강력한 이점으로 작용했지만, 블록경제하에서는 극히 치명적이다. 원자재 수급과 밸류체인 및 수출에 이르기까지 IPEF 내 주요국들로 다변화해야 한다. 단기간 안에 해결될 일은 아니지만, 한국경제의 고질적인 문제점을 지금부터 개선해나감으로써 중국의 경제제재로부터 영향을 최소화해야 하겠다.

IPEF가 줄 기회를 최대한 포착해야 한다. IPEF 권역 내 신흥국 진출과 인프라 구축 프로젝트 참여 등의 시장기회를 활용해야 한다. 거대한 땅인 인도, 필리핀, 인도네시아는 각각 국내 수출의 2.4%, 1.5%, 1.3% 수준에 불과하다(2021년 기준). 특히, 에너지, 광물, 식료품 원자재를 안정적으로 확보하기 위한 공급 안정화를 위한 방안을 마련할 교두보로 삼아야 한다. 무엇보다도 중요한 것은 미래산업이다. IPEF에 가입한다고, 가만히 있는데 모든 기회가 주어지는 것이 아니다. 반도체를 비롯한 배터리, 디스플레이, 청정에너지 등과 같은 주력산업의 기술 및 인적교류를 통해 고부가가치 사업을 선점하는 데 방점을 두어야만 한다.

7

글로벌 공급망 대란, 언제까지?

'소 잃고 외양간 고친다'는 속담이 있다. 사전에 철저히 준비해야 함을 강조하는 표현이지만, 하루하루 시급한 과제들에 전념하다 보면 일어날지도 모르는 일을 사전에 예측해서 대응하기란 쉬운 일이 아니다. 더구나 코로나19와 같은 발등에 떨어진 불을 끄는 데 집중했던 세계 경제는 글로벌 공급망 전환이라는 중장기적 시야를 갖고 대응책을 마련하는 데는 한계가 있었다.

2021년 하반기에 찾아온 요소수 사태가 그랬다. 요소수가 무엇인지도 모른 채 살아왔던 대중들은 요소수가 없으면 많은 경유차가 멈춰서고, 물류대란으로 연결될 것이라는 사실은 더더욱이나 미리 알 수가 없었다. '특정 소재를 한 나라에 전적으로 의존하는 것이 이토록 위험한 일일 수도 있구나!' 깨닫게 되었다. 소를 잃어보니, 외양간을 고쳐야겠다는 생각을 하기에 이르렀다.

2019년의 한일 무역전쟁이 대표적인 예다. 일본 정부는 당시 반도체와 디스플레이의 3대 소재 품목에 대해 수출 규제 조치를 발동했다. 한국의 핵심산업에 제동을 걸고자 했다. 일본의 침략에 단기적 대응으로만 머무르지 않고, 구조적 대응책을 함께 마련했다. 이른바 '소부장'이다. 오랫동안 과제로 제기되어 왔음에도 내일로만 미루었던 외양간 고치는 일을 시작했다. 소재·부품·장비를 국산화하고, 수입선을 다변화하는 등의 소부장 정책은 국가적 의제가 되었다.

기초 설명

밸류체인의 세계화

밸류체인Value Chain은 기업활동에서 부가가치가 생성되는 과정을 말한다. 원자재나 부품을 조달하고, 제품을 생산하며, 이를 소비자에 판매하기까지의 전 과정을 뜻한다. 1985년 미국 하버드대학교의 마이클 포터M. Porter가 모델로 정립한 이후 광범위하게 활용되고 있는 이론적 틀이다.

밸류체인은 일반적으로 스마일 커브smile curve를 그린다. 생산의 경우 낮은 부가가치를 창출하고, R&D와 설계Design와 같은 생산의 전 과정이나 마케팅과 서비스와 같은 생산의 후과정은 상대적으로 높은 부가가치를 창출한다.

밸류체인의 스마일 커브

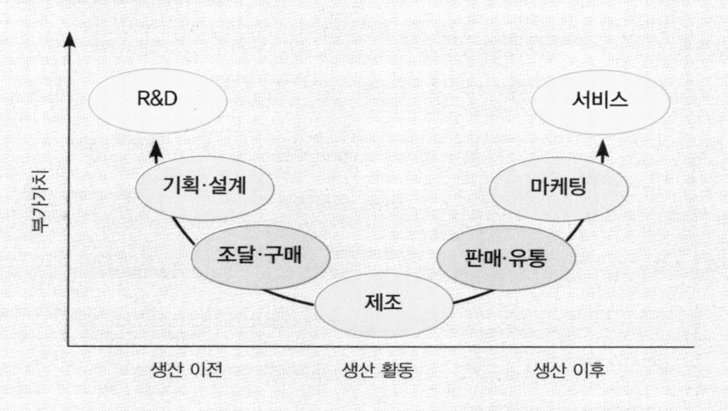

자료: Gary Gereffiand Fernandez-Stark(2016).

밸류체인은 20세기 동안 국내에서 세계로 확대되었다. GVCGlobal Value Chain가 등장한 것이다. GVC는 이러한 과정 중의 일부(예를 들어, 제조)를 다른 나라에 의존하는 글로벌 분업구조를 뜻한다. 통상적으로 낮은 부가가치의 생산(제조)의 영역을 노동력이 풍부하고 인건비가 저렴한 신흥국으로 이전하기 시작했다. 물론 생산 이외의 영역도 이윤을 극대화시키는 목적을 달성하고자 이전되어 왔다. 미국의 IT기업들이 콜센터를 인도에 두거나, 한국의 반도체 기업들이 주요 원자재를 일본에 의존해온 것도 대표적인 예다. 이렇게 역내 밸류체인RVC, Regional Value Chain이 GVC로 변화해온 것을 세계화Globalization라고 표현할 수 있겠다.

리쇼어링과 탈세계화

한때 생산기지를 다른 나라로 이동시키는 오프쇼어링off-shoring이 주름잡던 경영 트렌드였던 시기가 있었다. 노동력, 원자재 등 생산요소의 공급이 더 원할한·유리한 다른 나라로 아웃소싱 하는 것이다. 기업의 오프쇼어링으로 세계화가 진전되고, 역내 밸류체인RVC이 GVC로 변화해온 것이다.

2010년대 들어 생산기지를 본국으로 회귀시키는 리쇼어링re-shoring의 형태로 전환되기 시작했다. 특히, 미국 트럼프 대통령은 법인세를 큰 폭으로 인하하거나, 이산화탄소 감축 동의안(2015년 파리협정)을 파기하는 등 미국으로 제조기지를 들여오기 위한 적극적인 정책들을 펼쳤다. 북미자유무역협정NAFTA; North American FTA 폐기를 시도한 것도, 글로벌 기업들이 멕시코에 제조기지를 두고 무관세로 미국에 수출하는 전략을 취하고 있었기 때문이다. 미중 무역분쟁 또한 중국 내 생산기지를 이탈시키고 리쇼어링을 부추기는 데 상당한 영향을 미쳤다고 평가된다.

세계 각국이 스마트 팩토리를 적극적으로 도입하고 있는 것도 리쇼어링을 촉진하는 기술적 요인이 된다. 많은 노동력에 의존해 생산하는 기존의 제조업은 저렴한 인건비를 찾아 오프쇼어링 해야 할 필요성이 있었지만, 스마트 팩토리로 전환된 기업들에겐 소수의 고급·기술인력들만을 필요로 한다. 즉, 각국 정부는 스마트 팩토리로 전환할 수 있도록 설비지원을 하고, 기업들은 생산 공정을 자동화해 신흥국에 있는 제조기지를 리쇼어링하는 것이다.

리쇼어링은 탈세계화De-globalization를 진전시키고 있다. 세계 해외직접투자가 감소하는 추세다. 해외직접투자 유입액Foreign Direct Investment Inflow이 2015년 2조 달러 이상의 고점을 기록한 이후 추세적으로 감소하고 있다. UNCTAD는 해외직접투자 유입액이 2020년과 2021년 1조 달러 이하로 감소할 것으로 전망했다. 세계경기가 급속히 둔화하고 있을 뿐만 아니라, 보호무역주의가 팽배해지고, 미국을 비롯한 주요국들이 리쇼어링 정책을 추진함에 따라 제조업 회귀현상이 두드러지게 나타나는 모습이다.

해외직접투자FDI, Foreign Direct Investment는 일반적으로 외국인이 장기적인 관점에서 타국 기업에 출자하고 경영권을 확보하여 직접 경영하거나 경영에 참여하는 형태의 외국인투자를 일컫는다. 외국의 주식·채권과 같은 자본시장에 투자하는 것은 해외간접투자(혹은 해외포트폴리오투자)라고 불리는 반면, 직접 공장을 짓거나 회사의 운용에 참여하는 것을 해외직접투자라고 한다. 해외 현지법인의 설립, 기존 외국법인 자본에 참여, 부동산 취득, 지점 설치 등의 유형이 있다.

세계 해외직접투자 추이

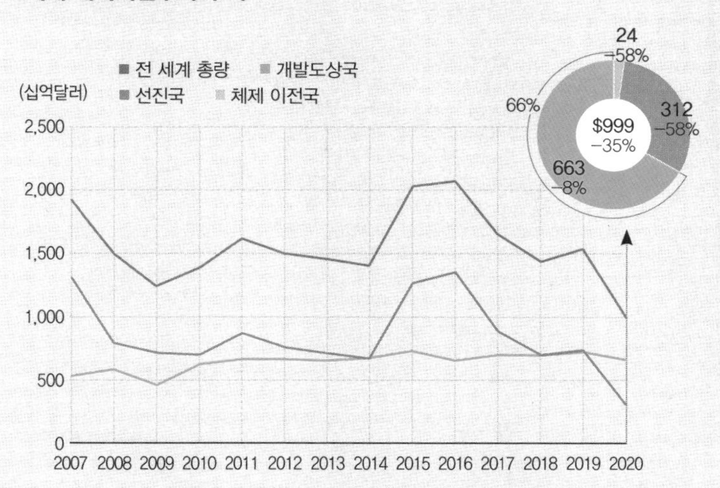

자료: UNCTAD(2021) 「World Investment Report 2021」.

글로벌 공급망 병목현상

2021~2022년에는 다양한 공급망 병목현상이 나타났다. 차량용 반도체 수급 차질로 세계 자동차 공장이 멈춰 섰다. 현대차, 쌍용차, 르노삼성자동차도 생산에 차질을 빚고, 조업을 단축하거나 휴업에 들어가기도 했다. 반도체뿐만 아니라 주요 부품 부족 사태로 공장가동 정상화가 지연됐다. 미국 컨설팅 기업 알릭스파트너스AlixPartners는 차량용 반도체 공급 부족 사태로 2021년 전 세계 자동차 매출이 약 247조 원 감소한 것으로 추산했다. 세계 자동차 생산량 감소 역시 770만 대에 달하는 것으로 계산했다. 자동차 1대에 통상 약 2만 개의 부품이 들어간다고 한다면, 1개의 부품 수급 차질은 1대의 완제품 생산에만 차질을 줄 뿐만 아니라 나머지 부품을 공급하는 공급업체들에도 상당한 충격이 아닐 수 없다.

맥도널드 햄버거에 양상추가 빠지는가 하면, 햄버거 세트에 감자튀김이 빠지기도 했다. 국내 때 이른 한파가 찾아오면서 양상추 출하가 줄었는데, 설상가상으로 글로벌 물류 대란으로 양상추 수입도 어려웠다. 한편, 패스트푸드 업체들은 미국산 냉동 감자 수급에 차질이 생겼다. 경기가 급격히 회복되면서 해운 물동량이 폭발적으로 증가했고, 선박 부족과 해상운임 상승으로 이어졌다. 소비자들은 감자튀김 대신 치킨너겟을 받는 재밌는 풍광도 나타났다. 물류비 상승은 거의 모든 영역에 걸쳐 공급 대란을 초래할 수 있는 요인이다.

크리스마스 시즌에는 '트리 대란'도 현실화된 바 있다. 미국의 주요 나무 산지에 산불이나 폭염 등과 같은 이상기후 현상으로 나무 재배가 어려워졌고, 실제 재배량이 급감했다. 트럭 기사 부족으로 나무를 운반할 트럭도 찾기 어려워졌고, 배송비도 급등했다. 해운 물류비도 마찬가지다. 컨테이너를 확보하기도 어렵지만, 높은 요금을 내야 해서 타산이 안 맞기도 하다. 인조 트리도 어떠한가? 인조 트리 대부분이 중국에서 생산되는데, 항만부터 트럭 운송까지 물류 전반에 걸쳐 지연되고 있어 유통업체들은 재고를 확보하기도 어려울 것으로 보인다.

자료: 〈The Economist〉.

글로벌 공급망 대란 장기화 요인

첫째, 신흥개도국들의 공급불안이 하나의 요인이다. IMF[1] 와 세계은행[2]에 따르면, 선진국과 신흥국 간의 불균형 회복이 나타나고 있다. 선진국을 중심으로 백신 보급이 진전되고, 신흥국이나 저소득국들은 그렇지 못하다 보니 나타나는 현상이다. 세계 경제가 뚜렷하게 회복되고는 있으나, 선진국들의 것이지 신흥국들은 전혀 그 회복세를 실감하지 못하고 있다. 선진국은 소비의 주체이고, 신흥국은 생산의 주체로 글로벌 분업구조가 형성되어 왔다. 즉, 선진국이 필요로 하는 원자재나 부품을 신흥국들로부터 조달받는 구조다. 선진국 중심으로 수요는 뚜렷하게 회복되고는 있으나, 코로나19 확진자의 증가세로 신흥국의 공장은 여전히 셧다운을 면치 못하고 있다.

둘째, 친환경 산업으로의 전환이 일고 있다. 적어도 향후 수십 년간 거스를 수 없는 흐름이 될 것이다. 각국은 탄소중립을 선언하고 탄소배출권 거래제를 도입해나가고 있다. 탄소세와 탄소국경조정세제 도입이 추진되고 있고, 탄소배출규제를 강화하고 있다. 기업들도 ESG를 새로운 경영패러다임으로 앞세워 기후변화 대응을 위한 비즈니스 행보를 집중하고 있다. 전통적 에너지에서 친환경 에너지로의 전환이 일고 있다. 이에 따라 친환경 산업에 필수 소재인

1 IMF(2022.4), 「World Economic Outlook」.

2 World Bank(2022.1), 「Global Economic Prospects」.

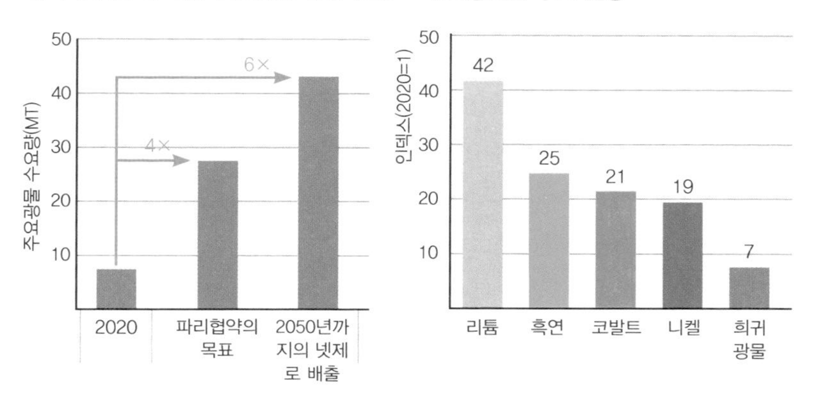

자료: IEA(2021), 『The Role of Critical World Energy Outlook Special Report Minerals in Clean Energy Transitions』.

주요 광물자원 수요가 급증하고 있다. 태양광, 풍력, 전기차 배터리, ESSEnergy Storage System(에너지저장장치), 수소산업 등의 영역에 리튬, 흑연, 코발트, 니켈, 희토류 등의 광물자원의 품귀현상이 나타나고, 가격도 급등하고 있다. 탄소중립, ESG, 친환경산업 등게 관한 논의는 '3부 1. 글로벌 에너지 위기, 탄소중립의 후퇴와 도약' 편에서 상세하게 다루었다. 이를 참고하기 바란다.

셋째, 주요국들은 의도적으로 글로벌 공급망을 깨고 있다. GVC에서 RVC로의 전환을 시도하고 있다. 이른바 주력산업의 내재화 전략Internalization Strategy이다. 코로나19 확진자가 증폭되는 과정에서 선진국들이 위생방역용품 수급에 차질이 있었고, 마스크를 비롯한 주요 품목들의 공장을 리쇼어링 하기에 이르렀다. 그뿐 아니라 해외 부품 수급의 차질로 선진국의 완제품 생산 공정에 차질이 빚어지면서, 자동차, 가전제품 등과 같은 다양한 산업에 걸쳐서도 글로벌 분업구조가 유리하지 않다는 것을 깨달았다. 『포스트 코로나 2021년 경제전망』에서는 리쇼어링 전쟁이 본격화되었음을 강조한 바 있다. 특히, 미국, 중국, 대만, 유럽 등의 반도체 강국들이 반도체의 전품목과 전 공정을 내재화하는 데 경쟁이 집중되는 '반도체 신냉전 체제'에 진입하고 있음을 『위드 코로나 2022년 경제전망』에서 강조한 바 있다. 실제 2021년 해외직접투자가 산업설비보다는 인프라 영역에 집중되었고, 더욱이 고소득국가로 편중되게 유입되었다. 테슬라를 비롯해 폭스바겐, 도요타 등이 차량용 반도체 자체 개발에 나섰고, 현대차그룹도 반도체 내재화를 추진하기 시작했다.

해외직접투자 증감

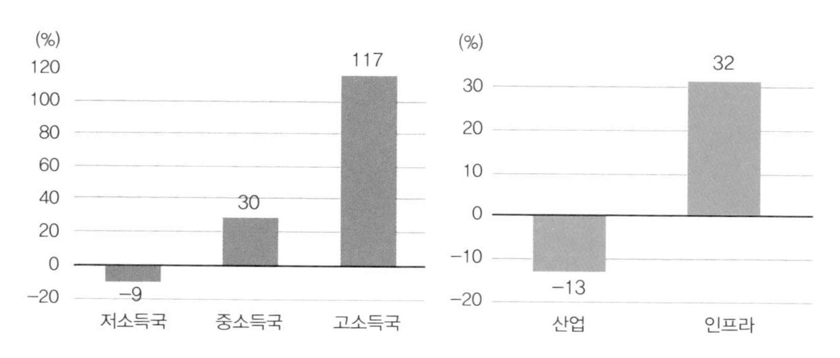

자료: UNCTAD(2021.10) 『Investment Trends Monitor』.
주: 2020년 1~3분기 대비 2021년 1~3분기 해외직접투자 증감률 계산.

넷째, 미중 패권전쟁은 글로벌 공급망 대란을 장기화할 요소로 빼놓을 수 없다. 트럼프 시대의 미중 무역분쟁은 국가 대 국가의 싸움이었다. 바이든 시대의 미중 갈등은 진영 대 진영의 싸움으로 진화했다. 미국의 우방국 진영과 중국의 우방국 진영이 격돌할 것으로 전망된다. 특히, 미국 국민의 중국에 대한 비호의적 정서가 역사상 최고 수준을 기록했고, 바이든 대통령은 2022년에는 11월에 치러질 중간 선거를 앞두고 중국을 더욱 강경하게 대할 가능성이 커졌다. 시진핑 주석도 2022년 하반기에 20차 중국 공산당 대회에서 3연임을 확정하기 위해 미국의 맹공에 강 대 강으로 맞설 것으로 보인다. 미국 우방국들은 중국 우방국들로부터 조달받는 원자재와 부품 수급에 상당한 차질이 발생할 가능성이 증폭되고 있다. 미중 패권전쟁에 대한 논의는 '1부 6. 블록경제의 도래, IPEF를 둘러싼 미중 패권전쟁' 편에서 상세하게 다루었다. 이를 참고하기 바란다.

공급망 리스크, 어디까지 확대될까?

사실상, 2021~2022년 내내 이어지고 있는 공급망 병목현상도 상당 비중 미중 패권전쟁으로부터 야기되었다. 중국은 미국의 우방국 진영에 있는 호주에 경제적 제재를 가해왔고, 석탄 수입을 금지하는 조치를 취했다. 중국은 석탄 부족 현상이 심해져 전역의 화력 발전소 가동에 제약이 걸렸고, 이는 최악의 전력난으로 이어져 공장가동

글로벌 중간재 수입시장 점유율

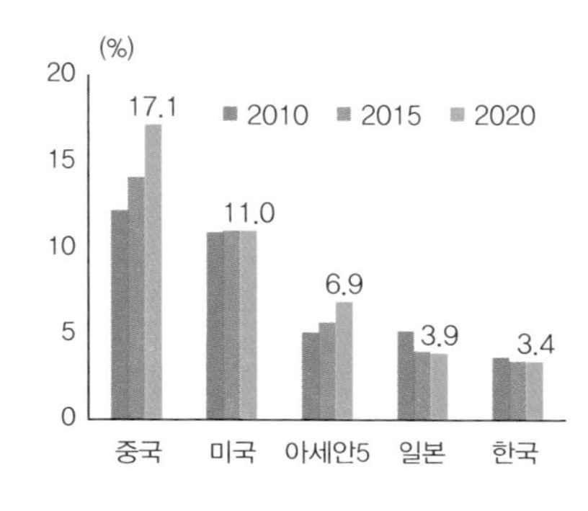

중국 아세안 5개국의 중간재 수입시장 점유율 추이

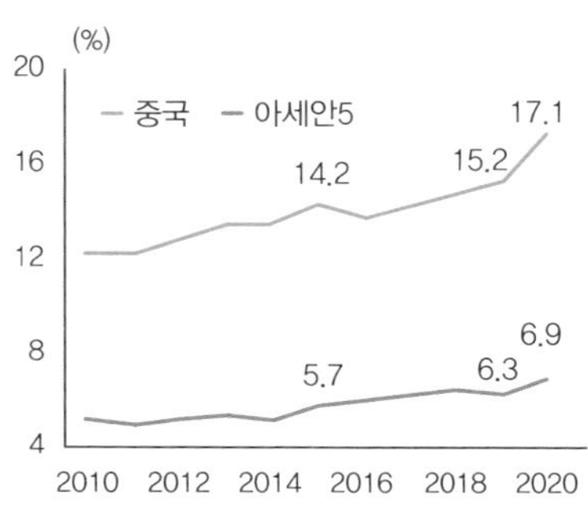

자료: UN Comtrade.

중단 사태로 번졌다. '세계의 공장'이라 불리는 만큼, 글로벌 중간재 수요의 17.1%를 중국에 의존하고 있는데 공급망 대란으로 귀결될 수밖에 없었다. 한국의 요소수 품귀 사태도 마찬가지다. 결국, 미중 패권전쟁이 장기화하고, 격화됨에 따라 공급망 대란은 상당한 리스크로 부상할 수밖에 없다.

1가지 중요한 것은 공급망 리스크가 어디까지 확산할 것인가이다. 요소뿐만 아니라, 원자재 전반에 걸쳐 수급 차질이 우려된다. 특정 국가에 전적으로 의존하는 공급망의 구조상 수입선이 막힐 경우 대응력이 부족하기 때문이다. 전량 중국에 의존하고 있는 마그네슘은 알루미늄 합금에 들어가는 소재로, 자동차, 스마트폰, 전자제품, 건축자재 등으로 사용된다. 이차전지의 핵심 소재인 양극재에 들어가는 수산화리튬 수입이 막히면, 배터리 생산에 타격이 불가피하다. 2019년 일본의 갑작스런 공급차단으로 수급에 제동이 걸렸

주요 원자재의 국가별 수입 의존도

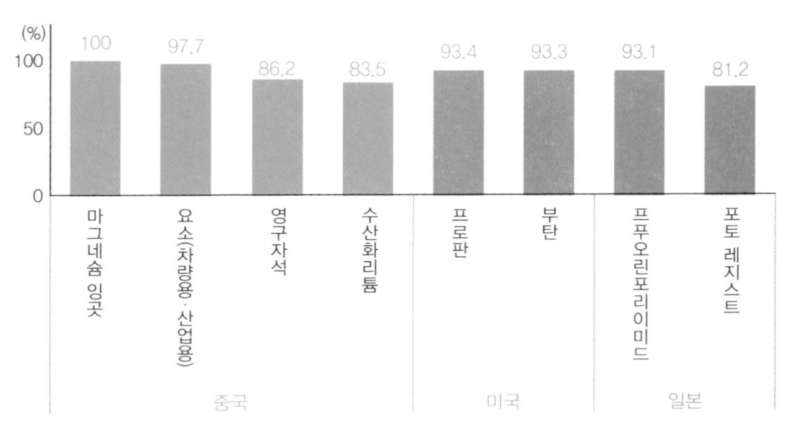

자료: 한국무역협회.
주: 2021년 1~9월 기준.

던 3대 품목 중 플루오린 폴리이미드와 포토레지스트는 소부장 정책(소재·부품·장비의 국산화 및 수입국 다변화)에도 불구하고, 여전히 수입액 중 80% 이상을 일본에 의존하고 있다.

공급망 안정, 새로운 국가적 의제

공급망 안정은 국가적 의제가 되었다. 단기적으로는 수급 불안 문제를 해결하고, 장기적으로는 공급 구조를 개선하기 위한 국가전략을 수립해야 할 때다. 미국의 대응사례만 보아도 얼마나 공급망 이슈를 중대한 의제로서 고려하고 있고, 구조적 변화를 시도하고 있는

지 이해할 수 있다. 미국무역대표부USTR 주도로 범정부 '무역기동타격대Trade Strike Force'를 설치했다. 미국 공급망을 훼손하는 외국의 불공정 행위를 감시하고, 위기 시 실시간으로 대처하기 위한 만반의 준비를 하는 것이다. 국제개발금융공사DFC는 해외 투자를 확대해 미국의 중요 광물자원의 생산능력을 증대하는 데 집중하고 있다. 공급망을 강화하기 위한 범정부 기구를 구축하고, 특정 국가에 편중된 수급구조에서 탈피하며, 해외 자원개발 사업을 확대하는 등의 구조적 대응이 검토되어야 한다.

물가 대란은 또 다른 서민의 고충이 되고 있다. '기름 한 방울 안 나는 나라'의 소비자물가는 수입물가에 의해 결정된다고 해도 과언이 아니다. 수입물가 상승은 생산자물가에 영향을 주고, 이는 다시 소비자물가에 영향을 미친다. 미국은 41년 만의 최고치 소비자물가를 기록했다. 한국도 24년 만의 IMF 외환위기 이후 최고치에 달하는 소비자물가 상승률을 기록했다. '월급 빼고 다 오른다'라는 말이 심심치 않게 들리고 있다. 체감경기는 최악이고, 서민의 호주머니는 비어 있는데 물건 가격만 이렇게 치솟으면 실제 소비 여력이 축소되고 삶의 질은 떨어지게 마련이다. 바우처 사업, 필수품 지원 등을 비롯한 취약계층 보조와 소비세 인하와 같은 대책들이 강구되어야 한다.

공급망 관리는 기업의 경영전략 1호가 되어야 한다. 원자재가 안 들어가는 곳이 있는가? 원자재는 전 산업의 필수요소다. 원자재 품귀현상과 가격상승은 기업의 비용을 가중시키고 실적을 악화시킨다. 밸류체인 전반을 점검하고, 대체 수입처를 확보하며, 포트폴리오를 다양화해야 한다. 주요 고부가가치 소재나 부품을 자체적으로 생산하는 방향으로 사업을 다각화하거나, 해외 자원개발 사업을 시도해 미래 산업에 필수적으로 요구되는 원자재를 선점하는 것도 적극적으로 검토되어야 할 영역이다.

투자 관점에서도 무시할 수 없는 영역이다. '인플레이션 시대엔 인플레이션에 투자하라'라고 강조하고 싶다. 중장기적으로 친환경 산업의 원자재 수요는 늘어날 테지만, 공급은 불안정하므로 관련 비철금속 원자재 가격 상승세가 상당 기간 지속할 것으로 전망된다. 마그네슘, 알루미늄, 리튬 등과 같은 비철금속 원자재 가격에 추종하는 ETF에 투자하는 것을 추천한다. 또는 해당 원자재 개발 사업을 영위하고 시장 장악력이 있는 기업 주식에 투자하는 것도 적절할 수 있겠다.

2023
Recession

2부

2023년
한국경제의 주요 이슈

1

스태그플레이션이 온다

중간선을 지난줄 알았는데, 출발선을 벗어나지 못하고 있다.

코로나19가 시작된 지 한참이나 지났지만, 코로나19 이전의 일상으로 복귀하기란 여전히 요원해 보이고, 아직도 제자리 같다. 변이 바이러스가 등장하고, 러시아-우크라이나 전쟁이 발발하며, 공급망 대란과 인플레이션 위협이 찾아오더니, 금리의 역습까지 시작되었다. 앞선 과업을 미처 정리하고 해결하지도 못했는데, 또 다른 이슈가 던져진다. 이렇듯 과제가 산적해 있다 보니 풀기 어려운 과제를 매일 새롭게 시작하는 느낌이다.

자료: 〈The Economist〉
자료: 〈Times〉

S의 공포가 찾아오다

스태그플레이션Stagflation은 빠져나오기도 어려운 경제현상이다. 스태그네이션stagnation(경기침체)과 인플레이션inflation을 합성한 표현으로, 경제불황 속에서 물가상승이 동시에 발생하고 있는 상태를 가리킨다. 즉 경제활동이 침체되고 있음에도 불구하고 지속적으로 물가가 상승하는 저성장·고물가 상태를 의미한다. 흔히 인플레이션 시대에는 고물가라는 채찍 속에서 고성장이라는 당근이 있고, 경기침체 국면에는 저성장이라는 채찍 속에서 저물가라는 당근이 있지만, 스태그플레이션 시대는 저성장·고물가, 즉 채찍밖에 없다.

지금까지 밀어닥친 어려운 과제들이 '변신 로봇'처럼 합체되면서, 가장 위협적인 '끝판왕' 앞에 던져진 느낌이다. 공급망 병목현상이 장기화함에 따라 원자재 가격이 폭등하던 터였다. 거기에 우크라이나 침공으로 러시아에 대한 경제제재가 가해지기 시작했다. 러시아는 세계 2위의 원유와 알루미늄 생산국이다. 유럽은 가스 소비량의 3분의 1을 러시아에 의존해왔다. 러시아로부터 원유, 천연가스, 니켈, 알루미늄, 밀 등과 같은 자원 수급이 막히자 원자재 가격이 추가로 폭등했다. 전쟁과 경제제재로 인해 고물가와 저성장이 같이 찾아오는 경제, 스태그플레이션의 시대다.

기초 설명

전쟁과 경제

미·러 갈등이 불확실성을 증폭시키고 있다. 공급망 병목현상, 인플레이션 압력, 통화정책 기조의 변화, 코로나19 변이 등과 같은 변수들이 경제전망의 셈식을 복잡하게 만들고 있다. 거기에 지정학적 리스크까지 더해지면서 공포감이 증폭되고 있다.

러시아 MOEX 주가지수는 우크라이나 침공 우려가 불거진 2021년 11월 초 이후 약 19.6%가 하락했다(2022년 2월 18일 기준). 2021년 신흥국 주가가 추세적으로 하락하는 국면에도 러시아 주가는 우크라이나 사태 전까지 매우 양호한 성과를 나타내왔던 모습과 대조적이다. 2014년 크림반도 위기 당시

러시아 및 신흥국 주가지수 추이

자료: MSCI, Trading Economics.

에도 러시아 증시가 약 19%가량 급락했었다.

전쟁이라는 변수는 주식시장에 치명적이다. "전쟁은 우크라이나에서 나는데, 왜 한국 주식이 떨어지나" 하는 개인투자자들의 한탄이 상당하다. 2022년에는 미국을 비롯한 주요국들이 기준금리를 인상하는 긴축적 통화정책이 집중되면서 현금성 자산으로의 돈의 이동이 시작된 터에 불확실성이 고조되면서 금과 같은 안전자산으로 자금이 더욱 쏠리게 되었다.

전쟁이라는 소재는 주가라는 관점에서 두 가지로 분류한다. 예상되는 전쟁과 예상되지 않은 전쟁이다. 2차 세계대전이 대표적인 예이고, 아프간 전쟁이나 이라크 전쟁도 예상되는 전쟁에 해당한다. 예상되는 전쟁들의 경우 전쟁 발생 가능성이 고조되면서 주식시장은 조정 국면을 만나지만, 이후 상승 추세가 이어졌다. 전쟁은 곧 실물경제 충격을 뜻하는데, 예상되는 전쟁일 때는 주가가 전쟁을 선행했다. 태평양 전쟁(진주만 공습)이나 걸프전 같은 예상되지 않은 전쟁의 경우 주가와 실물경제 충격이 동시에 나타난다. 최소 10거래일 이상 주가가 조정되었고, 경제활동도 동시에 수축한 것이다.

미·러 갈등 시나리오

미·러 갈등 시나리오를 그려야 한다. 미·중 패권전쟁이 과거 5년의 세계 경제를 제약했다면, 미·러 갈등은 향후 5년의 결정적 요소가 될 수 있다. 크림반도 공습 당시 서방의 대응, 미·중 패권전쟁, 이란 핵 제재, 사드 배치에 따른 중국의 한한령, 일본의 3대 반도체 소재 공급 차단 등과 같은 근래의 경험들을 바탕으로 한국경제에 어떤 영향이 닥쳐올지 그림을 그리고 가용 가능한 플랜 B와 플랜 C를 마련해야 한다.

첫 번째 위협은 무역 차질과 기업 경영난이다. 러시아는 한국의 10위 교역대상국이다. 한국은 러시아에 자동차와 자동차 부품, 철구조물, 합성수지 등을 수출하고 있다. 한국기업 40여 개 사가 러시아에 진출한 상황이다. 현대·기아차는 연 23만 대 규모의 생산공장을 운영하고 있고, 삼성전자는 깔루가 생산법인을 통해 가전제품을 생산 중이다. 오리온은 러시아에 3번째 신공장을 건설 중이었다. 러시아 현지 기업들뿐만 아니라, 그들에 수출하는 중소기업들까지 봉쇄에 따른 물류난과 경영악화가 가시화될 것이다.

두 번째 위협은 금융 불안이다. 변동성 지표VIX, Volatility index는 최근 1년 내 최고점을 향해 움직이고 있고, 세계 금융시장의 불확실성이 증폭되고 있다. 안전자산 선호현상이 강화되면서 금값이 치솟았지만, 공격적 자산 성격의 주식시장에서는 자금이 이탈하고 있다. 크림반도 사태 때도 주가가 약 19% 빠졌듯, 우크라이나 전쟁도 주식시장에 상당한 압력을 가져왔다. 전쟁 리스크에 자유롭지 못한 한국은 '코리아 디스카운트'로 엎친 데 덮친 듯하다. 더욱이, SWIFT(국제은행간통신협회) 결제망에서 러시아 금융기관을 배제하는 제재는 국제 금융시장의 상당한 혼선을 초래할 것으로 보인다. 기업들의 대금결제회수를 지연시키고, 우회 결제에 따른 비용이 증가할 수 있다.

세 번째 위협은 스태그플레이션 함정이다. 이미 세계 경제는 공급망 병목현상이라는 난제에 직면해 있었고, 러시아 제재는 에너지와 원자재 수급 문제를 더욱 악화시킬 전망이다. 러시아는 세계 원유의 2위 생산국이고, 알루미늄, 구리, 니켈 등과 같은 최대의 광물 자원국 중 하나다. 한국은 러시아로부터 나프타, 원유, 유연탄, 천연가스 등의 에너지를 수입하고 있다. 인플레이션 압력이 가중되고 있고, 동시에 실물경제 충격이 현실화하고 있다. 스태그플레이션은 통화정책을 결박하는 듯하다. 고물가를 잡자니 경기침체가 걱정인 것이다. 즉 신냉전 발 경기침체가 기준금리 정상화 속도에 제동을 걸게 만들고, 인플레이션을 용인하게 만든다.

먼 나라에 전쟁이 발생했지만, 세계에는 신냉전 시대가, 한국경제에는 스태그플레이션이 몰려오고 있다. 경제 제재에 따른 초단기적 대응력을 갖추면서, 스태그플레이션이라는 구조적 함정에 빠지지 않도록 그림을 그려야만 한다.

최근 세계은행도 경제전망 보고서를 발표하며, "스태그플레이션 리스크가 고조Stagflation risk rises…"되고 있음을 경고했다. 세계경제의 물가 상승압력은 여전한데, 동시에 경기침체 국면에 내몰리고 있다고 판단했다. 미 연준은 2022년 미국 경제성장률을 기존의 2.8%에서 1.7%로 대폭 하향 조정했다.

한국도 예외가 아니다. 세계 어느 나라보다 한국은 국제유가와 원자재 가격상승 영향에 취약한 구조로 되어 있다. 한국은행은 지난 2021년 8월까지만 해도 소비자물가상승률 전망치를 2022년 1.5%,

한국은행의 소비자물가 및 생활물가 장기 추이 및 전망

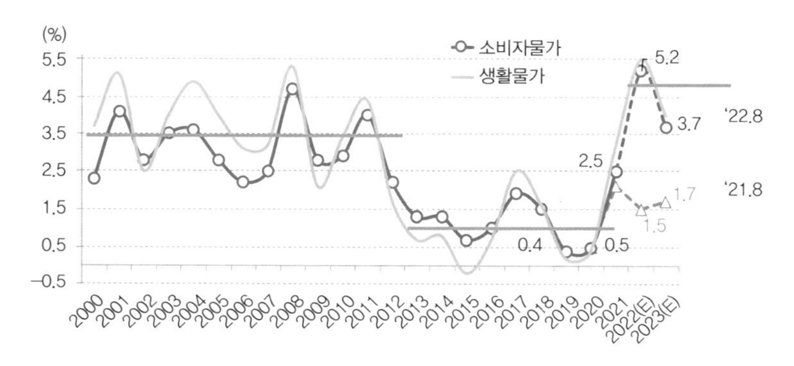

자료: 한국은행.

2023년 1.7%로 저물가를 전망했다. 목표물가 2%를 밑도는 저물가를 전망했었다. 이후 수차례 상향 조정하면서 2022년 8월 들어 2022년과 2023년 물가상승률 전망치를 각각 5.2%, 3.7%로 제시했고, 상당한 수준의 고물가가 유지되는 경제국면에 놓일 것으로 진단했다.

경기침체는 어떻게 찾아오는가?

2022년에 이어, 2023년에도 고물가 기조가 유지될 것이라는 판단은 기정사실로 되었다. 고물가와 함께 경기침체가 찾아올 것인지, 어떻게 찾아오는지를 진단해야 할 것이다. 위협의 성격을 이해해야 어떻게 대응할지를 모색할 수 있기 때문이다.

첫째, 강달러의 공격이 온다. 미국이 '물가 잡기inflation fighting'에 집중하다 보니, 기준금리 인상 속도가 상당하다. (미국의 기준금리 인상 행보에 관한 주제는 1부 3. '긴축의 시대, 2023년의 연장전'을 참조하길 바란다) 중요한 것은 다른 나라들과 금리 인상 속도가 다르다는 점이다. 예를 들어, 유사한 수준의 물가상승압력이 작용하고 있는 유럽의 경우, 유로존[1]에 속한 나라들의 사정이 제각각 다르기 때문에 금리 인상 속도가 더딜 수밖에 없다. 이탈리아를 비롯한 남유럽 국가들이 재정 및 경제 상황이 녹록치 않기 때문이다. 순록 떼 앞에 포식자가 나타났다고 생각해보자. 달리기에서 뒤처져 무리에서 이탈하는 순록이 먹잇감이 될 수 있다. 취약국들의 여건을 고려한 기준금리 이상 속도는 느릴 수밖에 없다. 일본은 이 와중에 정책금리를 계속 동결하고 있고, 중국은 오히려 금리를 인하하고 있지 않는가?

원달러 환율이 13년 4개월 만에 1,440원을 돌파했다. 13년 전은 바로 글로벌 금융위기다. 그밖에도 1,400원을 상회하는 환율은 역사적으로도 몇 번 되지 않을 만큼, IMF 외환위기를 비롯한 위기 때마다 찾아오는 숫자다. 특히, 수입업자들은 매우 힘든 시국을 만났다. 1년 전 수요처에 100원에 물품을 공급하기로 계약했던 수입업자들은 약달러 환경이었기 때문에 제품을 50원에 수입해 적당한 마

1 유로존(Eurozone)은 유럽연합의 단일화폐인 유로를 국가통화로 도입하여 사용하는 국가나 지역을 통칭하는 말이다. 유로에어리어(Euroarea) 또는 유로랜드(Euroland)라고도 한다. 유럽연합의 단일화폐인 유로를 국가통화로 도입하여 쓰는 나라 또는 지역을 통틀어 가리키는 말로서 1999년 1월 1일 유로가 공식 도입되면서 탄생하였다. 유로존의 통화정책은 유럽중앙은행(ECB, European Central Bank)이 담당한다.

원달러 환율 추이

자료: 한국은행.

진을 붙일 수 있었다. 강달러 환경으로 바뀌었고, 수입가격이 100원을 상회할 지경이니 계약을 파기하느냐 회사를 청산하느냐 하는 고된 갈림길에 서 있는 듯하다. 강달러 기조는 수입물가 안정화를 방해하고, 결과적으로 고물가를 잡기 더 어렵게 만들기도 한다.

무역적자가 역사상 최고 수준에 달한다. 무역수지는 총수출에서 총수입을 뺀 개념이다. '달러 강세는 수출기업들에게 오히려 호재로 작용하지 않는가?' 합리적인 의문이 제기된다. 하지만 세계 교역량 자체가 줄기 때문에 수출여건도 악화할 수밖에 없다. 세계 주요국들이 무역 결제 통화를 주로 달러로 하고 있어서, 수입에 상당한 부담을 느끼고 기존의 비축분을 사용하거나 자국산을 선택하는 경향이 나타나기 때문이다. 가뜩이나 경기침체를 맞닥뜨리면서 수출 대상국들의 내수가 쪼그라들고 수입 물량을 줄이고 있는데, 수입기업들이 달러환율을 고려하면 '차라리 자국산을 선택하자' 하는 내재화 열풍으로 수출기업들은 더욱 어려울 수밖에 없다. 즉, 무역 파트너국들이 수입문을 닫고 있어서 수출 기업들에게는 수출처가 사라지는 현상이 나타나고 있다.

한편 수입 규모는 줄지 않고 있다. 수입액은 '단가×물량'인데, 물량이 그대로일지라도 원자재 가격도 오르고 원달러 환율도 올랐기에 단가가 오르지 않을 수 없는 것이다. 이렇게 수출은 정체된 상황인데, 수입은 크게 늘어 사상 최대치의 무역적자를 기록 중이다. 2022년 1월~9월 무역수지 적자 규모는 약 288.8억 달러에 달한다. 원자재 가격이나 환율이 안정화될지라도 세계 경제가 구조적으로 탈세계화가 진전되고 있고, 한중과의 관계에도 긴장감이 고조되고 있어 수출여건이 쉽게 개선되기 어려울 것으로 판단된다. (탈세계

한국 무역수지 추이

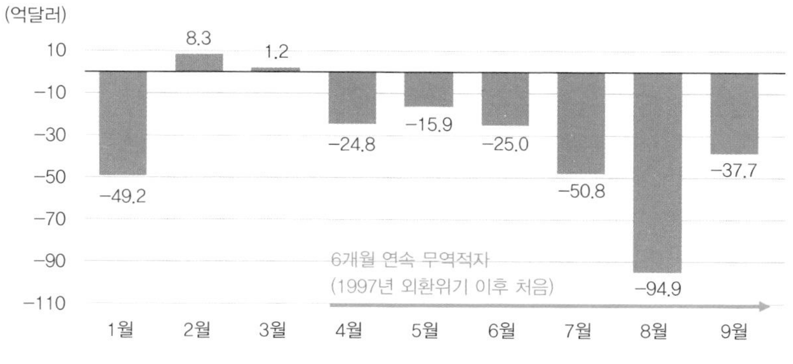

자료: 관세청.

화 등에 관한 주제는 1부 5 '세계화의 종식, 탈세계화의 진전'와 1부 6 '블록경제의 도래, IPEF를 둘러싼 미중 패권전쟁'을 참조하길 바란다) 1997년 IMF 외환위기와 2008년 글로벌 금융위기와 같은 위기국면에서도 수출이 뒷받침되었기 때문에 빠르게 극복할 수 있었다. 그러나 이와 같은 무역환경은 한국경제를 더욱 미궁에 빠지게 만든다.

둘째, 기업들의 투자가 위축된다. 대외 경기도 불안정하고, 금리는 높게 유지되기 때문에 투자 의지가 크게 꺾일 수밖에 없다. 주가도 미진해 자기자본도 충분치 않은 데다 높은 금리를 떠안고 신규투자를 단행하기에는 과도한 부담이 되고, 경영진들은 '무모한 도전을 굳이 내가?' 하는 소극적 마인드가 팽배하게 된다. 신사업 진출을 꺼리고, 생산설비를 늘릴 이유도 없다. 과도한 대출에 의존했던 기업들은 구조조정이 시작된다. 허리띠를 졸라맨다. 먼 미래를 두고 투자하기보다 당장 먹거리가 되는 사업에만 집중하는 것이다. R&D나 신제품 출시를 미루는 등 경제의 역동성이 떨어지게 된다.

셋째, 국민소득이 감소해 삶의 질이 떨어진다. 기업들의 투자 위축과 구조조정으로 일자리가 줄어들고, 이는 국민소득을 감소시킨다. 주식이나 부동산 등과 같은 자산가치도 조정되어 재산소득이 여유롭게 발생하지 않는 데다가, 근로소득이나 사업소득도 주춤하게 된다. 더구나 고물가의 습격은 가계의 삶을 더욱 어렵게 만든다. 코로나19 이후 국민소득은 명목적으로는 늘어난 듯 보이지만, 물가상승률을 감안하면 전혀 그렇지 않다. 2021~2022년 2분기까지 경기가 뒷받침되는 구간에서 가계의 명목소득은 늘었지만, 실질소득은

가계의 처분가능소득 추이

가계의 소비지출 추이

이와 격차가 벌어지는 모습이다. 2022년 하반기부터 경기침체가 본격화하는 2023년에는 명목소득마저 불안해지기 때문에 가계의 소비지출도 꺾이게 할 것이다. 변동금리 대출자들의 치솟는 이자상환 부담은 소득의 절대적인 비중을 원리금 갚는 데 써야 하므로, 소비 여력이 더욱 축소될 것이다.

스태그플레이션에 대응하라

정부의 경제정책 방향에는 '스태그플레이션 대응책'이 반영되어야 한다. 첫째, 핵심 원자재 수급 안정을 우선순위의 정책으로 두어야 한다. 마그네슘, 리튬, 니켈, 알루미늄 등과 같은 주력 산업의 필수 원자재 수급에 차질이 없도록 외교적 노력을 집중하고, 국내 기업들이 자원개발사업을 확대할 수 있도록 지원해야 한다. 특히, '소부장' 정책만큼은 정권이 교체되더라도 유지해야 하는 매우 중대한 국가전략임을 강조한다. 둘째, 물가상승에 상대적으로 더 취약한 영세 자영업자 지원이 요구된다. 쌀 가격이 올라도, 김밥 가격을 올릴 수가 없다. 그렇지 않아도 손님이 없는데 어떻게 가격을 올릴 수 있겠는가? 즉, 가격 전가 능력이 없는 사업자들을 위한 지원책을 마련해야 한다. 셋째, 저소득 서민층을 위한 물가안정책도 마련해야 한다. 같은 물가상승도 엥겔지수가 높은 저소득층에게 그 충격은 가혹하다. 고용도 불안하고, 소득도 주는데 물가만 치솟는 경제다. 저소득층을 위한 식료품 및 에너지 바우처를 확대하거나, 공공근로사업 등을 통한 안정적 소득지원 방안도 마련해야 한다.

통화정책과 재정정책 모두 신중함이 요구된다. 통화정책 정상화 속도를 조절해야 한다. 과도한 재정지출은 국채금리를 상승시키고 구축 효과crowding-out effect[2]로 이어질 수 있음을 간과해서는 안 된다.

2 구축효과란, 화폐공급량은 불변인 채 재정지출이 확대되면 이자율이 상승하고 이 이자율상승이 민간투자를 억제하여 본래의 소득증대효과를 상쇄하는 현상을 일컫는 말이다. 1930년대 대공황을 탈출하기 위해 영국의 경제학자 존 M. 케인스(John M.Keynes)가 주창한 재정정책에 대하여 고전학파가 그 실효성을 문제 삼으며 근거로 내세운 경제현상이며 승수효과와 대비된다. 재정정책은 불황기에는 재정지출을 확대하거나 국민으로부터 세금을 적게 거두어들여 총수요를 일으키고, 호황기에는 재정지출을 축소하거나 세금을 많이 거두어들여 총수요를 둔화시키는 정책이다. 이를 통해 경기가 지나치게 침체되거나 과열되는 것을 방지하여 경기변동의 흐름을 안정적으로 유지한다. 재정지출을 확대할 경우 재원마련 방법에 따라 효과가 다르게 나타난다. 정부가 국채를 발행하여 채권시장에 매각하여 재원을 조달하는 방법이 있다. 이 경우 시장에 채권 공급이 확대되어 채권 가격은 하락하고 금리는 상승한다. 금리 상승은 기업의 투자위축을 발생하는데 이것이 구축효과이다. 금융기관 내의 자금이 풍부하고 자금이 금융기관 내에서만 도는 상황에서는 재정지출에 의한 금리상승은 크지 않아 구축효과는 미미하다.

즉 투자와 소비를 더욱 악화시킬 우려가 있다. 물가는 오르고, 금리도 오르는데, 성장은 지체되는 스태그플레이션을 장기적으로 고착화하게 만들 수 있다. 오늘만 보는 것이 아니라 내일을 보아야 한다.

가계에도 신중한 의사결정을 권한다. 2020년처럼은 '영끌해서 투자'해서는 안 된다. 그때는 성공했지만 2023년은 그렇지 않다. 자산가치가 조정되는 국면에서 높은 금리를 떠안고 무리한 투자를 진행하는 것은 적절해 보이지 않는다. 지키는 투자가 필요하다. 금리가 고점에 머무를 때(금리가 떨어질 일만 남았다고 판단할 때), 기회라고 오해하는 투자자들이 급증할 수 있지만, 주가가 반등할지라도 뚜렷한 반등은 어려울 것이다. 2022년 상반기까지는 실적은 호황인데 자본시장만 경색되는 흐름이었다면, 2022년 하반기와 2023년에는 기업들의 실적마저 어두울 전망이기 때문이다.

2

'IMF 외환위기' 다시 오나?

국가 부도 오는가? 경제가 너무도 안 좋다 안 좋다 하니, 'IMF 외환위기' 다시 오는 것 아닌가 하는 불안감이 고조되고 있다. 과도한 낙관도 좋지 않지만, 과도한 불안도 적절치 않다. 한국경제가 처한 여건을 객관적으로 진단하고, 국가 부도 가능성을 정확하게 판단해 보는 것도 중요한 숙제일 것이다.

복합위기 경고등

24년 만의 고물가, 66년 만의 무역적자, 14년 만의 고환율, 28년 만의 미국 자이언트스텝…… 위기 때나 겪을 수 있던 징조들이 복합적으로 쏟아졌다. 이 와중에 미중 패권전쟁은 격화되고, 에너지 위기와 기후위기까지 들이닥쳤다. 미국은 '인플레이션 감축법IRA'[1]을 시행해 자국 산업을 보호하고, 국내 주력산업의 수출길이 막힐 지경이다.

추경호 부총리(기획재정부 장관)는 "복합위기가 시작됐고, 더 심각한 것은 이런 상황이 당분간 진정되지 않고 계속될 것이라는 전망이 우세하다"고 말했다(2022년 6월 14일). 고물가·고금리·고환율의 '3고 현상'은 이제 본격적으로 경제에 충격을 줄 것으로 보인다. 국내 소비가 5개월 연속 감소했다[2]. IMF 외환위기 당시 연속 4개월 소매판매가 준 적은 있지만, 5개월 연속 감소는 사상 처음이다. GDP를 구성하는 4대 요소 즉 소비·투자·정부지출·순수출 등 모두 위험 신호에 놓여 있다.

경상수지 적자, 정말 괜찮은가?

경상수지 적자. 다른 어떤 경고음보다 긴장감이 돌게 한다. 2022년 8월 기록한 경상수지 적자 폭은 30.5억 달러에 이른다. 외국에서

1 북미에서 생산되는 전기차에만 보조금을 지급한다는 등의 내용을 담고 있다.

2 통계청이 발표한 7월 산업활동동향에 따르면, 소비 동향을 보여주는 소매판매액지수가 3월(-0.7%), 4월(-0.3%), 5월(-0.1%), 6월(-1.0%), 7월(-0.3%) 5개월 연속 감소했다.

벌어온 돈보다 외국에 지출한 돈이 30.5억 달러 더 많다는 뜻이다. 경상수지 적자를 초래한 내용이 더 중요하다. 물적 자본에 투자하는 등 긍정적인 의미의 경상수지 적자도 있고, 2022년 4월처럼 해외로 나가는 배당금이 몰려 발생한 경상수지 적자도 있다.

한국의 경상수지 추이

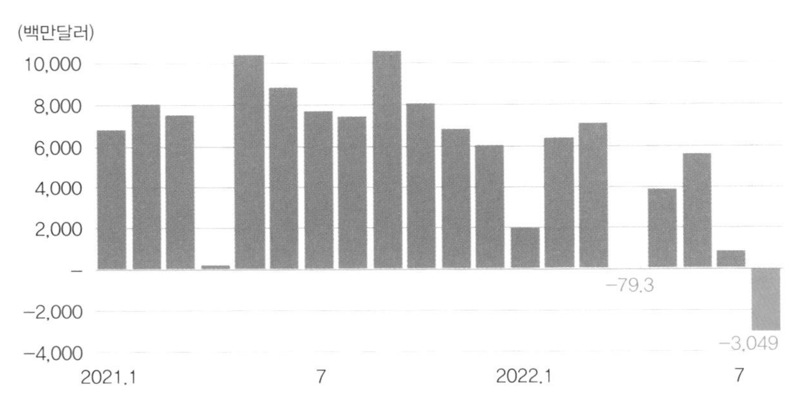

자료: 한국은행

이번 경상수지 적자는 질적으로 안 좋다. 경상수지는 크게 상품수지, 서비스수지, 본원소득수지 및 이전소득수지로 구성된다. 매년 4월은 해외로 나가는 배당금이 몰리는 달이고, 경상수지 중 본원소득수지가 2013년부터 마이너스를 벗어난 적이 없다. 4월을 제외하면, 이번 경상수지 적자는 2012년 2월 이후 10년 6개월 만이다. 특히, 상품수지, 서비스수지, 이전소득수지 전반에 걸쳐 적자라는 것이 문제고, 상품수지 적자 폭은 44.5억 달러에 달한다.

정부는 "일시적이다. 연간기준으로는 흑자일 것이다"라고 위안의 메시지를 제시했다. 경상수지가 연간기준으로 적자를 기록할 것으로 보이지는 않는다. 한국경제의 목표가 경상수지 적자를 면하는 것이 아니다. 경상수지 흑자 규모가 줄어들고 있다는 것이 문제다. 2022년 경상수지 전망치는 당초 800억 달러였고(2021년 12월), 신정부 들어 450억 달러로 수정조정 되었으며(2022년 6월), 현재로서는 이마저도 어려워졌다.

경상수지 흑자 규모가 줄어들거나, 변동성이 커져 다시 적자를 기록하는 달이 올 수 있다는 점이 문제의 본질이다. 통상적으로 경상수지 적자는 현재 경제상황이 비관적이라는 진단과 향후 경제가 부정적이라는 전망을 주는 신호로 여겨진다. 경상수지 적자는 외환보유액을 감소하게 만들 수 있다. 대외 신인도를 떨어뜨리고, 추가적인 원화 가치 하락으로 연결될 수 있다. 경상수지 적자의 중대한 이유 중 하나가 '킹달러'였는데, 달러 강세 기조를 고착화하는 데 영향을 주고, 이는 다시 경상수지 적자를 초래할 수 있는 것이다. 즉, 경상수지 적자가 일시적이라고 안심할 수 없는 상황인 것이다.

안도보다 경고가 필요하다. 위기는 항상 안도할 때 오는 것이다. 모두가 위기라고 생각할 때 위기는 오지 않는 법이다. 경고가 필요한 이유다. 기업들이 외환시장의 변동성과 원자재 수급불안이라는 큰 파도를 이겨낼 수 있도록 하는 특단의 대책들을 마련해야 한다. 외환위기 가능성을 진중하게 진단해보고, 대응책을 강구해야 한다.

외환위기 가능성 진단

위기상황에 놓여 있으므로, 국가 부도로까지 이어질 것인지를 진단하는 것이 필요하다. 첫째, '한-미 기준금리 역전'으로 외국인 자금유출 우려가 확대되고 있다. 미국의 기준금리가 높을 때 자금유출이 강할 것이라는 추측은 상식선에서도 타당해 보이지만, 기준금리 역전만으로 자금유출이 일어날 것으로 생각하는 것은 과도한 측면이 있다. 실제 외국인 자금 유출입은 내외 기준금리 차 외에도 다양한 변수에 영향을 받기 때문이다.

실제 한-미 기준금리가 역전되었던 기간에 공통적으로 외국인 자금이 유출되었던 것만은 아니다. 2005년~2007년을 보면 약 21.9조 원의 외국인 자금 순유출이 일어났었지만, 2018년~2020년이나

한미 기준금리 역전기 외국인 자금 유출입

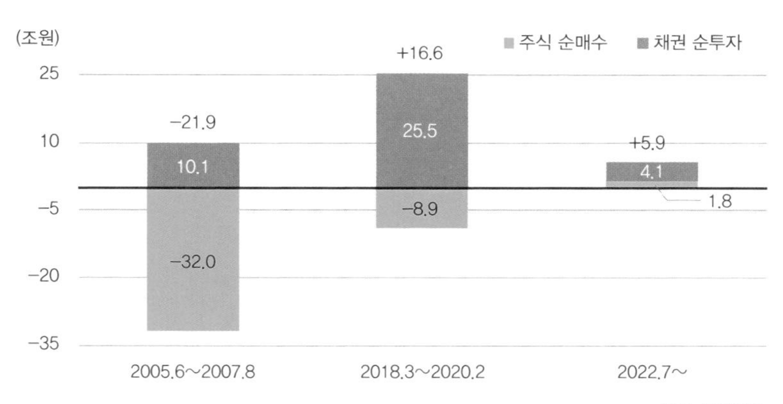

자료: 한국은행.

2022년에는 각각 약 16.6조 원, 5.9조 원의 순유입이 일어났다. 오히려, 기준금리 역전이 시작되기 6개월 전부터 자금유출이 집중되었던 것을 생각해보아야 한다. 돈의 이동은 심리이고, 선행성이 있다. 즉, 투자자들은 이러한 현상을 미리 가늠하고, 돈을 이동시켜 왔던 것이다. 한-미 기준금리가 역전되는 2022년~2023년 기간에는 추가적인 자금유출이 있을 것이라 예단할 수 없고, 이로 인한 외환위기 가능성을 점치는 것은 과도한 불안감을 조성하는 일이라 판단된다.

둘째, 외환보유액[3]이 급격히 감소하고 있다는 점을 고려해보자. 강달러 기조가 지속됨에 따라 외환당국이 환율안정을 위해 달러화 매도에 나섰고, 외환보유액이 감소했다. 외환보유액은 2021년 말 약 4,631억 달러에서 2022년 9월 말 약 4,386억 달러로 줄었다. 향후에도 강달러 기조가 지속될 경우, 외환당국의 개입이 지속적으로 필요할 수 있다. 환율은 기본적으로 시장에서 결정되지만, 급등락하는 불안정한 외환시장 환경에서는 외환당국이 외환보유액을 사용해 달러를 사거나 팔아 안정화하기 때문이다.

2008년에도 외환보유액이 급격히 줄었고, 한국경제가 급격히 둔화했지만, 외환위기 상황에 놓이진 않았다. 외환보유액이 절대적으로 많았던 것이 한 가지 이유였다. 현재 한국의 외환보유액은 세계

3 외환보유액(foreign exchange holdings)은 한 나라가 비상사태에 대비해 비축하고 있는 외화자금을 의미한다. 국가의 비상자금으로서 안전판 역할을 할 뿐만 아니라 환율을 안정시키고 국가신인도를 높이는 데 기여한다. 긴급사태 발생으로 금융회사 등 경제주체가 해외에서 외화를 빌리지 못해 대외결제가 어려워질 경우에 대비하는 최후의 보루(last resort) 기능을 한다.

외환보유액 추이

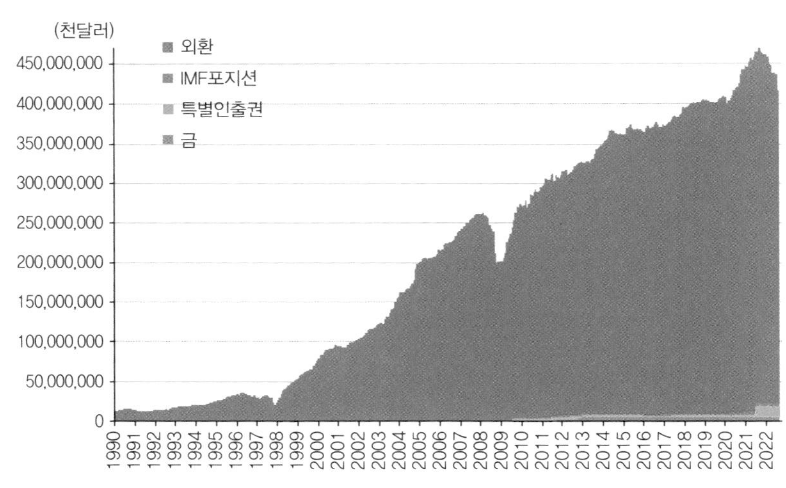

자료: 한국은행.

8위 수준(2022년 8월 기준)으로 IMF 외환위기 당시와는 현저한 차이가 난다. 향후 외환보유액이 추가적으로 감소할 가능성이 있지만, 이로 인해 외환위기가 올 것으로 판단할 만한 근거를 찾기는 부족함이 있다고 판단한다.

셋째, 대외채무[4]가 급격히 늘고 있다는 점을 주목해보자. 외환위기는 외국에 빌린 돈을 갚지 못하는 상황에 발생한다. 최근 대외채권은 줄고 대외채무는 늘고 있다. 순대외채권이 급격히 감소하고 있

4 대외채무(Foreign Liabilities)는 한 나라의 거주자가 비거주자에게 미래 특정 시점에 금융 원금 또는 이자를 지급해야 하는 확정채무잔액을 뜻한다. 반대로 대외채권은 한 나라의 거주자가 비거주자에게 원금 또는 이자를 회수하게 될 확정채권잔액을 뜻한다. 순대외채권은 대외채권에서 대외채무를 뺀 값이다. 순채권국은 외국에서 빌려온 돈(외채)보다 외국에 빌려준 돈(대외채권)이 더 많은 나라를 뜻하고, 반대의 경우 순채무국이라고 한다. 우리나라의 대외건전성 등 대외지급능력을 판단하는 기초자료가 된다.

순대외채권 추이

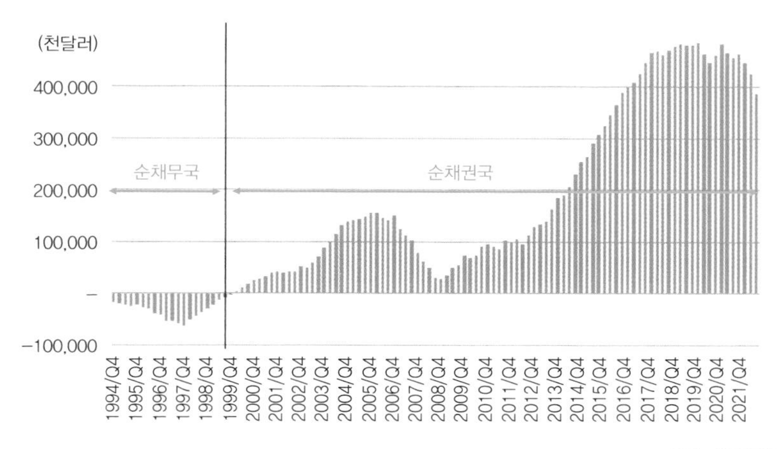

자료: 한국은행.

대외채무 추이

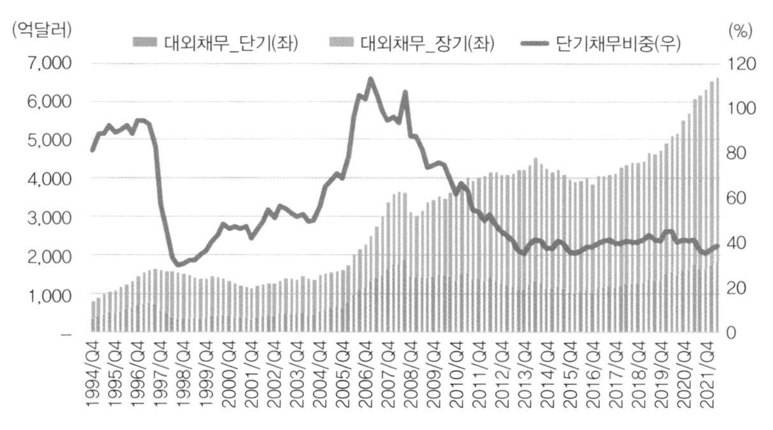

자료: 한국은행.

다. 그러나 1990년대 한국은 순채무국이었고, 2000년대 순채권국으로서의 지위를 유지하고 있다. 뿐만 아니라, 순대외채권의 규모면에서 견조한 수준을 유지하고 있다.

외채(대외채무)가 늘고 있을지라도, 만기가 1년 이상인 장기외채를 중심으로 늘고 있다. 단기 외채 비중은 38.4% 수준으로 안정적으로 관리되고 있다. 단기 외채가 많을 경우, 급격한 자금유출로 인해 대외지급자금이 부족하게 될 수 있고, 국가 지급이행이 불가능한 상태에 빠질 수 있다. 1990년대 기업들이 과도한 외채에 의존해 무분별한 투자를 집중했었던 기간과 2020년도 기업의 투자심리가 급격히 위축된 시점과는 현저한 차이가 있다.

긴장감을 늦추면 안 되는 이유

위기라고 인식하고 있는 것을 보면, 실제 위기가 오지 않을 것 같다. 인식하지 못할 때 실제 위기가 오는 법이다. 위기감을 느끼고 몸을 움츠리듯, 기업들이 무분별한 투자를 줄이거나 가계가 소비지출을 아끼는 모습이 나타나고 있다. 낙관하자는 뜻이 아니다. 외환위기 가능성을 배제하고자 하는 것도 아니다. 긴장감을 느끼되 과도한 불안은 피하자는 것이다.

위기관리가 필요하다. 외환위기는 아니지만, 외환건전성이 급격히 떨어지고 있다. 달러 강세가 언제까지 지속될지 모르고, 원자재 가격이 언제든 급등할 채비를 하는 듯하다. 무역수지 적자가 해소되지 않은데 고착화할 위협에 있다. 나름 견고했던 한국경제의 펀더멘털이 무너질 수 있다. 더구나 주변 신흥국들의 불안은 한국에 추가적인 악영향을 줄 수 있다. 한-미 기준금리 역전에 이어서, 생각했던 것보다 금리 차가 더 확대될 경우 외국인 자금이 본격적으로 유출될 수 있다.

구조 개선이 필요하다. 1996년 당시에도 위기의 조짐은 나타났다. 수출액은 감소하고, 대외 채무는 폭증하며 성장률은 급격히 떨어지고 있었다. 그런데도 구조 개선을 단행하지 않고 과다한 외채를 끌어와 과잉투자를 벌였다. 스스로 구조 개선을 하지 않았고, IMF에 의해 구조 개선을 당했다. 허리띠를 졸라매야 한다. 사업확장보다는 축소가 필요하다. 매출을 늘리기보다 비용을 감축하는 전략이 필요하다. 특히, 유실되고 있는 비용이 발생하고 있는지를 점검하는 등 재무구조를 개선하는 노력이 집중되어야 한다. 대외채무를 줄이고, 취약 신흥국들로부터의 위험이 전이되지 않도록 관리해야 한다.

기초 설명

국가부도, 한-미 기준금리 역전, 외환시장개입

국가 부도는 크게 3가지 경로로 온다. 첫 번째 경로는 모라토리엄Moratorium

이다. 한 국가가 외국에서 빌려온 차관을 일시적으로 연기하는 것을 뜻한다. 두 번째 경로는 디폴트Default다. 채무상환 유예를 선언하는 모라토리엄과 달리, 디폴트는 국채 만기가 도래했지만 상환할 능력이 없는 채무불이행 상태를 가리킨다. 세 번째 경로는 국제 신용평가사가 국가신용등급을 기술적 부도selective default 등급으로 강등하는 경우다.

외환위기에 처했던 당시 한국경제는 그동안의 역사 속에 가장 충격적이었던 시간이었을 것이다. 1997년 여름 태국부터 말레이시아, 인도네시아 등의 동남아시아 국가부터 번진 외환위기는 같은 해 가을 한국을 연쇄적으로 강타했다. 당시 위기의 원인은 과잉투자였다. 외환위기 사태 발생 직전까지, 기업들은 무분별한 차입에 의존하며 무분별한 과잉투자를 벌였고, 과다한 외채에 의존했다. IMF 구제금융을 받게 되면 국가 신뢰도가 급격히 떨어지고, IMF가 경제정책을 지휘하게 된다. 당시에도 수많은 기업들이 구조조정되고, 대량 해고가 발생하게 되었다.

한국 경제성장률 추이

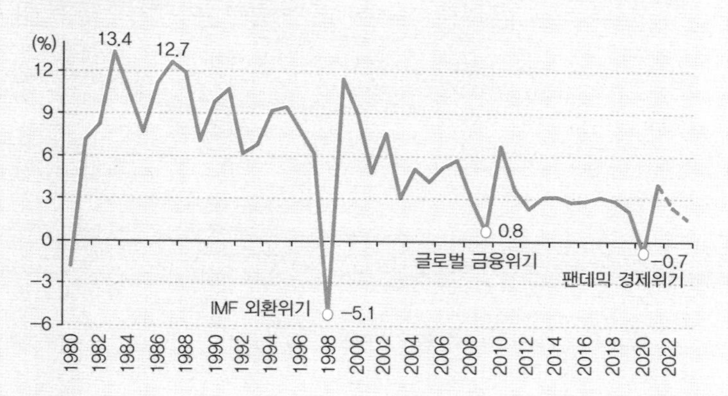

자료: 한국은행.

한–미 기준금리가 역전되는 기간 반드시 외국인 자금유출이 일어나는 것은 아니다. 각각의 국내외 경기상황이 달랐고, 환율과 물가 등의 여건이 달랐음을 확인해볼 필요가 있다.

한미 기준금리차 및 외국인 자금 유출입(누적)

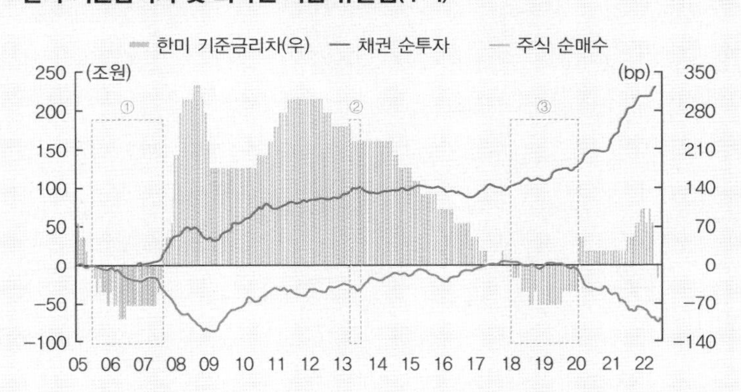

	① 한미 기준금리 역전	② 테이퍼탠트럼	③ 한미 기준금리 역전	④ 한미 기준금리 역전
시기	'50.6월~'07.8월	'13.6~8월	'18.3월~'20.2월	'22.7~
국내 경기상황	충격 후 회복국면	회복국면	완만한 성장	성장둔화 우려
물가(CPI % YoY)	2.0~2.8	1.2~1.6	0~2.1	6.0(6월)
한은 통화정책	긴축	완화기조 지속	긴축 후 완화	긴축
원/달러 환율	1,050원대 → 920원대	1,120 → 1,160 → 1,110	1,080 → 1,220	1,290 → 1,320 → 1,300
채권 순투자/주식 순매수	+10.1/−32.0	+0.1/−2.0	+25.5/−8.9	+4.1/+1.8

자료: 연합인포맥스, 하나금융경영연구소.

스무딩 오퍼레이션smoothing operation은 외환시장에서 한 방향으로 환율이

지나치게 급하게 움직일 경우 그 움직임을 둔화시키는 것을 목적으로 중앙은행이 시장에 개입하는 것을 뜻한다. 환율이 급상승하거나 급하락을 할 때 중앙은행이 외환시장에서 달러를 매수하거나 매도하여 환율의 상승폭이나 하락폭을 둔화시키는 것을 말한다.

스무딩 오퍼레이션은 개입방법에 따라 2가지로 분류된다. 구두 개입과 직접 개입으로 나눌 수 있다. 구두 개입은 말 그대로 정부나 중앙은행이 외환시장에 개입하겠다는 의사를 밝혀 외환시장을 안정시키는 방법이다. 직접 개입은 외환 당국이 직접 시장에 개입하는 것을 의미한다. 직접 개입은 환율이 급등하면 달러를 매도해 초과수요(원화의 초과공급)를 흡수하고, 원화의 절하 속도를 줄이는 방법이 있다. 반대로 환율이 급락하면 원화를 대가로 미 달러화를 매입한다. 이렇게 되면 미 달러화의 초과공급(원화의 초과수요)을 흡수해 원화의 절상 속도를 조절하는 효과를 가져올 수 있다.

3

소프트 파워 시대, K-콘텐츠가 주는 기회

눈에 보이는 것이 전부가 아니다. 손에 잡히지도, 보이지도 않는 것이 주는 힘은 실로 어마어마하다. 역사적 위인도 리더십, 지적 능력, 업적과 열정 등 인물됨에 관한 평가이지, 생김과 모습에 대해서는 기억에 없기도 하다. 존경하는 인물을 떠올려보아도 마찬가지다. 그의 생각에 동조하고, 말 한마디에 마음을 움직인다. 우리는 소프트 파워 시대를 살고 있고, 사람의 힘은 그가 가지고 있는 콘텐츠에서 나온다.

어디 사람뿐이겠는가? 국가도 마찬가지다. 세계는 한국을 어떻게 인식하고 있을까? 외국인은 한국을 어떤 단어로 연상하고 있을까? 불과 얼마 전까지만 해도 해외를 여행할 때 외국인들과 대화를 나

누면, 늘상 듣던 첫 질문이 'North Korea or South Korea?'였다. 어찌 보면 그 이상의 뚜렷한 한국에 관한 관심이나 정보가 없었다고 해석이 된다. 요즘 외국인을 만나면, 첫마디를 K팝이나 K드라마 등으로 시작한다. 한국에 대한 인식이 콘텐츠로 바뀌었고, 이 콘텐츠는 한국인에게 자신감을, 한국경제에는 경쟁력을 불어넣어 주고 있지 않나 생각이 든다.

한국국제문화교류진흥원은 한국을 연상하는 이미지를 한눈에 파악할 수 있는 워드 클라우드Word cloud[1]를 제작하고 있다. 세계 전역에서 한국 연상 이미지 1위를 차지하고 있는 단어는 K팝K-Pop이다. 2위를 기록한 한식Korean food과 3위를 기록한 IT제품IT Product&Brand을 넘어선 한국을 연상케 하는 절대적인 이미지인 것이다. 수년 동안 북한North Korea이나 한국전쟁Korean war과 같은 북한 관련 연상 이미지는 미미해지고 있다. 더욱이 뷰티Beauty, 태권도Taekwondo와 같은 문화콘텐츠가 상당한 순위에 있어, 콘텐츠가 한국의 소프트 파워를 증진하고 있음을 보여준다. 소프트 파워 개념을 정립한 조지프 나이Joseph S. Nye Jr. 하버드대학교 석좌교수도 한국은 문화 콘텐츠를 바탕으로 상당한 소프트 파워를 확보하고 있음을 강조하고 있다.

1 워드 클라우드(word cloud)는 특정 단어의 빈도나 중요성을 글자의 크기로 나타낸 이미지를 뜻한다. 한국국제문화교류진흥원은 해외 한류 소비자 조사인 「해외한류실태조사」 자료를 바탕으로 최근 5년간(2015~2020년)의 워드 클라우드 세계지도를 제작했다.

권역별 한국 연상 이미지 워드 클라우드 세계지도(2020년)

자료: 한국국제문화교류진흥원.

기업의 소프트 파워도 콘텐츠다

기업의 가치 또한 마찬가지다. S&P500 기업들의 자산가치는 90%가 무형자산으로 구성되어 있다. 유형자산tangible assets은 토지, 건물, 기계·설비, 현금 및 채권, 재고 등과 같은 '눈에 보이는 자산'을 말하고, 무형자산Intangible assets은 브랜드 가치, 데이터, 소프트웨어, 콘텐츠 등과 같은 지식재산권intellectual property·IP과 영업권goodwill을 뜻한다.

S&P500 기업들을 중심으로 분석했을 때, 무형자산의 가치가 1985년 32%에서 1995년 68%로 급증했다. 인터넷 혁명 이후 서비스 기업과 빅테크 기업들이 부상하면서 물리적 실체가 없는 무형자

산의 가치가 증가하고 있다. 마이크로소프트Microsoft와 아마존Amazon의 가치를 생각해보아도 소프트웨어나 콘텐츠 등이 절대적이지, 토지나 건물은 그들의 가치를 가늠하는 데 사소해 보이기마저 한다. 무형자산 중에서도 콘텐츠는 산업으로 분류될 만큼 큰 영향력을 가지고, 플랫폼 기업들이 콘텐츠를 확보하기 위한 경쟁이 이미 시작되었다. 콘텐츠 산업의 지위를 이해하고, 주요한 트렌드를 주목해야 할 시점이다.

S&P500 기업들의 유형/무형자산의 시장가치

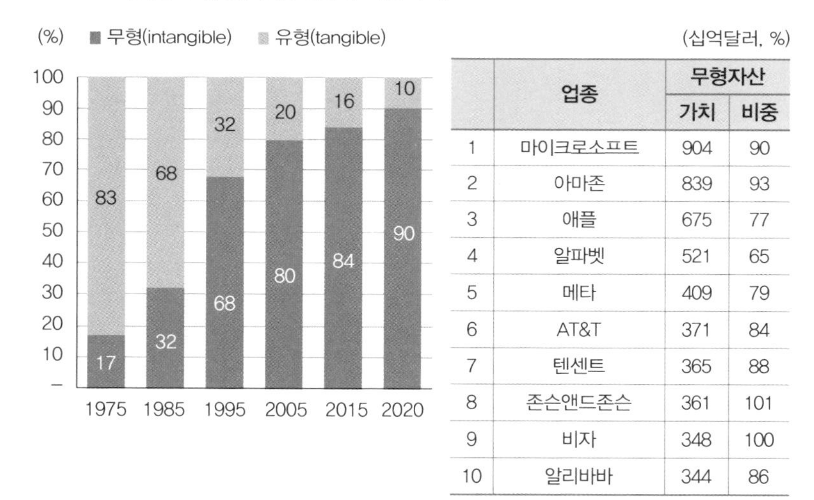

(십억달러, %)

	업종	무형자산	
		가치	비중
1	마이크로소프트	904	90
2	아마존	839	93
3	애플	675	77
4	알파벳	521	65
5	메타	409	79
6	AT&T	371	84
7	텐센트	365	88
8	존슨앤드존슨	361	101
9	비자	348	100
10	알리바바	344	86

자료: OCEAN TOMO, Intangible Asset Market Value Study.

경제성장의 견인차, 콘텐츠 산업

콘텐츠 산업은 경제성장을 이끈다. 한국경제의 잠재성장률이 2.5% 수준인데, 콘텐츠 산업의 매출액은 2013~2021년 동안 연평균 5.2%로 증가하고 있다. 매출액뿐만 아니라, 부가가치액도 4.1% 증가하고, 수출액도 13.5% 증가하고 있어, 한국경제 성장을 이끈다는 표현이 과하지 않아 보인다. 즉, 콘텐츠 산업은 한국경제를 성장시키는 유망산업인 것이고, 콘텐츠 산업이 없다면 한국의 잠재성장률은 더 떨어질 수밖에 없음을 의미한다. 코로나19의 영향으로 2020~2021년 동안 영화산업이 일시적으로 부진했지만, 그 밖의 디지털 콘텐츠 산업은 팬데믹의 충격마저 피해 갔다.

콘텐츠는 한국경제에 상당한 의미가 있다. 한류 콘텐츠가 세계적으로 인기를 끌면서 라면 수출이 급증하거나, 해외 시장에서 한국산 자동차나 가전제품과 같은 내구재 브랜드가 점유율을 확대해 나가는 현상을 보면 콘텐츠가 주는 경제적 의미는 분명 그 이상이다. 게임, 음악, 방송, 지식정보, 캐릭터 등의 콘텐츠 산업이 성장하면서 스타트업과 청년 일자리를 창출하고 있다. 더욱이, 한류 문화콘텐츠가 세계 시장에 영향력을 행사하고, 국가 위상을 높이며, 관광객 유치나 한국제품 홍보 등과 같은 경제적 기여를 생각해보면, 콘텐츠 산업은 상상 그 이상의 의미가 있다.

콘텐츠 산업 연평균 매출액 증감률

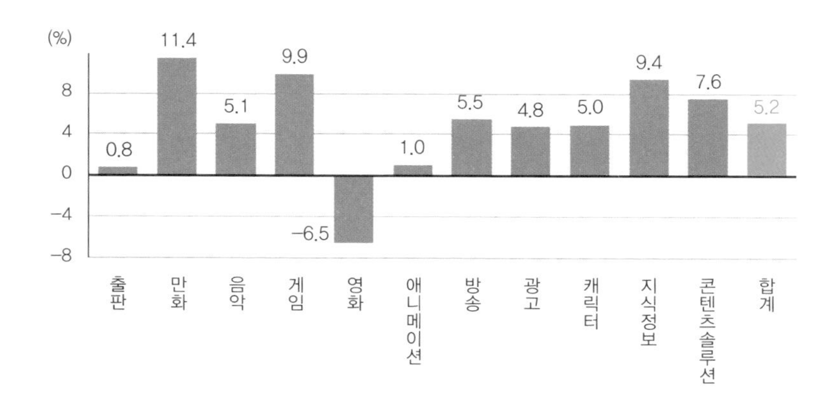

자료: 문화체육관광부, 한국콘텐츠진흥원, 『2021 콘텐츠산업조사』
주: 2013~2021년 연평균 증감률 기준임.

한국의 콘텐츠 산업 수출은 위기도 불황도 없다. 2008년 글로벌 금융위기나 2020년 팬데믹 위기에도 콘텐츠 수출이 줄지 않고 늘기만 했다. 콘텐츠 산업 수출액은 2005년 약 13억 달러에서 2015년 약 57억 달러 규모로 증가했다. 2020년과 2021년 콘텐츠 수출 규모는 각각 119억 달러와 136억 달러에 달했다.

2022년과 2023년에도 콘텐츠 산업 수출은 150억 달러 이상 규모로 성장할 전망이다.

콘텐츠 산업 수출액 추이 및 전망

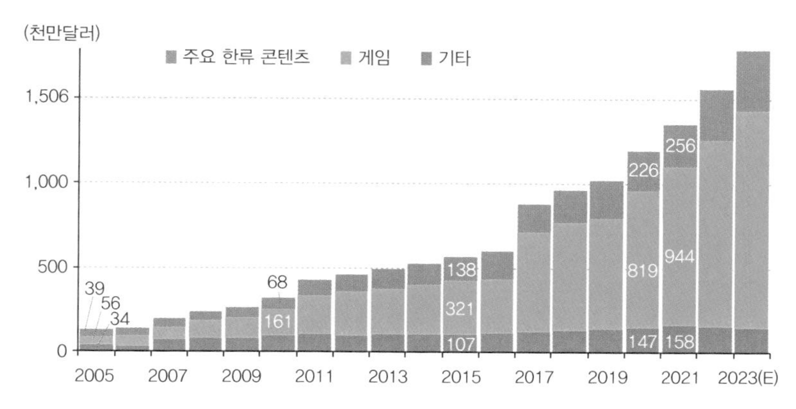

자료: 문화체육관광부, 한국콘텐츠진흥원, 『2021 콘텐츠산업조사』
주1: 주요 한류 콘텐츠에는 캐릭터, 음악, 방송, 광고, 영화로 구성됨.
주2:: 기타에는 출판, 만화, 지식정보 등을 포함함.

콘텐츠 산업의 3대 지각변동

콘텐츠 산업의 패러다임 변화가 일고 있다. 첫째, '팬더스트리Fandustry'의 부상이다. 이는 팬Fan과 산업Industry의 합성어로, 팬덤을 기반으로 한 산업을 가리키는 합성어다. 팬더스트리의 핵심은 팬과 스타를 연결하는 팬덤 플랫폼에 있다. 팬덤 플랫폼의 서비스는 크게 콘텐츠와 커머스로 구성되어 있다. 멤버십 구독자에게 오리지널 독점 콘텐츠를 제공하고, 기념품, 콘서트 티켓 등을 판매하는 커머스를 이용할 수 있게 한다. 최근 음원 수요도 줄고, 코로나19로 대면 행사들이 중단되면서, 엔터업계가 돌파구를 찾으며 부상하게 된 산업이다.

선두에선 플랫폼은 '위버스weverse'다. 하이브의 자회사 위버스컴퍼니가 개발·운영하는 플랫폼으로, 네이버와 YG엔터테인먼트와도 파트너십을 맺으며, BTS뿐만 아니라 30여 팀의 팬 커뮤니티를 확보하고 있다. 월 약 500만 명의 활성 이용자 수를 확보하고, 플랫폼을

3대 팬덤 플랫폼 현황

플랫폼명	Lysn	weverse	UNIVERSE
서비스 시작 시기	2018년 (버블은 2020년 2월)	2019년 9월	2021년 1월
운영사 및 주요 입점 소속사	SM엔터(디어유), JYP엔터	하이브, 네이버, YG엔터	NC소프트
이용자 수	유료 구독자 120만 명 이상	월간 활성 이용자수 530만 명	이용자 약 330만 명 이상
주요 서비스 및 특징	• 월 4500원 구독료로 아티스트와 1:1 형태 메시지 버블 • 소속사별로 별도 버블 앱	• 사진, 영상, 메시지 독점 공개 • 위버스샵에서 아티스트 관련 상품 판매	• 독점 오리지널 콘텐츠 '유니버스 오리지널' • 미션 수행 업적 달성 시 게임머니와 같은 '클랩' 지급
주요 아티스트	엑소, 소녀시대, NCT, 레드벨벳, 샤이니, 슈퍼주니어, 에스파, 엔플라잉, SF9, 씨엔블루, 김세정, 2PM, 스트레이키즈, 니쥬, 트와이스, ITZY, DAY6, 청하 등	방탄소년단, 블랙핑크, 세븐틴, TXT, iKON, 엔하이픈, 선미, CL, 뉴이스트 등 (해외) MAX, PRETTYMUCH, Jeremy Zucker, New Hope Club 외 저스틴비버, 아리아나 그란데 등 입점 예상	몬스타엑스, 우주소녀, 위키미키, 강다니엘, 더보이즈, 아이즈원, 오마이걸, 아스트로, (여자)아이들, 박지훈 등

자료: Invest chosun

통해 아티스트의 독점 콘텐츠를 공유하고 있다. 2020년 2월 SM엔터테인먼트 자회사 디어유DearU가 JYP엔터테인먼트와 함께 팬덤 플랫폼 '버블bubble'을 런칭했다. 위버스가 커머스 기능을 강화한 반면, 버블은 팬과 아티스트의 일대일 소통에 집중하고 있다. 한편, '유니버스Universe'는 2021년 1월 게임사 NC소프트가 출시한 것으로, 월 이용자 330만 명 중 80%가 해외 팬들이다. 게임사가 런칭한 플랫폼답게, 팬들에게 미션을 제시하고 이를 수행하게 유도한다. 가수의 아바타를 만들거나, 메타버스 공간에서 팬덤 활동도 할 수 있다.

둘째, 콘텐츠 산업의 '탈경계화Boarderless'가 진전되고 있다. 탈경계화는 산업 간 경계가 무너져 기존의 산업 구분이 무의미해지고 업종 사이의 융합이 빈번해지는 경향을 말한다.[2] 특히, 게임산업의 강자들의 콘텐츠 기업으로 다각화하는 행보가 뚜렷하게 나타나고 있다. 앞서 거론했듯 게임회사 NC소프트가 엔터산업에 진입한 것도 대표적인 사례가 된다. 넥슨은 '넥슨 필름&텔레비전Nexon film & Television' 조직을 신설하고, 게임 IP(지식재산권)를 기반으로 영화·만화·굿즈 등을 생산하는 종합 엔터테인먼트 기업으로 도약하고 있다. 컴투스는 미디어 콘텐츠 기업 위지윅스튜디오Wysiwyg Studios를 인수하고, 게임을 영화나 웹소설 등의 다양한 콘텐츠로 확장해나가고 있다.

콘텐츠 미디어의 경계도 허물어지고 있다. 영화관과 OTT의 경계

2 김광석, 설지훈(2022.4), 『초가속 파괴적 승자들』, 와이즈베리.

가 흐릿해지고 있다. CGV는 2021년 9월 넷플릭스에서 독점 상영됐던 한국영화들을 모은 '넷픽NETFIC IN CGV' 특별전을 개최하는 일이 있었다. 극장이 OTT 작품을 수용하기 시작했다. 스크린과 브라운관을 구분 짓던 과거와 분위기가 확연히 달라지고 있음을 시상식에서도 확인할 수 있다. 2021년 9월 미국 에미상 시상식Emmy Award에서 넷플릭스는 TV드라마 부문의 여우주연상, 남우주연상, 최우수작품상 등을 수상한 바 있다.

감독이나 배우들도 새로운 대세를 기회로 삼고 있다.

기초설명

OTT 개념과 시장 동향

OTTOver The Top는 TV 셋톱박스를 넘어 범용 인터넷을 기반으로 방송 프로그램, 영화 등의 미디어 콘텐츠를 제공하는 서비스를 뜻한다. 플랫폼 전쟁 속에서 국내외 OTT 시장은 지속적으로 성장할 것으로 전망한다. OTT 시장이 급격히 성장하는 만큼, OTT 플랫폼도 기하급수적으로 늘고 있다. 사용자들과 맞닿아 있는 슈퍼 플랫폼이 등장하고, 이들 간의 경쟁이 과열되고 있다. 넷플릭스, 유튜브, 페이스북에 이어 새로운 강자들이 다양한 콘텐츠를 무기로 도전장을 내고 있다. 월트디즈니는 스트리밍 플랫폼인 '디즈니 플러스Disney+'를 앞세워 콘텐츠 지위를 공고히 하고 있다.

콘텐츠 유목민?

OTT 플랫폼이 부상함에 따라 소비자들은 두 개 이상의 플랫폼을 이동하면서 즐기기 시작했다. 소위 '콘텐츠 유목민'이 등장하면서, 플랫폼들의 콘텐츠 경쟁은 더욱 가속화되고 있다. 레드오션에서 경쟁하기 위해 OTT 기업들은 콘텐츠에 집중하는 모습이다. 디즈니, 워너미디어Warner Media, NBC유니버설NBC Universal 등은 자사의 강력한 기존 콘텐츠를 무기로 OTT 시장에 진출하고 있다. 뿐만 아니라 해당 OTT서비스에서만 볼 수 있는 오리지널 콘텐츠를 제공하기 위해 매년 수억 달러를 투자하고 있다.

글로벌 OTT 시장 규모 추이

(억달러)

400
200

2013	2015	2017	2019	2021 (F)	2023 (F)
100	169	247	310	367	

자료: 소프트웨어정책연구소, PwC.
참고: 2023년 전망치는 2013~2021년 연평균성장률을 반영해 추산.

국내 OTT 이용률 현황

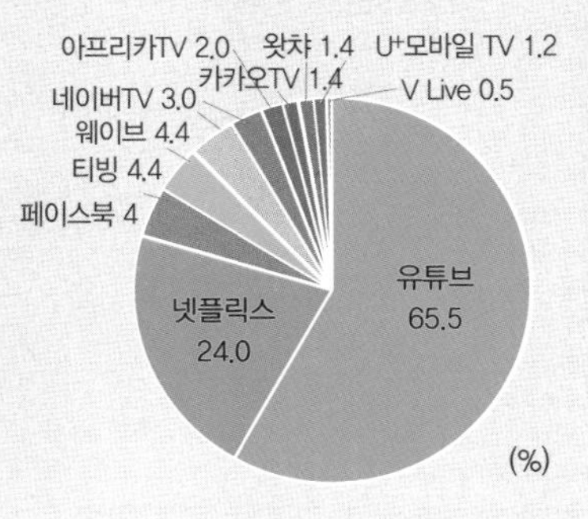

자료: 방송통신위원회(2022) 2021년 방송매체 이용행태 조사.

셋째, '초실감Ultra Reality 콘텐츠'로 진화하고 있다. 컴투스와 그룹 계열사 위지윅스튜디오, 엔피가 공동 설립한 컴투버스Com2Verse는 금융·문화·라이프 전반을 온라인으로 구현해 실생활과 연계하는 메타버스 플랫폼을 구축하고 있다. 큐브엔터테인먼트는 글로벌 최대 메타버스 플랫폼인 '더샌드박스'와 파트너십을 체결하고, '한국복합문화공간K-village'에서 다양한 K콘텐츠를 전파할 계획이다. KEB하나은행도 더샌드박스의 '랜드Land' 내에 가상 지점을 오픈하고, 메타버스 생태계에 참여하는 회사에 금융서비스를 제공할 계획이다.

스마트미디어[3]는 차원이 다른 초실감화를 실현시키고 있다. 디지털 콘텐츠에 메타버스와 오감 정보처리 기술 등을 적용한 미디어가 확산하면서 차원이 다른 콘텐츠 서비스가 소비자에게 전달되고 있다. 특히, 현실과 가상의 경계가 사라지는 듯한 환경을 제공하고, 청각, 촉각 등의 오감 정보를 데이터화하여 처리함으로써 몰입감을 높이는 서비스가 등장하고 있다. 스마트미디어산업[4]은 2021년 기준 약 12조 원에 달하는 것으로 추정되고, 2023년에는 15조 원 규모를 상회할 것으로 전망한다(OTT 시장은 통계에서 제외).

그밖에도 콘텐츠 산업에 거대한 변화가 일고 있다. OTT 빅뱅 시

3 스마트미디어는 미디어가 ICT 인프라와 결합해서 시공간 및 기기 제약 없이 다양한 콘텐츠를 이용자에게 융합적·지능적으로 전달할 수 있도록 하는 매체를 포괄적으로 지칭한다.

4 스마트미디어 5대 산업은 인터넷 동영상 서비스(OTT), 소셜미디어, 디지털사이니지, 실감미디어, 가상증강현실미디어로 구성된다.

스마트미디어산업 부문별 매출액 현황 및 전망

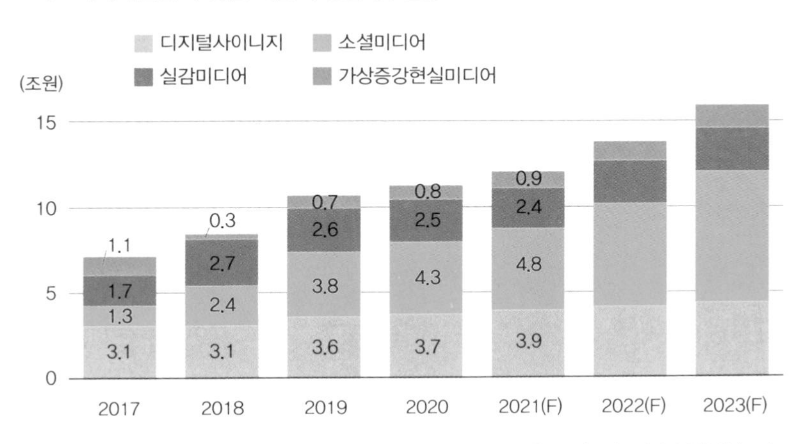

자료: 과학기술정보통신부, 한국전파진흥협회, 『스마트미디어산업 실태조사』.
주: 2017~2021년까지의 매출액 현황 및 전망치는 조사결과 통계를 반영한 것이고,
2022~2023년의 매출액 전망치는 연평균증감률과 최근 실적을 반영한 추정치임.

대가 도래하고, 전통 방송사들의 고전이 시작되었다. 게임사들은 경계를 허물고 다양한 영화, 애니메이션 등과 같은 다양한 콘텐츠로 다각화하며 종합 엔터테인먼트사로 도약하고 있다. 콘텐츠 산업의 디지털 트랜스포메이션 경쟁이 가속화하고 있다. 게임, 음악, 영화, 방송 콘텐츠 전반에 걸쳐 NFT, 메타버스 등의 디지털 기술을 경쟁적으로 도입하고 있다. 한편, 버추얼 인플루언서가 부상하고 연예인들이 광고에서 사라지는 모습도 나타나고 있다.

콘텐츠로 소프트 파워를 확보하라

콘텐츠 산업 성장지원을 통해 소프트파워를 확보해야 한다. 콘텐츠 산업이 주는 직접 효과뿐만 아니라 간접적으로 주는 영향을 생각해볼 필요가 있다. 다만, 콘텐츠 산업의 패러다임이 지속적으로 변화하고 있기 때문에, 경쟁력을 확보하기 위한 전략도 유연하게 변화해야 한다. 무엇보다 우선해야 할 것은 글로벌 소비자들이 선호하는 콘텐츠 유형을 찾고, 빠르게 변화하는 콘텐츠 트렌드를 캐치하는 작업이 필요하다. 중소 콘텐츠 기업들의 성장을 지원하기 위한 인프라를 조성하고, 글로벌 선도기업들로부터 인사이트를 습득할 수 있도록 하는 교류의 장을 마련하는 것도 좋은 시도가 될 것이다.

기업들은 차원이 다른 콘텐츠를 확보하기 위한 전략을 마련해야 한다. 콘텐츠 기업에만 국한되는 메시지가 아니다. 금융회사든, 유통회사든, 제조회사든 그 경계는 없다. 콘텐츠를 확보하고, 이를 통해 소프트 파워를 장착해야 한다. 특히, 전 산업에서 펼치고 있는 플랫폼 경쟁에 있어서도, 해당 플랫폼에 오래 머무르도록 하는 것이 전략이 되고 있다. 콘텐츠를 확보함으로써 소비자를 사로잡고, 플랫폼에 오래 머물게 하며, 다양한 커머스 활동으로 연결케 하는 '리텐션 효과retention effect'를 기억해야 한다. 쿠팡이 대표적인 예다. 쿠팡플레이를 통해 소비자를 지속적으로 방문케 하고, 유통서비스와 금융서비스(쿠팡파이낸셜)를 연계하는 행보는 우연이 아니다. 콘텐츠는 콘텐츠 기업만의 것이 아니다. 콘텐츠는 산업 이상의 것이고, 전략이

어야 한다.

글로벌 경쟁에서 한국 콘텐츠 산업이 지속해서 경쟁력을 확보하기 위한 유연한 전략을 마련해야 한다. 그 어떤 산업보다 콘텐츠 산업의 변화가 빠르게 일어나고 있기 때문이다. '팬더스트리Fandustry'나 '초실감Ultra Reality 콘텐츠' 등과 같은 새롭게 부상하는 콘텐츠 산업의 흐름에 맞는 콘텐츠 전략이 필요하다. 또한, 블록체인 기반의 저작권 생태계를 선도적으로 구축해 가상세계에서 형성될 시장기회를 놓치지 말아야 한다. 콘텐츠 인재의 디지털 역량 확보 혹은 디지털 인재의 콘텐츠 시장 이해 등과 같은 융합형 인재 양성을 통해 콘텐츠에 기반한 소프트 파워를 확보해야 한다.

4

인구오너스 시대, 3대 인구구조의 변화

놓쳐서는 안 될 것을 놓치고 있다. 코로나19 사태, 우크라이나 전쟁, 인플레이션 등과 같은 당장 앞에 들이닥친 시급한 현안에 흔들리다 장기적으로 고민해야 할 문제를 뒷전으로 미루고 있다. 인구구조 변화는 한국에 주어진 가장 중요한 과제다. 인구구조 변화를 이해하고, 어떤 중장기적 대응이 필요할지를 고민해야 할 시점이다.

인구보너스 시대에서 인구오너스 시대로

인구감소는 이미 시작되었다. 2020년은 대한민국 현대사에서 인

인구 추계 및 인구증감률

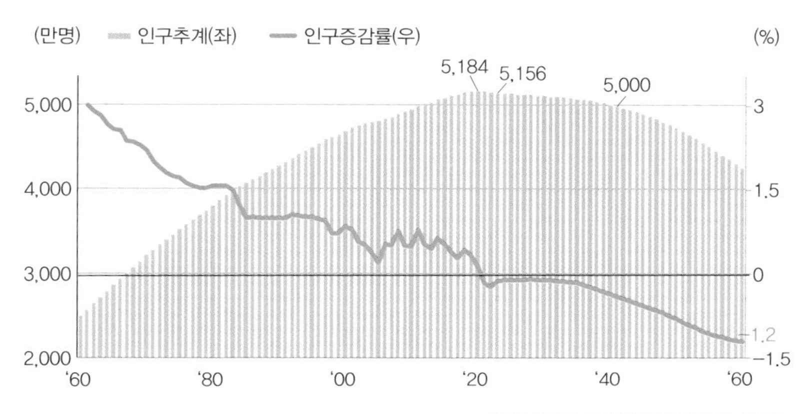

자료: 통계청, 『장래인구추계: 2020~2070』.
주: 인구 추계는 중위 추계(중간 수준의 출산율/기대수명/국제순이동을 가정) 기준임.

구가 감소하기 시작한 원년이 된다. 인구는 2020년 약 5,184만 명에서 2021년 약 5,174만 명으로 감소했다. 통계청은 이후에도 줄곧 인구가 감소해 2041년 5천만 명 선을 밑돌 것으로 추계했다. 이마저도 2020년 기준의 출산율이 유지될 것으로 전제할 경우다. 합계출산율[1]은 이미 2020년 0.84명에서 2021년 0.81명으로 하락했다.

경제학에서 인구는 곧 노동력과 소비력을 뜻한다. 그동안 한국경제는 인구가 증가하면서 자연스럽게 경제성장 효과를 누리는 인구 보너스demographic bonus 시대였다. 생산연령인구(만 15~64세)가 증가하

1 합계출산율(TFR, Total Fertility Rate)은 여성 1명이 평생 동안 낳을 것으로 예상되는 평균 출생아 수를 나타낸 지표로서 연령별 출산율(ASFR)의 총합이며, 출산력 수준을 나타내는 대표적 지표다.

면서 자연스럽게 노동력이 생산활동에 투입되고, 다시 소비활동 증가로 연결되는 시대였다. 2020년 이후 인구가 본격적으로 감소함에 따라 생산과 소비가 수축하는 경제에 들어섰고, 노동력 부족이나 인건비 상승과 같은 문제가 함께 수반되는 인구오너스demographic onus 시대로 전환되었다.

한국이 당면한 제1의 과제, '빠른' 고령화

한국이 세계 1등을 하는 것이 몇 가지 있다. 그중 하나가 '고령화 속도'다. 즉, 한국은 세계에서 가장 빠른 속도로 고령화[2]가 진전되고 있는 나라다. 한국은 2000년에 전체 인구에서 고령자가 차지하는 비중이 7.2%에 이르면서 고령화사회Aging Society에 진입했고, 불과 약 8년 만에 이 비중이 14.3%를 기록하며 2018년 고령사회Aged Society에 진입했다. 이제 2025년 초고령사회Post-Aged Society 진입을 목전에 두고 있다.

주목해야 할 점은 고령사회에서 초고령사회로 진입하는 데 걸리는 기간이다. 일본과 독일은 이 기간은 각각 12년, 37년 소요되었다.

2 고령자는 만 65세 이상을 가리킨다. 전체 인구에서 만 65세 이상 인구, 즉 고령자 인구가 차지하는 비중을 기준으로 사회를 구분한다. UN은 고령화사회(Aging society), 고령사회(Aged Society), 초고령사회(post-aged society)로 구분한다. 고령 인구의 비중이 7% 이상이면 고령화사회, 14% 이상이면 고령사회, 20% 이상이면 초고령사회로 분류한다.

인구구조 변화와 고령화 추계

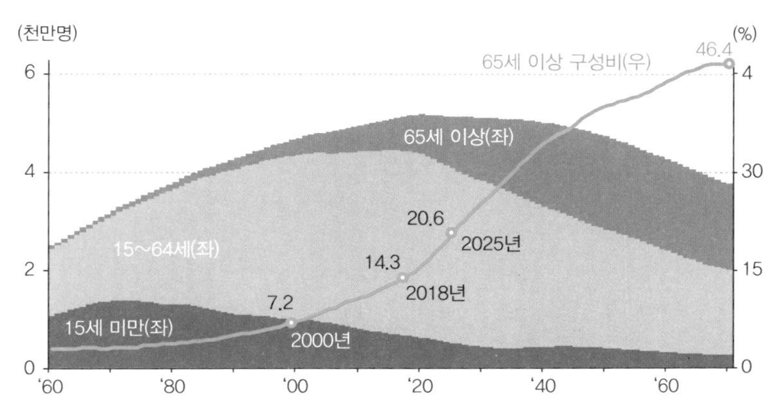

자료: 통계청, 『장래인구추계: 2020~2070』.
주: 인구 추계는 중위 추계(중간 수준의 출산율/기대수명/국제순이동을 가정) 기준임.

미국은 약 21년 걸리는 것으로 추계된다. 한국은 불과 7년이다.

고령화가 너무 빠르게 진전되다 보니, 사회가 준비도 못한 채 낯선 환경에 던져질 수 있다. 일할 사람은 줄어드는데, 부양해야 할 사람은 늘어나고 있다. 2023년에 당장 현안이 될 사안 하나가 국민연금 개혁 아닌가? 생산연령인구의 감소 그 자체보다도 상대적으로 많은 고령자를 부양해야 하는 부담마저 가중되는 현상이 한국경제의 성장성을 크게 제약할 것으로 보인다.

국제기구나 국내 주요 기관들이 한국의 잠재성장률이 빠르게 하락할 것으로 판단하는 주된 근거도 '빠른' 고령화에 있다.

1인가구가 표준이 되는 시대

'나혼자 산다'가 대세가 된다. 인구가 줄어도 가구는 늘어난다. 1인가구가 매우 빠른 속도로 늘어나기 때문이다. 2000년 1인가구는 전체 가구에서 약 15.5%에 불과했으나, 2020년 약 30.3%를 기록하고, 2030년 33.8%에 이를 것으로 전망된다. 2020년에도 1인가구가 다른 유형의 가구보다 절대적으로 많았고[3], 앞으로는 지배적인 가구 유형이 될 것이다. 1인가구가 가구의 새로운 표준 즉, 뉴노멀New normal이 되는 것이다.

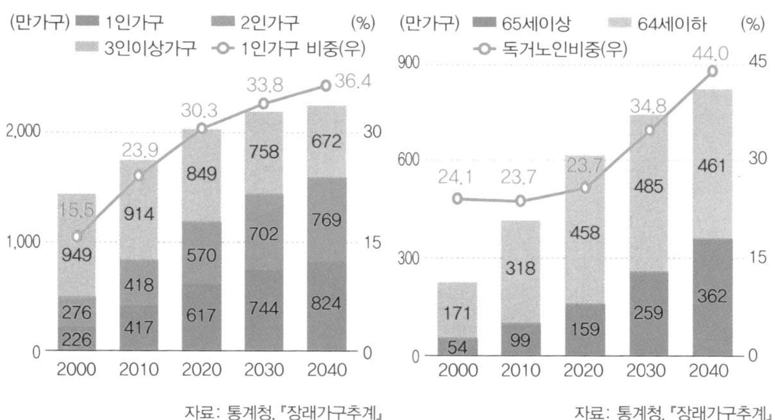

자료: 통계청, 『장래가구추계』

자료: 통계청, 『장래가구추계』
주: 독거노인은 65세 이상 1인가구를 뜻함.

3 2020년 기준 1인가구는 617만 가구(30.3%), 2인가구는 570만 가구(28.0%), 3인가구는 428만 가구(21.0%), 4인가구는 321만 가구(15.8%), 5인가구는 77만 가구(3.8%), 6인 이상 가구는 22만 가구(1.1%)에 달한다(통계청, 『장래가구추계』).

1인가구가 빠르게 늘어나는 주된 이유는 미혼, 이혼, 사별 등이다. 특히 국내 미혼의 싱글족이 2020년 약 365만 가구에서 2030년 약 454만 가구로 증가할 것으로 전망된다. 한편, 1인가구가 급증하는 현상의 가장 중요한 이유는 사별 등에 따른 독거노인이 급속히 늘어서다. 1인가구 중 65세 이상의 독거노인이 차지하는 비중은 2020년 25.8%에 달하지만, 2030년과 2040년 각각 34.8%, 44.0%를 기록하며 기하급수적 증가세를 보일 전망이다. 결국, 1인가구를 중심으로 가구구조가 변화하는 현상도 인구감소 및 저출산·고령화와 맞닿아 있는 것이다.

막을 수 없다면 적응하라

첫째, 인구구조 변화의 속도를 조절하라. 변화가 정해진 미래라면, 경착륙이 아닌 연착륙이 필요하다. 급격한 변화에는 사회가 적응할 여력이 부족하기 때문에, 변화의 속도를 늦추어 적응할 수 있도록 해야 한다. 정부는 저출산·고령화를 초래하는 원인을 다각적으로 확인하고, 원인에 해당하는 요소를 최소화하는 방향으로 인구정책을 집중해야 한다.

둘째, 인구구조 변화를 막을 수 없다면 적응해야 한다. 노동력 부족, 노년 부양비 가중, 국민연금 고갈, 지방 소멸, 대학 구조조정 등과 같은 인구구조에 따른 산적한 문제들에 대한 대응책을 마련해야 한다. 지금까지 도입했던 그 어떤 정책들보다 더욱 적극적인 특단의 대책들을 모색해야만 한다. 문제는 인구구조 변화 그 자체가 아니라, 인구구조 변화에 따른 사회·경제적 충격에 있기 때문이다.

셋째, 변화에서 비즈니스 기회를 탐색하라. 기업들은 시니어를 대상으로 하는 시니어 비즈니스 전략을 마련하고, 시니어에 적합한 상품과 서비스를 제공하기 위한 에이징 테크Aging Tech 도입에 투자해야 한다. 한국보다 먼저 고령사회에 진입한 독일, 일본, 미국 등과 같은 나라에 시니어 비즈니스 사례들을 확인하면서 비즈니스 기회를 탐색하는 것도 적절할 수 있겠다. 인구문제가 가장 중대한 사회문제로 부상하는 만큼 시니어 비즈니스적 접근이 곧 ESG 경영이 될 수 있음을 간과해서도 안 된다. 한편, 1인가구가 가구의 표준으로 부상한 만큼 '가구'라는 개념의 재정의를 통해 기업의 상품 및 서비스를 맞춤화하는 전략도 필요하다.

5

금융시장 선진화, MSCI 선진국 지수 편입 시나리오

'왜 내가 사면 떨어지나?' 개인투자자들의 탄식이 끊이지 않는 박스권 장세다. 초인플레이션 압력, 중국 봉쇄 쇼크, 러시아 전쟁 장기화, 빅스텝-자이언트스텝 기준금리 인상, 연일 끊이지 않는 악재가 되풀이되면서, 한국의 주식시장이 반등할 기미가 좀처럼 보이지 않는다. 사실 '내가 사면 떨어지는 것'이 아니라 '떨어질 때 내가 산 것'이다.

돈의 이동이 일어나고 있다. 첫째, 안전자산으로 돈이 몰리고 있다. 변동성이 큰 대표적인 위험자산인 가상화폐도 급락했다. 가상화폐 시장의 40% 가까이 차지하는 비트코인은 2021년 11월 고점 대비 이미 54% 넘게 하락했다. 가상화폐 시장에서 약 1,020조원이 사라졌다. 공격적 투자자산이 주식시장도 한국뿐만 아니라 세계적으로 좋지 않다. 둘째, 신흥국에서 선진국으로 이동하고 있다. 강달러 현상이 지속되면서 외국인 투자자들이 신흥국에 투자했던 자금을 적극적으로 회수하고 있다. 실물경제 측면에서 선진국 범주에 있는 한국은 자본시장에서는 아직 신흥국으로 분류되어 있으므로, 두 가지 돈의 이동에 따른 직격탄을 맞고 있는 모습이다.

증시개혁 드라이브

2022년 5월 10일 출범한 윤석열 신정부는 증시개혁의 드라이브를 걸고 있다. 이미 공약을 통해 밝혀왔던 대로, 금융시장 선진화를 이뤄 MSCI 선진국지수 편입을 추진할 계획이다. MSCI 선진국지수 편입 시 통상적으로 외국인 자금의 국내 순유입이 기대되고, 투자자금의 급격한 유출이 완화되어 변동성이 관리된다. 결과적으로 '코리아 디스카운트'가 해소되며 코스피의 레벨업을 기대할 수 있다.

MSCI 선진국지수 편입을 위한 작업이 본격화할 전망이다. 문재인 정부는 2021년 11월 MSCI 선진국지수 편입 재추진을 공식화했고, 2022년 4월 홍남기 부총리는 MSCI 측과 면담을 진행해 한국의 입장을 피력하기도 했다. 여야 간의 이견이 없는 영역이고, 윤석열 신정부가 출범 전부터 공약을 통해 강조했던 정책이라는 점에서 더욱 탄력을 받을 것으로 기대된다.

기초 설명

MSCI 지수

MSCIMorgan Stanley Capital International index는 미국의 모건스탠리캐피털인터내셔널Morgan Stanley Capital International사가 작성해 발표하는 세계 주가지수다. 전 세계를 대상으로 투자하는 대형 펀드 특히 미국계 펀드 운용에 주요 기준으로 사용되고 있다.

외국인 투자자들의 역할이 커지면서 그들이 '투자의 참고서'로 삼고 있는 지표의 움직임에 따라 국내 증시는 민감한 반응을 보이게 된다. MSCI는 대표적인 투자의 참고서다. MSCI는 23개국 선진국 시장과 28개 신흥시장을 대상으로 각국의 상장된 주식을 업종별로 분류해 종목을 선택한다. 국내에서는 삼성전자, 현대자동차 등의 대형 우량종목이 MSCI에 포함된 한국물의 대부분을 차지한다.

세계지수에는 MSCI 외에도 FT/S&P(파이낸셜 타임스/스탠더드&푸어스) 월드지수가 있다. 세계 각국 증시에 투자하는 외국 대형 펀드들은 이러한 참고서를 바탕으로 자금을 배분하는 경우가 많기 때문에 자연히 해당 증시에 상당한 영향을 미치게 된다. 외국투자기관들이 해외 투자시 각국별 투자 비중을 결정하는 기준으로 MSCI지수에서 한국의 비중이 높아지면 외국인 투자가 확대될 가능성이 그만큼 커지고, 비중이 낮아지면 외국인들이 빠져나갈 가능성이 커진다.

MSCI 국가분류 현황

구분		국가
선진	아메리카	미국, 캐나다
	유럽·중동	오스트리아, 벨기에, 덴마크, 핀란드, 프랑스, 독일, 아일랜드, 이스라엘, 이탈리아, 네덜란드, 노르웨이, 포르투갈, 스페인, 스웨덴, 스위스, 영국
	아시아	뉴질랜드, 싱가포르, 일본, 호주, 홍콩
신흥	아메리카	아르헨, 브라질, 칠레, 콜롬비아, 멕시코, 페루
	유럽·중동	체코, 이집트, 그리스, 헝가리, 쿠웨이트, 폴란드, 카타르, 사우디, 남아공, 터키, UAE
	아시아	한국, 중국, 인도, 인니, 말련, 필리핀, 대만, 태국
프론티어		크로아티아, 에스토니아, 아이슬란드, 리투아니아, 루마니아 등

자료: MSCI.

MSCI는 매년 6월 국가분류체계를 조정하고 지수편입 전 최소 1년 관찰대상을 지정한다. MSCI는 2022년 6월 23일(현지) 연례 시장분류 검토 결과 market classification review를 발표했고, 한국 증시는 선진국 편입을 위한 관찰대상국watchlist 등재가 불발되었다. 한국은 경제 규모나 주식시장 규모 측면에서 MSCI 선진국 편입 요건을 충족하고 있으나 주식시장 접근성 요건은 미충족한다는 평가다.

한국 증시의 MSCI 선진국 편입 필요성이 꾸준히 제기되어 온 가운데, 편입 주장이 추진력을 얻기 위해서는 자본/외환시장 제도 변경에 대한 논의가 실질적으로 진전될 필요가 있다. 구체적으로는 (1)외환시장 자유화 수준, (2)투자자 등록 및 계좌 개설, (3)정보 흐름, (4)청산 및 결제, (5)현물 인수도 자율성 등 이체성, (6)투자상품의 가용성 등 6개 항목에서 여전히 낮은 평가가 유지되고 있다.

MSCI 시장 접근성 검토 항목별 결과 비교

구분	한국				일본	홍콩	대만	중국 A
	2019	2020	2021	2022	2022			
1. 외국인 보유 개방								
투자자 적격요건	++	++	++	++	++	++	+	+
투자자 보유한도 제한	+	++	++	++	++	++	+	−/?
외국인 추가투자 여력	−/?	+	++	+	++	++	++	−/?
외국인투자자 동등한 권리	+	+	+	+	+	++	+	+
2. 자본유출입의 용이성								
자본 흐름의 제한 수준	++	++	++	++	++	++	++	+
외환시장 자유화 수준	−/?	−/?	−/?	−/?	++	++	−/?	+
3. 운영체제 효율성								
시장 진입								
투자자 등록 및 계좌 개설	−/?	−/?	−/?	−/?	++	++	−/?	+
시장 구성								
시장규제	++	++	++	++	++	++	++	+
정보 흐름	−/?	−/?	−/?	−/?	+	++	+	+
시장 구조								
청산 및 결제	−/?	−/?	−/?	−/?	++	++	−/?	−/?
수탁	++	++	++	++	++	++	++	++
등록/보관	++	++	++	++	++	++	++	++
거래	++	++	++	++	++	++	++	++
이체성	−/?	−/?	−/?	−/?	++	++	+	−/?
대주	++	++	++	++	++	++	+	−/?
공매도	++	++	+	+	++	++	+	−/?
4. 투자 상품의 가용성	−/?	−/?	−/?	−/?	++	++	++	++
5. 제도 안정성	+	+	+	+	++	++	+	+

자료: MSCI(2022.6.23.).

금융 선진화 추진 방향

이미 선진국 아닌가? 국제사회의 인식으로 보면 한국은 이미 선진국으로 분류되어 있다. IMF나 OECD 등과 같은 국제기구도 한국을 선진국으로 분류하고 있고, S&P나 FTSE와 같은 여타 글로벌 지수에서는 2008~2009년에 이미 선진국으로 편입되었다. 그러나 MSCI의 시장 분류 기준에는 아직 선진국 기준에 부합하지 않은 상황이다. MSCI는 (1)경제발전 단계Economic Development, (2)시장규모·유동성Size and Liquidity Requirements, (3)시장 접근성Market Accessibility과 같은 세 가지 평가 기준을 가지고 있다. 한국은 이미 두 가지(경제발전 단계와 시장규모·유동성) 항목에서는 선진국 기준을 충족하고 있다.

남은 기준인 시장 접근성 제고가 필요한 상황이다. 과거에도 선진국지수 편입을 위한 관찰대상국에 등재된 바 있으나 제도개선이 미흡해 제외된 바 있다. 시장 접근성 개선을 위해 풀어야 할 2가지 과제가 있다. 외환시장을 개방하고 공매도를 재개하기 위한 정책적 행보가 집중될 것으로 보인다.

먼저, 외환시장 선진화를 위한 제도개선이 진행될 것이다. 제도개선의 방향은 해외투자자의 편의를 높이는 데 초점을 둘 것이다. MSCI는 투자자 의견조사를 토대로 지수편입 여부를 결정하고 있기 때문이다. 해외 금융기관들이 국내 외환시장에 직접 참여할 수 없고, 외환시장 마감 후 환전이 곤란하다는 등의 불편사항이 있는 것

MSCI 선진국지수 편입 추진 경과

'08.6월	• 韓을 선진국지수 편입을 위한 관찰대상국(Review List)에 등재
'09.6~'13.6월	• 제도개선 미흡을 이유로 매년 선진국지수 편입 불발
'14.6월	• 선진국지수 관찰대상국에서 제외
'15.6월	• 금융위 중심으로 선진국지수 편입 공식 재추진
'16년	• 외국인통합계좌 도입('16.1월), 외환시장 연장('16.5월) 등 일부 제도개선
'16.6월	• 선진국지수 관찰대상국 재등재 불발
'21.11월	• MSCI 선진국지수 편입 재추진 공식화
'22.4월	• 홍남기 부총리, MSCI와 면담

자료: 기획재정부.

으로 조사되었다.[1] 외환위기를 경험하면서 외환시장을 안정화하는 조치로 도입한 제도이지만, 국내외 의견수렴을 거쳐 개선을 추진해 나갈 것이다. 해외 영업시간을 고려해 국내 외환시장 개장시간을 연장하고, 해외 금융기관의 국내 외환시장 직접 참여를 허용하는 등의 개방이 이루어질 전망이다.

한편, 공매도 전면 재개를 위한 선결과제를 해결해나갈 것이다. 개인투자자들은 불안한 주식시장에서 공매도마저 전면적으로 재개하게 되면 피해가 더욱 커질 것이라는 우려를 하고 있다. 일시적으

1 현재 국내 외환시장(은행간 도매시장)은 정부 인가를 받은 국내 금융기관만 참가할 수 있고, 09:00~15:30 중에만 개장하고 있다.

로는 그러한 영향이 있을 수 있지만, 중장기적으로는 금융시장을 선진화함으로써 국내 주식시장에 긍정적인 효과가 나타날 것임을 공감할 수 있도록 환경을 조성해야 한다.

MSCI 선진국지수 편입의 효과와 선결과제

MSCI 선진국지수 편입시 상당한 효과 있을 것으로 기대된다. 첫째, 자금 순유입이 있을 것이다. 자본시장연구원[2]에 따르면, 신규 자금 순유입 규모는 최대 360억 달러로 추정된다[3]. MSCI 추종자금의 규모 등에 따라 50억~360억 달러의 자금유입이 예상된다. 둘째, 변동성이 관리될 수 있다. 선진국으로 장기성 자금의 유입이 있기 때문에, 통제할 수 없는 외부충격이 발행해도 자금이 급속히 빠져나가는 일을 막을 수 있겠다. 국내 금융시장이나 주식시장에도 건전화를 도모하는 일이 될 것이다.

MSCI 선진국지수 편입을 위한 선결과제를 해결해야 한다. 한국의 오랜 숙원과제인 만큼 금융시장의 한계를 도약하는 전환점이 되어야 한다. 문제가 무엇인지 모른다면, 정말 문제일 텐데 무엇이 문

2 자본시장연구원(2022.5), "MSCI 선진국 지수 편입의 효과, 선결과제 및 시사점," 이슈보고서 22-06.

3 자본시장연구원은 "우리나라가 선진국지수에 진입하더라도 국내 주식시장의 시가총액 비중이 변화하거나 외국인 투자자의 국내 주식시장에 대한 신뢰도와 긍정적 전망 여부에 따라 자금 순유입 효과가 달라질 수 있음"을 설명하고 있으므로, 자금 유출입의 방향 전망하는 데 참조적으로 고려하는 것이 바람직하다.

제인지를 명확히 알고 있기에, 희망적으로 볼 수 있는 일이라 생각한다. 외환시장 선진화나 외국인 투자자에 대한 제약조건 및 공매도 제도개선 등과 같은 구체적인 사안들을 대내외적으로 투명하게 공표하고, 개선방향 등에 대한 의견을 수렴해나가야 할 것이다. 금융시장의 체질 자체를 강화하고, 자연스럽게 선진국지수에 편입되는 결과로 이끌어지기를 기대한다.

특히, 공감과 균형이 담긴 공매도 개선안이 필요하다. 현행 공매도 제도에 대한 개인투자자의 불만이 크기 때문에 공매도 개선안에 상당한 관심이 집중되고 있다. 금융시장 선진화를 이루기 위해서는 외국인과 기관만큼이나 개인투자자도 공매도에 참여할 수 있도록 해야 하지만, 개인투자자들은 외국인과 기관의 공매도 참여를 개인투자자 수준으로 제한해야 한다는 입장이다. 2023년 6월 MSCI 선진국지수 관찰대상에 등재될 수 있도록 드라이브를 걸어야 하고, 동시에 국민적 공감을 이끌어야 한다. 공매도 제도에 관한 객관적인 이해를 공유하고, 증시개혁을 위한 여정 중 하나임을 국민으로부터 공감을 받아야만 한다.

투자자 관점에서는 상당한 투자 인사이트를 도출할 수 있다. 금융선진화 노력을 통해, 만일 2023년 6월 관찰대상에 오른다면 2024년 6월 선진국지수 편입 여부가 결정된다. 최종편입이 결정되더라도 실제 글로벌 펀드자금의 포트폴리오 재조정은 다시 1년 후부터 진행되어 단기간 내에 대규모 자금 유입이 발생하는 데 한계가 있다. 이렇게 기계적인 외국인 자금 유입은 상당한 시간적 격차를 두고 발생하겠지만, 외국인 직접투자는 오히려 선행할 것이다. 한국의 선진국지수 관찰대상국에 편입 여부를 사전에 진단하고, 우량종목 주식투자에 집중할 가능성이 크다. 관찰대상국에 오르는 것만으로도 상당한 외국인 주식투자가 집중될 수 있다. 따라서, 투자자들은 MSCI 선진국지수 편입을 위한 제도개선의 경과를 지켜보고, 관찰대상국에 오를 가능성이 크다고 진단하거나 관찰대상국 등재 결과를 빠르게 반영하여 주식투자 비중을 조정할 수 있을 것이다.

6

2023년 부동산 시장 전망 : '거품 수축'

내 집 마련의 꿈이 멀어지는 경제다. PIRPrice Income Ratio(가구소득 대비 주택가격 비율)이 2020년~2021년 동안 급격히 상승했다. 예컨대 PIR이 10이라는 것은 10년 동안의 소득을 한 푼도 쓰지 않고 모두 모아야 집 한 채를 살 수 있다는 의미다. 서울에서 집을 사려면, 평범한 직장인이 돈을 한 푼도 안 쓰고 다 모아도 약 17.6년이 걸린다. 2020년 팬데믹 경제위기 이전까지만 해도 그 기간이 약 12.9년이 소요되는 수준이었는데, 불과 2~3년 동안 4.7년이나 연장된 것이다. 2020년~2021년 동안 집값이 폭등하다시피 하면서 약 19.0년으로 늘어났다가 그나마 2022년 들어 집값이 조정되면서 줄어든 것이다.

고소득층이야 몇 년이면 집을 살 수 있지만, 저소득층은 평생을

PIR 추이

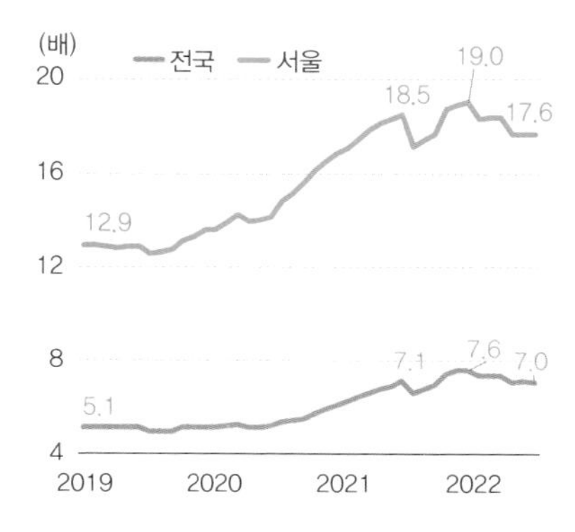

자료: KB국민은행, 월간KB주택가격동향.
주: 평균주택가격 3분위와 가구 연소득 3분위 기준으로 PIR 추계.

소득분위별 PIR(2022년.6월기준)

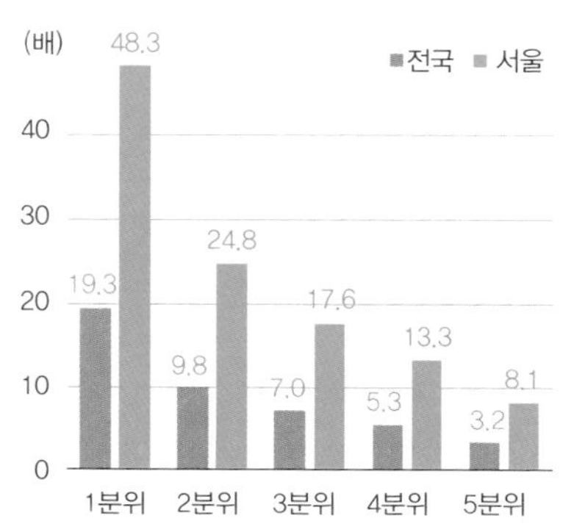

자료: KB국민은행, 월간KB주택가격동향.
주1 : 소득5분위 기준으로 1분위는 하위 20% 저소득층, 5분위는 상위 20% 고소득층을 의미.
주2 : 평균주택가격(3분위)을 기준으로 각 소득분위별 소득수준 대비 주택가격을 추산.

살아도 기회가 없기도 하다. 소득수준으로 5분위를 구분했을 때, 고소득층 5분위 가구는 PIR이 약 8.1배이지만, 저소득층 1분위 가구는 약 48.3배에 달한다. 소득을 48년 이상 한 푼도 쓰지 않고 모을 수도 없겠거니와, 48년 동안 지금 집값이 그대로라는 법이 어디 있겠는가?

부동산 시장 전망은 왜 중요한가?

집값은 보통의 사람들에게 전 재산을 의미한다. 아니, 전 재산 이상을 의미한다. 부동산 시장을 전망하고 적절한 매도 혹은 매수를 판단하는 것은 중요할 수밖에 없다. 가계에게 부동산 시장을 전망하는 것은 전 재산을 지키는 중요한 일이다.

정부의 부동산 정책이라는 관점에서도 생각해보자. 집값이 오르는 게 좋은 것인가? 떨어지는 게 좋은 것인가? 이상적 가치는 딱히 없다. 즉, 집값은 옳고 그름의 것이 아니다. 취해진 입장에 따라 선호의 차이가 있을 뿐이다. 집을 가진 자에겐 오르는 게 좋은 것이고, 못 가진 자에겐 떨어지는 게 좋은 것이다. 수도권 자가점유비율이 49.8%라는 점을 고려하면(국토교통부, 「2020년도 주거실태조사」, 2021.8)[1], 집값이 오르든 내리든 반은 웃고, 나머지 반은 웃을 수 없는 게임인 것이다.

취해진 입장에 따라 상승-하락의 선호는 다를 수 있어도, 부동산 시장이 어떻게 될지를 아는 것은 입장을 불문한다. 집을 많이 가진 자든, 집을 한 채 가진 자든, 집을 못 가진 자든 입장에 상관없이 부동산 시장을 전망하고 적절한 매도 혹은 매수를 판단하는 것은 중요할 수밖에 없다. 집값은 보통의 사람들에게 전 재산을 의미한다. 아니, 전 재산 이상을 의미한다. 부동산 시장을 전망하는 것은 중요한 일이다.

1 주택 자가점유비율이 전국은 57.9%, 수도권은 49.8%에 달한다. 국토교통부, 주택정책과, 「2020년도 주거실태조사」 2021년 8월 발표일 기준이다. 서울시 자가점유비율은 2015년 기준 약 42.1%로, 이후 시점에 대한 통계는 공개하지 않고 있다.

부동산 시장을 전망하고, 시장 상황에 생길 수 있는 주거불안 요소를 해소하는 데 집중해야 한다. 탈취와 불법적인 요소를 제거하는 데 초점을 두어야 한다. 시대를 규명할 필요가 있다. 부동산 가격 상승기인지 하락기인지를 구분하고, 그 시대에 정책적으로 주거안정을 도모할 수 있는 일이 무엇인지를 고민해야 한다.

거시경제와 부동산 시장

2020년~2021년은 완화의 시대였다. 2020년 팬데믹 위기가 왔고, 이를 극복하기 위해서 세계적으로 기준금리[2]를 급격히 인하했다. 엄청난 유동성이 시장에 공급되었다. 한국뿐만 아니라 세계 거의 모든 나라의 집값이 폭등했다. 그렇게 집값이 많이 올랐다고 생각하는 한국도 OECD 회원국 중 집값 상승률이 낮은 편에 해당할 정도다. 마치 풍선에 바람을 불 듯 말이다. 바람을 분다고 풍선이 무거워지는 것이 아니다. 부피만 커질 뿐이다. 자산버블이 일어났던 시기였다.

2022년~2023년은 긴축의 시대다. 세계 주요 선진국들을 중심으로 제로금리를 벗어나 가파르게 기준금리를 인상하는 시기다. 미국은 빅스텝과 자이언트스텝을 연이어 단행했고, 유로존도 역사상 처

2 금리는 돈의 가치를 뜻한다. 부동산 시장을 전망할 때 수요–공급–정책 측면을 다각적으로 분석해야 하지만, 금리는 수요와 공급에 영향을 미치는 선행변수이며, 가격에 직접적인 (역의) 영향을 미치는 요소로서 큰 흐름을 판단하는 가늠자 역할을 한다.

음으로 자이언트스텝을 단행했다. 돈의 가치가 급격히 올라가고, 자산가치가 떨어지는 시기다. 마치 부풀어 올랐던 풍선에 바람이 빠지는 모습에 비유할 수 있다. 『위드 코로나 2022년 경제전망』을 통해서도 "2022년에는 세계적으로 통화정책이 '완화에서 긴축으로' 기조 전환이 있을 것으로 전망된다. 금리 상승은 자산 가치를 하락시키고, 이자 부담을 가중시켜 매수세에 하방 압력으로 작용할 것이다."라고 강조했던 바 있다. 제롬 파월 연준 의장이 잭슨홀 미팅에서 강조했듯, "2% 목표물가2percent goal"에 도달할 때까지 긴축적 통화정책 행보를 지속할 것이라고 보자. 집값이 2022년 하반기에 하락세에 진입했지만, 이는 하락기의 초입에 해당한다고 판단할 필요가 있는 것이다.

금리와 자산의 관계는 가치적인 측면에서의 해석에만 머무르지 않는다. 거래 관점에서도 매우 중대한 연결고리가 있다. 대출금리가 오르면 매수세가 약화된다.

더 많은 이자 비용을 지급해야 하므로 매수자의 주택 구매 여력과 구매 의사를 축소시킨다. 한편, 대출에 의존해 부동산에 투자한 매도자에게도 이자부담을 가중시켜 매도성향을 자극시킨다. 결과적으로 시중금리가 오르면 매수세를 약화시키고 매도세를 촉진하여 부동산 가격을 떨어뜨린다.

아파트 매매가격상승률과 전세가격상승률 추이

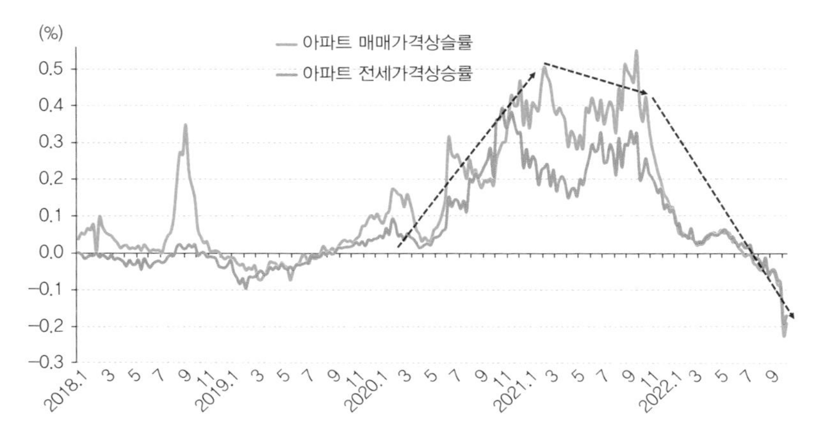

자료: KB국민은행, 주간KB주택가격동향.
주: 전주대비 상승률 기준임.

2023년 부동산 시장 전망: '거품 수축'

2023년 부동산 시장은 어떻게 움직일까? 모든 가격을 전망할 때와 마찬가지로, 주택 매매가격을 결정짓는 수요-공급-정책적 요인에 걸쳐 진단해보자. 부동산 정책은 주택 매매가격에 직접적인 영향을 미치는 요소라기보다, 수요와 공급에 영향을 주어 주택 매매가격을 상승 또는 하락시키는 요인으로 작용한다. (통계학에서는 종속변수인 주택 매매가격에 수요와 공급이 매개변수로서, 정책이 독립변수로서 영향을 미치는 구조로 설명한다.)(『위드 코로나 2022년 경제전망 중』)

첫째, 부동산 시장의 수요여건을 보자. 2022년 하반기 들어 매수세가 급격히 약해지고 있다. 매수우위지수[3]가 2021년 8월 114.6p의 고점을 기록한 이후 하락세를 지속해 2022년 9월 19.1로 떨어졌다. 2008년 12월 이래 최저 수준이다. 2021년 8월부터 한국의 기준금리 인상이 단행되면서 매수심리가 '사자'에서 '팔자'로 돌아선 것이다. 특히, 2022년 말 아파트 매매가격 상승세가 급격히 둔화되면서 매수심리가 크게 위축되었다.

2022년 들어 주택 매수심리가 급격히 얼어붙은 이유는 '향후 집값이 하락할 것이라는 믿음' 때문이다. 2020년~2021년 동안 집값이 폭등하면서 투자자뿐만 아니라 상대적 박탈감을 느꼈던 세입자들이 매수심리가 급격히 치솟았다가, 2022년 들어 집값이 조정되고 있다는 뉴스를 접하면서 매도심리가 크게 확대되었다. 더욱이, 가계의 향후 주택가격에 대한 전망을 보여주는 주택가격전망CSI가 통계 작성(2013년 1월) 이래로 최저 수준까지 떨어졌다. 2023년 중반까지도 긴축적 통화정책 기조를 유지해나갈 것이기 때문에, 침체한 수요가 급격히 반등하긴 어려울 것으로 판단된다.

둘째, 부동산 시장의 공급여건을 보자. 보통 신규 주택 공급규모를 전망하기 위해 주택건설 인허가실적을 분석한다. 인허가실적은 주택공급 규모를 결정짓는 선행변수이기 때문이다. 택지 발굴 이후 '인허가 → 착공→ 준공'에 이르기까지 상당한 시간이 소요된다. 규

3 매수우위지수는 0~200 범위 이내이며 지수가 100을 초과할수록 '매수자가 많다'를, 100 미만일 경우 '매도자가 많다'를 의미한다.

매수우위지수 추이

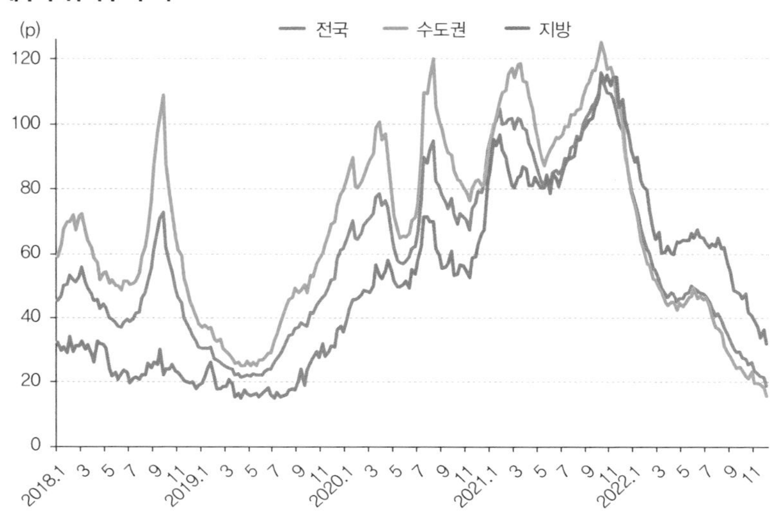

자료: KB국민은행, 주간KB주택가격동향.
주: 매수우위지수 = 100 + "매수자 많음" 비중 – "매도자 많음" 비중.

주택가격전망CSI 추이

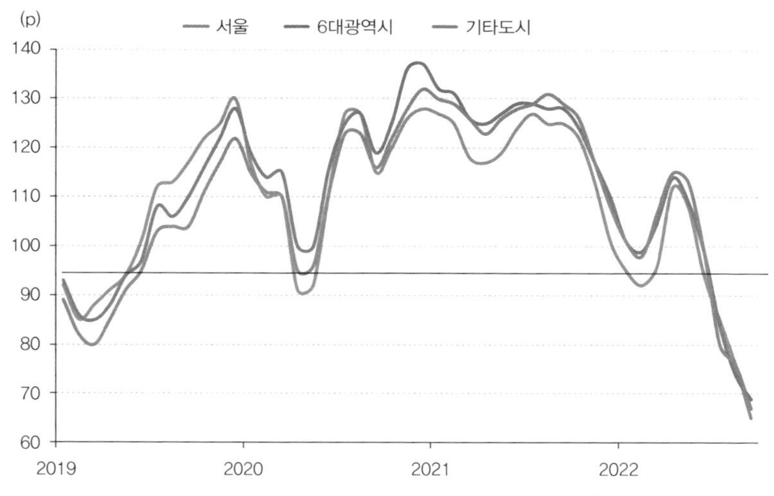

자료: 한국은행, 소비자동향조사.

모나 종류 등에 따라 다르지만, 인허가만 1~2년, 착공 후 준공까지 2~3년 정도의 시간이 걸린다.

신규 주택 공급이 2023년부터 늘어날 전망이다. 주택건설 인허가실적이 2020년까지 줄곧 감소하다가 2021년 들어 반등했다. 인허가실적은 2015년 76.5만 호에서 지속해서 감소해 2019년 48.8만 호를 기록했고, 2020년은 약 45.8만 호에 달했다. 인허가 이후 착공 및 준공에 이르기까지 약 2년 이상의 시간이 경과하는 것을 고려하면, 2021년 주택건설 인허가실적이 약 54.5만 호로 증가세로 전환되었기 때문에 2023년부터 신규 주택 공급량이 증가할 것으로 판단된다.

주택건설 인허가실적 추이

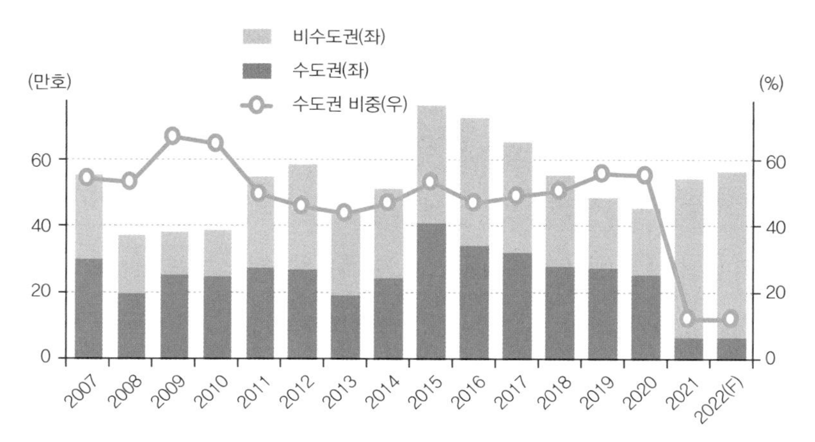

자료: 국토교통부, 한국경제산업연구원.

신규 주택뿐만 아니라, 기존 주택의 매도세도 두드러지게 나타날 전망이다. 2023년까지 시중금리가 상승세를 유지할 것으로, 높은 이자 부담이 투자자들의 매도심리를 부추길 것으로 보인다. 2022년 하반기 급매 물건이 나오기 시작했지만, 매수세가 약해 '거래절벽 현상'으로 나타나고 있다. 경매 물건도 많아지고 있는 반면, 낙찰가율이 하락하는 흐름이다. 전국 아파트 경매 낙찰가율(감정가 대비 낙찰가 비율)이 2019년 9월 이후 최저치를 기록하고, 경매 응찰자 수가 감소해 낙찰률도 하락하고 있다. 이러한 흐름은 부동산 매매시장 전반에 걸쳐 위축되는 있음을 반증해준다.

셋째, 부동산 시장 정책 여건을 보자. 2022년 발돋움한 윤석열 신정부의 부동산 정책은 공급확대와 규제완화를 주요 골자로 하고 있다. 윤석열 대통령은 임기 내 신규주택 250만 호를 공급하기로 약속했다. 특히, 청년에게 상당 비중의 신규주택이 우선 배정될 수 있도록 약속했다. 한편, 문재인 정부가 도입해왔던 각종 부동산·금융 규제를 다시 제자리로 완화할 방침이다. 재건축 초과이익 환수제를 크게 완화하고, 리모델링 규제를 완화해 주거 수준을 개선하는 데 초점을 두고 있다. 종합부동산세를 폐지하고, 양도소득세를 개편하며 보유세 세제 개편 및 세율 적용 구간 단순화를 추진함으로써 거래 활성화를 유도할 계획이다. 주택공급과 취득세 면제를 통해 내 집 마련을 유도하면서도, 부동산 시장을 활성화하는 데에도 의지가 있다.

2022년 9월 29일 국토교통부는 「재건축 부담금 합리화 방안」을 발표했다. 재건축부담금 부과기준이나 부과 시점 등을 현실화하고 합리적으로 조정하는 데 중점을 두고 있다. 종전의 경우 재건축 초과이익이 3,000만 원 이하일 때 재건축부담금을 면제했었으나, 1억 원 이하인 경우까지 면제될 수 있도록 개선했다. 부과구간도 기존의 2,000만 원 단위에서 7,000만 원 단위로 확대했다. 부과 시점도 '조합설립' 인가일을 개시 시점으로 정하고, 1주택 장기보유자 등 실수요자를 배려하는 방향으로 제도를 개선했다.

「재건축부담금 합리화 방안」 주요내용

부과율		면제	10%	20%	30%	40%	50%
초과이익	현행	0.3억 이하	0.3~0.5억	0.5~0.7억	0.7~0.9억	0.9~1.1억	1.1억 초과
	개선	1억 이하	1.0~1.7억	1.7~2.4억	2.4~3.1억	3.1~3.8억	3.8억 초과

3. 1세대1주택 장기보유자 감면(최대50%), 공공기여 인센티브, 1세대1주택 고령자 납부유예

자료: 국토교통부, 「재건축부담금 합리화 방안」.

물론, 정책만으로 부동산 가격이 움직이는 것은 아니다. 거시경제 여건이 같은 방향으로 움직일 때 가시적인 효과가 나타난다. 즉, 부동산 가격 안정화에 초점을 두었던 문재인 정부의 부동산 정책이 과잉유동성에 따른 자산버블 현상을 잡을 수 없었던 것처럼, 2022년부터 시작된 '거품 수축Bubble Deflating'의 시대에는 어떤 정책을 가동해도 집값 하락을 막는 데 한계가 있다고 판단한다. 물이 위에서 아래로 흐르는데, 아랫물을 바가지로 퍼서 위로 올리면 물이 거꾸로 흐르겠는가?

2023년 부동산 인사이트

2023년 부동산 시장은 '거품 수축'의 해다. 2020년~2021년 동안 형성되었던 자산버블이 2022년부터 상당 부분 해소되는 기간이다. '버블 붕괴'라는 표현을 쓰지 않는 이유는 여전히 2020년 말 기준 가격보다는 높게 유지될 것으로 보이기 때문이다. 아파트 매매가격을 확인할 수 있는 미분양주택 추이를 보아도 명확하다. 미분양주택은 수요와 공급의 결과물이기 때문에, 주택가격의 흐름을 가장 명확히 보여주는 지표 중 하나로 평가받는다. 미분양주택 수가 증가하면 공급이 수요를 초과하고 있음을, 감소하면 매수세가 강해지고 있음을 진단할 수 있다. 2020년 미분양주택이 급격히 해소되면서 가격이 급등했고, 2021년 속도가 줄어들면서 가격 상승세가 다소 둔화

지역별 미분양주택 추이

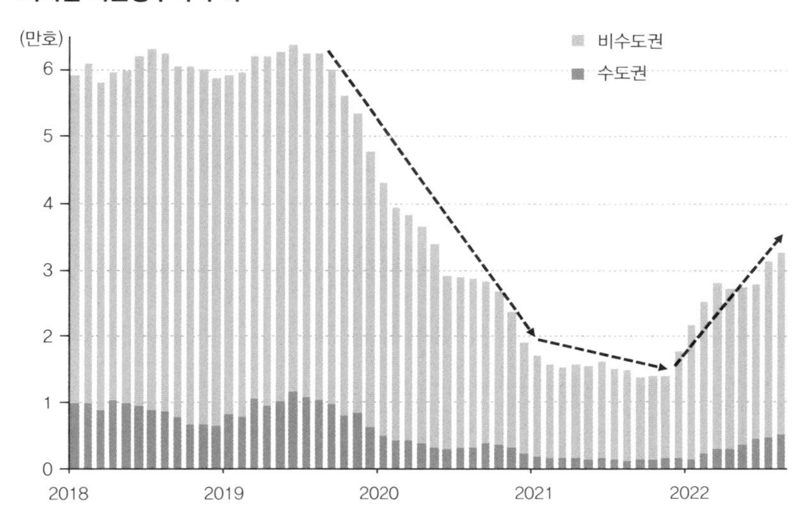

자료: 국토교통부 통계누리.

아파트 매매가격지수 추이

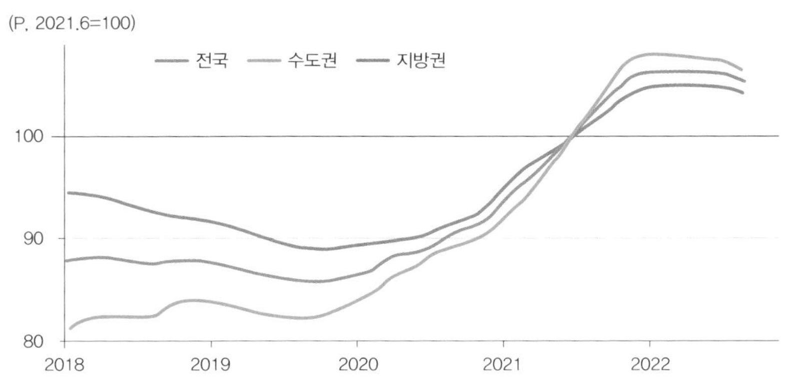

자료: 한국부동산원.

하였다. 2022년 들어 미분양주택이 늘어나기 시작했고, 2023년 들어 더 증가할 것으로 보인다. 수요는 미진한 데 반해 공급은 늘어날 것이기 때문이다. 전국 평균 아파트 매매가격은 2021년 말에 형성되었던 가격보다는 내려가지만, 2021년 6월 수준의 기준선을 밑돌지는 않을 것으로 판단된다.

부동산 정책의 신중함이 요구된다. 부동산 정책의 목적은 '주거안정'에 있다. 그래서 부동산 정책을 보통 '주거안정 대책'이라고 한다. 주거안정의 대상은 누구여야 하는가? 즉, 주거불안이 가장 심각한 계층은 누구인가? 투자자인가? 자가점유자인가? 임차인인가? 부동산 정책이 '가격안정'에 목적을 두어선 안 된다. 주택공급을 늘려 집값을 안정화하는 데 성공했다고 해보자. 임차인이 어렵게 내 집 마련에 성공했는데, 그 집값이 계속 내려가도 된다는 말인가?

주택가격은 시장의 '보이지 않는 손'에 의해 정해지는 것이다. 집값은 금리를 비롯한 거시경제 여건에 의해서 결정되는 것이다. 부동산 정책은 주거불안을 해소하는 데 초점을 두어야 한다. 주택가격이 떨어지는 과정에서 임차인은 '깡통전세'의 위험에 노출될 가능성이 커지기 마련이다. 대출 부담까지 고려해 차라리 월세를 내자 하는 '월세 선호현상'이 나타나고, 이는 임차 거주자의 주거비 부담을 가중할 수 있다.

기업은 어떻게 대응해야 하는가? 건설사들은 선택과 집중이 요구된다. 주택경기가 침체하고, 신규주택 수요가 미진할 것임을 고려해야 한다. 특히, 비수도권의 주택 수요는 크게 위축될 것이기 때문에,

수도권의 재건축 후보 지역을 중심으로 한 사업기획이 요구된다. 재건축 및 리모델링 규제 완화의 수혜를 입을 지역을 포착해야 하겠다. 2023년에는 미분양주택이 늘어나는 현상이 있을 것으로 보이고, 건설사들은 주택건축 사업보다는 토목건설 사업이나 재생에너지 인프라 사업과 같은 영역에 중점을 둘 필요가 있겠다. 한편, 건설 원자재의 안정적 조달에도 경영전략의 중점을 두어야 한다. 2022년 한해 철강스크랩 등과 같은 원자재 조달에 차질이 발생했고, 원자재 가격이 급등함에 따라 건설사업에 상당한 부담으로 작용했었다. 2023년에는 공급망 불안이 다소 해소될 가능성이 커지겠지만, 미중 패권전쟁으로 일부 원자재와 부품 조달에 차질이 발생할 수 있음을 유의해야 하겠다. 미중 패권전쟁과 공급망에 관한 구체적인 논의는 '1부 6. 블록경제의 도래, IPEF를 둘러싼 미중 패권전쟁' 편과 '1부 7. 글로벌 공급망 대란, 언제까지?' 편을 참고하기 바란다.

가계는 거품이 빠지는 국면에 어떻게 대응해야 하는가? 내 집 마련과 투자관점의 매수 시점을 신중히 진단할 필요가 있겠다. 시장에서 콩나물 백 번 깎아서 사면 뭐하나? 집값이 사자마자 1억 떨어지고, 팔자마자 1억 오르면 아무 소용없는 일이다. 주택가격의 조종률의 저점은 시중금리의 고점에서 발생할 가능성이 크다. 물론 금리가 고점에서 한동안 머무는 지점을 지나면서 가격 하락률 폭이 줄어들 것이다. 2023년 중반 이후 미분양주택이 점차 해소되거나, 거래절벽 현상이 다소 완화되면서 주택 거래량이 점차 늘어나는 현상이 나타날 전망이다. 적절한 매수 시점을 잡는 것은 콩나물을 평생 깎는 것보다 더 중요한 일이다. 2020년 팬데믹 이후 완화의 시대에 나타났던 대세 상승장이 기대되지는 않는다. 이런 시점의 주된 특징은 오를 곳만 오른다는 것이다. 재건축 수요 등에 힘입어 서울 주요 지역의 상승세는 뚜렷할 것이나, 비수도권의 인구소멸 도시 등은 반등하기 어려울 것으로 보인다.

2023

2023
ecession

3부

2023년
산업의 주요 이슈

1

글로벌 에너지 위기, 탄소중립의 후퇴와 도약

전쟁이라는 먹구름이 세상을 덮친 듯하다. 폭탄이 폭발하는 소리와 피난민의 울부짖는 소리가 옆에서 들리는 듯하다. 러시아의 우크라이나 침공은 세계를 공포로 몰아넣었다.

"러시아는 비싼 대가를 치를 것이다Russia will pay an even steeper price." 바이든 미국 대통령의 경고다. 2022년 초 전쟁이 발발하자, 바이든은 곧바로 경제 제재sanctions를 가할 것이라 발표했다. 미국은 NATO 회원국 및 유럽 동맹국들과 공동으로 대응하기 위해 긴밀히 협의해왔다. 러시아가 전쟁을 확대한다면, 미국은 경제 제재를 더욱 확대할 것이라고 말했다.

러시아도 그 대가를 치렀지만, 러시아만 대가를 치른 것이 아니었다. 경제 제재는 인플레이션이라는 부메랑으로 돌아와 세계경제를 흔들었고, 글로벌 에너지 위기를 불러왔다.

글로벌 에너지 위기

전쟁의 대가로 인류가 당면한 문제 중 하나는 에너지 위기Energy Crisis다. 러시아가 서방의 경제 제재에 대한 보복으로 가스관을 잠그는 결정을 내렸다. 러시아가 에너지를 무기화한 것이다. 이른바 '가스 전쟁'이다. 러시아 국영 천연가스회사 가스프롬Gazprom[1]은 유럽으로 향하는 송유관 노드스트림1Nord Stream1을 봉쇄해 독일, 이탈리아, 슬로바키아 공급량을 50% 이상 차단하거나 프랑스, 폴란드, 불가리아, 라트비아에 공급을 중단하는 결정을 내렸다. 천연가스 수입량의 45.3%(2021년 기준)를 러시아로부터 수입하는 EU(유럽연합) 입장에서는 비상상황이 아닐 수 없다.

러시아의 '에너지 무기화'에 유럽은 속수무책으로 당하고 있는 모습이다. 독일의 베를린 성당 조명이 꺼졌다. 공공기관 외부조명과 유적지 야간조명을 끄기로 결정했고, 가로등 조도를 낮추거나 공공건물 내 샤워 시설의 온수사용을 중단하는 도시가 등장했다. 프랑스

1 러시아의 국영 에너지 기업이다. 러시아 국내총생산(GDP)의 25%를 차지하며, 전 세계 천연가스 생산량의 20%를, 전 세계 천연가스 매장량의 17%를 차지하는 세계 최대규모의 천연가스회사다.

러시아-EU 파이프라인 가스 공급 추이

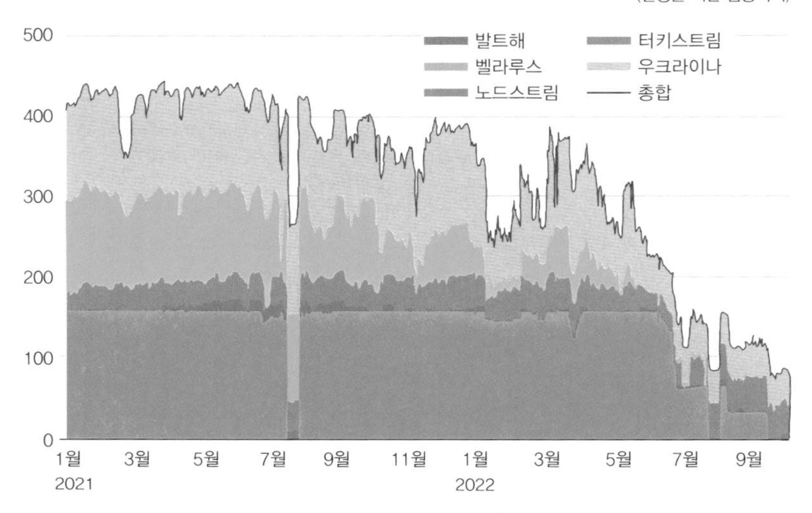

자료: IMF(2022.10) 「World Economic Outlook Update」.

파리는 냉방 중 문을 열어둔 상점에 범칙금을 부과하는 규제를 도입했고, 이탈리아는 물과 에너지를 아끼려 샤워 시간을 줄이는 캠페인을 시작했다. 유럽만이 아니다. 일본 도쿄 가전 매장의 TV가 모두 꺼져 있고, 회사원들이 실내조명을 끈 채 일을 하는 모습이 세계 전역에 찾아온 '에너지 보릿고개'를 상징적으로 보여주는 듯하다.

2022년 한해 가장 중요한 위협요인 중 하나가 공급망 병목현상이었다. 2021년부터 수요가 폭발적으로 증가하기 시작했지만, 원자재나 부품 등의 공급이 원활하지 않아 발생한 현상이다. 러시아-우크라이나 전쟁은 공급망 문제를 더욱 악화시키고, 이는 인플레이션 압력을 가중시켰다. 원유나 가스뿐만 아니라 에너지 대전환의 주요 원자재인 구리와 알루미늄 수급에도 상당한 차질을 가져올 수밖에 없다. 러시아는 세계 원유 시장 점유율 2위 국가이고, 세계 최대 알루미늄 회사 루살RUSAL을 보유한 나라다. 탄소 중립 계획에도 차질이 발생할 수밖에 없다.

다시 석탄으로, 탄소중립의 후퇴

에너지 위기에 몰린 세계는 석탄이라는 응급처방을 선택했다. 유럽 주요국들은 발전용 석탄수입량을 2배 이상으로 늘리기도 했다.[2] EU는 발전용 석탄 수입량의 약 70%를 러시아에 의존해왔는데, 콜롬비아, 호주, 미국으로부터의 석탄수입량을 급격히 늘려 '탈러시아'를 추진하고 있다. 그동안 석탄을 수입하지 않던 인도네시아나 모잠비크, 나미비아, 나이지리아 등 아프리카로부터 석탄을 도입하고 있다. 2022년 4월 EU 집행위는 러시아 제재안을 승인했고, 그 일환으로 러시아산 석탄 수입 금지 조치가 8월 10일부터 발효되었기 때문이다.

유럽에서 석탄 발전 용량이 가장 큰 독일은 예비용 석탄 발전 설

2 2022년 7월 26일 〈로이터〉 통신에 따르면, 2022년 6월 유럽의 발전용 석탄 수입량이 790만으로 전년 동월대비 2배에 달했다고 보도했다. 선박 중개 업체 브레이마르의 자료를 확인한 결과, 나라별로는 콜롬비아에서 수입한 석탄이 120만 톤으로 91만 톤이나 늘었고, 호주에서 수입한 물량도 110만 톤에 달했다. 미국에서 수입한 석탄도 2021년 6월보다 28%가량 늘어난 61만8천 톤이었다.

세계 석탄소비 전망

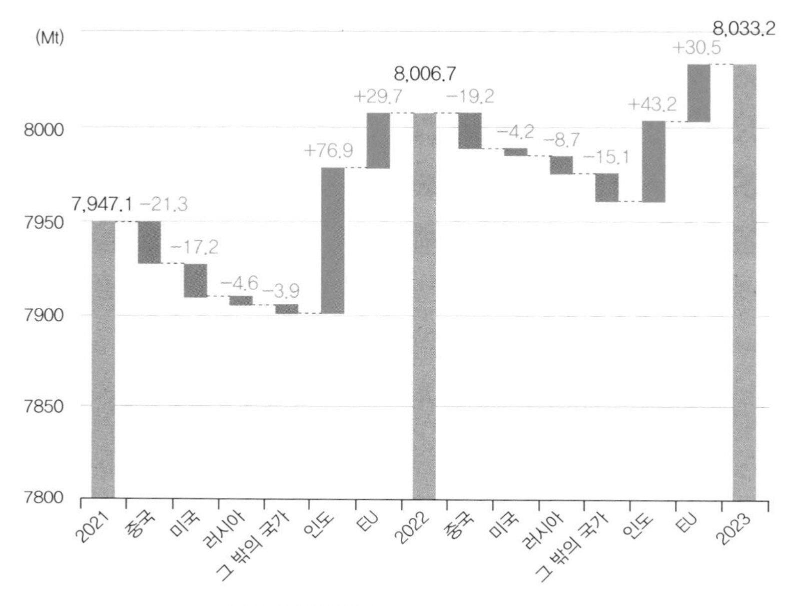

자료: IEA(2022.7) Changes in global coal consumption by region, 2021–2023.

비 수명을 2024년 3월까지 연장하기로 결정했다. 두 번째 석탄 발전 용량을 보유한 폴란드도 석탄 발전소를 최대한 가동할 방안을 모색하고 있다. 유럽만이 아니다. 일본도 40년 넘는 화력발전소까지 재가동시켰다. 세계 석탄소비는 2021년 7,947미터톤Mt에서 2022년 8,007미터톤으로 증가할 전망인데, 이는 주로 인도와 EU를 중심으로 폭증했기 때문이다. 중국과 미국 등 그 밖의 세계 권역은 경기둔화 등의 요인으로 석탄 소비가 줄어드는 과정인데, 인도와 EU는 경기둔화에 따른 수요감소 폭을 상쇄하는 수준으로 에너지 구조전환을 시도하고 있는 것이다. IEA(국제에너지기구)[3]는 중국과 인도가 석탄 수요를 이끌어 2023년 세계 석탄소비량이 8,033미터톤으로 증가할 것으로 전망한다.

푸틴이 유럽의 기후 리더십을 흔든 것이다. 에너지 위기라는 '발등에 불'이 떨어지자, 탄소중립이라는 '큰 그림'을 고집할 수 없게 되었다. 탄소중립의 후퇴를 용인하는 모습이다. 발전용 석탄은 온실가스의 주범으로 꼽히고 있었기 때문에, 에너지 위기 상황에서 탄소중립 이행을 일시 후퇴를 선택한 것이다.

EU의 에너지 개혁 '리파워 EU'

EU는 2022년 5월 18일 에너지 수급의 구조적 전환 계획을 담은 '리파워 EU^REPowerEU'를 발표했다. 특히, 본 계획에는 러시아로부터 화석연료 수입을 중단하기 위한 로드맵을 담고 있어, 유럽이 러시아의 에너지 무기화에 대응하기 위해 고군분투하고 있음을 느낄 수 있다. 왜냐하면, EU는 2021년에 탄소중립 이행을 위해 이미 강도

3 IEA(국제에너지기구)는 세계의 주요 석유소비국에 의한 초국가적인 기구이다. 산유국의 공급감축에 대항해 참가국 간에 석유의 긴급 융통을 하거나 소비의 억제, 대체에너지의 개발 촉진을 목적으로 한다. 1974년 OECD이사회에서 설립을 결의, 1976년 1월에 발족했다. 최고결정기관으로서 이사회를 두고 ①긴급융통 ②석유시장 ③장기적 협력 ④에너지연구개발 등의 4개 상설위원회 외에 사무국으로 구성됐다.

리파워 EU

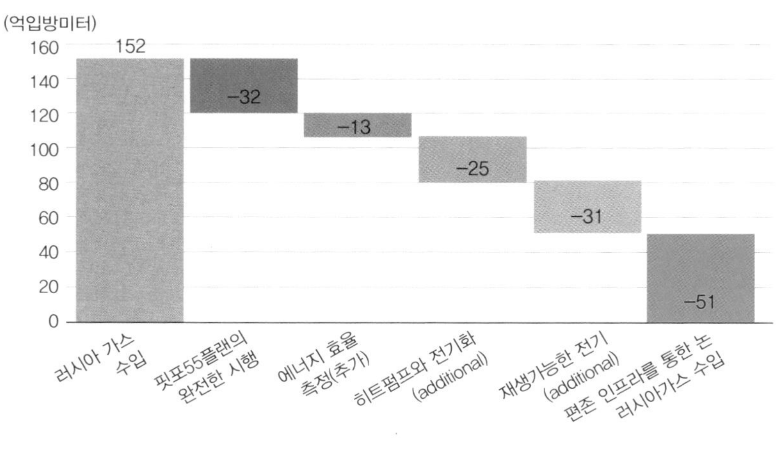

자료: European Commission(2022.5).

높은 대응 방안 'Fit for 55'[4]을 발표했는데, '리파워 EU'는 그 이상의 에너지 구조 전환을 담고 있기 때문이다.

유럽은 '탈러시아'를 선택했다. '리파워 EU'는 러시아로부터 수입하는 약 1,520억 입방미터cubic meter의 가스 수입량을 2025년까지 제로화하겠다는 계획이다. 크게 3가지 골자다. 에너지 절약 및 효율화를 시도하고, 신재생에너지로 대체('Fit for 55'를 포함)하며, 러시아 외 다른 국가로부터 가스 수입을 늘리는 것이다. EU는 청정에너지clean energy solutions만으로도 2025년까지 러시아산 가스의 66%를 대체할 수 있다고 추정했다. 유럽의 중장기적 계획에서도 명확히 나타나듯, 러시아로부터 에너지 의존도를 줄이기 위해 에너지 효율화 및 청정에너지를 확대하는 것이 주된 전략임을 이해할 수 있다.

에너지 위기의 시대, 도약하는 탄소중립과 ESG

에너지 위기는 탄소중립 계획과 ESG 경영전략을 흔들 것 같았지만, 일시적 후퇴일 뿐 영원한 퇴진은 아니다. 2023년에는 탄소중립을 이행하기 위해 세계적으로 더욱 긴장감이 조성될 것으로 전

4 유럽연합(EU)이 2021년 7월 내놓은 기후변화 대응을 위한 12개 항목을 담은 입법 패키지로, 2030년까지 EU의 평균 탄소 배출량을 1990년의 55% 수준까지 줄인다는 목표를 실현하기 위한 방안을 담고 있다. 이 가운데 핵심은 탄소국경세로 불리는 '탄소국경조정제도(CBAM)'로, CBAM은 EU 역내로 수입되는 제품 가운데 역내 제품보다 탄소배출이 많은 제품에 세금을 부과하는 조치를 말한다.

망된다. 어제 미뤄놓은 숙제와 오늘 해야 할 숙제를 모두 마무리하듯 말이다. 이산화탄소 감축을 위해, 탄소세carbon tax 도입으로 저탄소 제품라인이 확대되고, 친환경 보조금green subsidy으로 경제주체들의 탄소저감활동(친환경차 이용 등)을 유도하며, 재생에너지 인프라infrastructure가 확대될 것이다. IMF는 주요국들의 탄소중립 노력이 글로벌 경제성장에 긍정적으로 기여할 것으로 진단했다.[5] 그만큼 2023년에는 환경 분야의 비즈니스 기회가 더욱 집중될 것으로 전망된다.

ESG 열풍이 2020년 시작되었다면, 2023년은 ESG 2.0 시대다. 사회적인 책임감으로 ESG 경영을 시도하는 시대가 끝났다. ESG가 하나의 부상하는 산업이 되고, 신사업 전략이 되는 시대다. 곧, ESG 경영이 이윤 창출과 반하는 것이 아니라, 이윤 창출을 위해서라도 ESG를 추진하는 시대가 온 것이다. 탄소국경조정제도CBAM 도입으로 친환경적 제조공정을 갖추지 않으면 수출경쟁력이 떨어지고, 탄소배출권 거래제가 확대되면서 이산화탄소를 감축하지 않으면 제조비용이 더 올라가는 시대 아닌가? MZ세대들을 중심으로 환경의식수준이 높아지면서, 친환경적 노력이 부족한 기업의 제품은 외면받기 시작했다. ESG 경영을 통해 기업들은 경쟁력을 확보하고, '소비자를 팬으로 만드는' 전략을 마련해야만 한다.

2022년은 전쟁과 에너지 위기로 친환경산업은 구조조정의 직격

5 IMF(2022.8), 「External Sector Report」.

세계 이산화탄소 배출량 시나리오

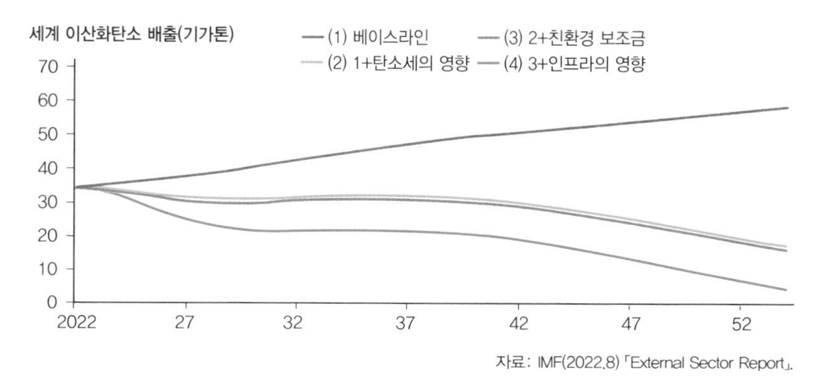

자료: IMF(2022.8) 「External Sector Report」.

탄이 되었다. 투자자 관점에서는 '옥석 가리기'가 진행된 것이고, 2023년은 탄소중립에 더욱 박차를 가하면서 관련 섹터의 기대가치가 상승할 것이다. 풍력·태양광·전기차 배터리 분야의 시장 리더나 해당 분야에 요구되는 비철금속 투자가 유망할 수 있다. 구리, 니켈, 코발트, 리튬과 같은 친환경 관련 금속green metal 수요가 집중적으로 늘어날 것이고, 이러한 광물자원 가격에 연동된 ETF 투자도 고려할 수 있다. 칠레, 페루, 인도네시아, 콩고 등과 같은 주요 자원보유국에 광물자원개발사업을 확대하는 기업에 장기투자 하는 것도 추천할 만하겠다.

주요국 친환경 관련 금속(green metal) 매출 전망

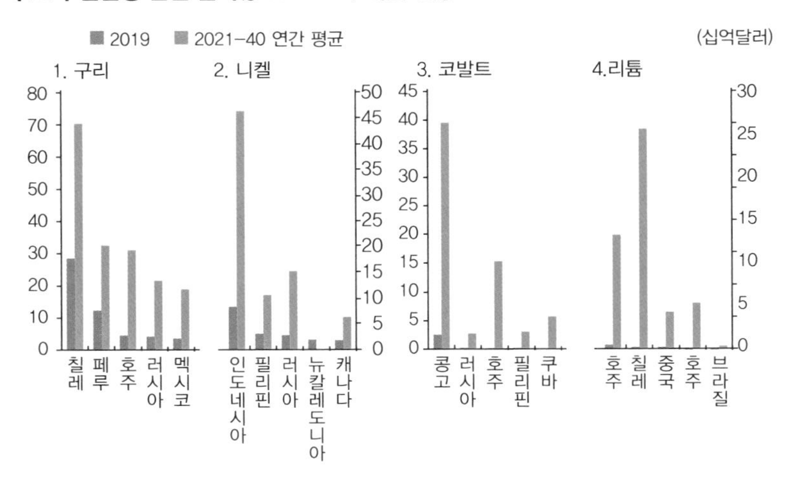

자료: IMF(2022.8) External Sector Report.

기초 설명

탄소중립이란 무엇인가?

탄소중립carbon neutral은 온실가스 배출량(+)과 흡수량(-)을 같도록, 즉 넷제로Net-Zero를 만들어, 온실가스가 더는 증가하지 않는 상태를 유도하는 것을 말한다. 세계는 배출량은 줄이고, 산림 등을 조성해 흡수량은 늘리는 계획을 세우고 있다.

세계 주요국들이 일찍이 탄소중립Net-Zero을 선언했다. 코로나19의 대혼란 속에서도 EU, 일본, 미국 등은 2050 탄소중립을 선언했고, 중국마저 2060 탄소중립을 선언했다. 영국은 이미 2019년에 탄소중립을 선언하고 가장 먼저 법제화에 나섰다. 2021년 5월 독일은 기후변화대응법 개정안을 의결, 확정함으로써 탄소중립 달성 목표를 2045년으로 5년을 앞당겼다. 세계 각국은 탄소중립을 선언하고, 법제화하며 비즈니스 기회를 모색할 것으로 보인다.

EU가 탄소중립 이행을 가장 적극적으로 펼치고 있는 대표적인 예다. EU집행위는 1조 유로 이상의 투자 계획을 수립했다. 기후변화 대응을 통해, 비즈니스 기회를 선점하기 위한 노력을 집중하고 있다. 내부적으로는 폐전자제품, 배터리, 포장재 등을 재활용하고, 미세 플라스틱 사용을 제한하는 등 순환경제를 이룰 구체적인 행동계획들을 추진하고 있다. 그린수소나 바이오연료 등의 친환경원료 사용을 촉진하며, 재생에너지 기반을 선도할 계획이다. 한편 외부적으로는 탄소국경조정제도를 도입해 자국 산업을 보호하기 위한 움직임을 이끌고 있다. EU 권역 내에는 강력한 환경규제를 도입하고, 탄소저감 노력이 부족한 해외 수입품에 대해서는 관세를 부과해 EU 기업들에게 경쟁력을 확보할 기회를 주는 전략이다.

탄소배출권 거래제란 무엇인가?

탄소배출권 거래제Emission Trading Scheme, ETS는 온실가스 배출 허용량을 규정하는 제도다. 오염세(배출부과금)가 오염활동의 가격을 통제하여 보다 쾌적한 환경을 유지하고자 하는 정책수단이라면, 배출권거래제는 오염활동의 양을 직접 관리하는 정책수단이라고 할 수 있다. 지구 온난화를 막기 위한 기후변화 협약에 따라 교토의정서에서 '온실가스 배출권 거래제도'가 도입되었다. 국가별로 경제 규모와 상황을 고려하여 온실가스 배출 허용량을 할당받고, 허용량 미만으로 온실가스를 배출할 경우 그 여유분을 다른 곳에 내다 팔 수 있다. 반대로 할당량을 초과했다면 탄소배출권을 사야 한다.

경제 주체들에게 탄소 배출을 억제하기 위한 강력한 수단으로 활용될 전망이다.

탄소배출권 거래제

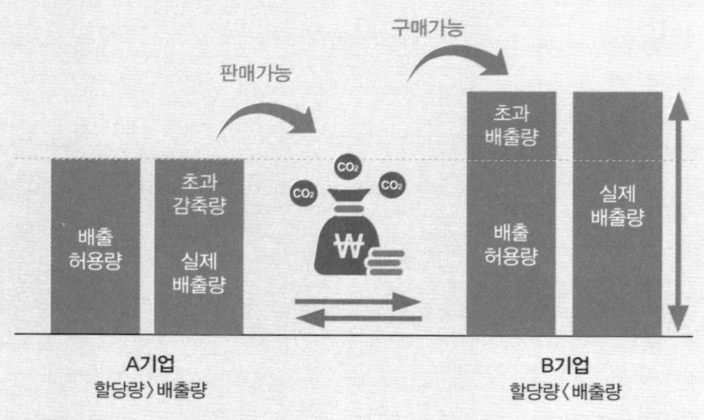

자료: 환경부.

ESG란 무엇인가?

ESG는 환경보호Environment, 사회공헌Social, 지배구조Governance의 약자다. ESG는 기업이 환경을 훼손하는 것이 아니라 보호에 앞장서고, 사회문제 해결에 앞장서며, 법과 윤리를 준수하는 경영철학이자 경영방식이다.

기업 입장에서 ESG경영을 추구하려면 비용이 수반되기 때문에 이윤 극대화를 목적에 두던 과거의 경영철학하에서는 적합하지 않을 수 있다. 최근에는 소비자의 의식 수준이 개선되고, 기업들로 하여금 사회적 책임을 강조하기에 이른다. 사회적 책임을 다하는 기업들이 생산하는 제품은 더 많은 가격을 지급하며 구매(높은 충성도)하고, 그렇지 않은 기업들을 외면하기 시작했다. 투자 의사결정에도 기업의 재무적 성과만 판단하는 것이 아니라, ESG와 같은 비재무적 요소들을 중대한 가치로 반영해 투자하기에 이른다(사회책임투자).

ESG의 개념

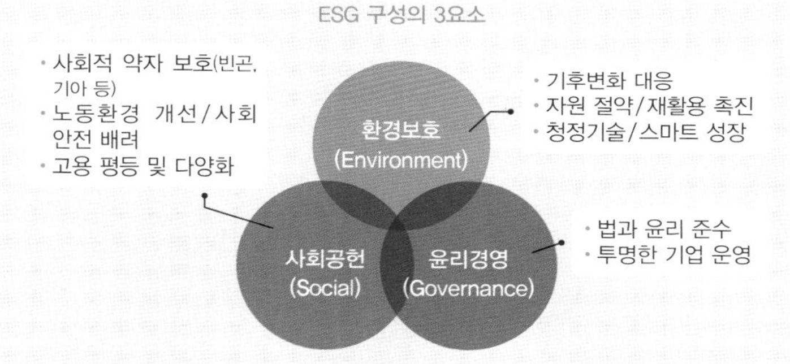

자료: 김광석(2021), 『위드코로나 2022년 경제전망』, 지식노마드.

2

웹3.0 시대가 온다

온 가족이 TV 앞에 모였던 시대가 있다. 정보를 얻으려 했던 것이다. 뉴스, 노래, 드라마, 코미디 등과 같은 정보의 원천은 하나였다. 같은 정보를 습득한 학생들은 다음 날 학교에 모여 같은 주제로 대화하곤 했다. 과거의 미디어는 사람들을 하나로 모이게 했다. 중앙화Centralization의 시대였다.

온 가족이 각자의 미디어 앞에 있는 시대다. 함께 있어도 각자 다른 정보를 얻고 있다. 초등학생들조차 각자 구독하고 있는 정보를 습득하고, 각자의 관심사에 매몰된다. 학교에 모여도 공감대를 형성하기 어려워졌다. 오늘날의 미디어는 사람들을 흩어놓고 있다. 탈중앙화Decentralization의 시대다.

웹의 진화

인터넷이 도입되기 전에는 수출입 계약이 성사되는 데만 상당한 시간이 소요되었다. 한국 수출업체는 미국 수입업체에 우편으로 오퍼Offer를 보냈고, 며칠 후 미국 수입업체는 카운터 오퍼Counter Offer를 보냈다. 이를 여러 차례 진행하다가 중요한 순간에는 시제품을 들고 찾아가기도 했다. 인터넷의 도입은 이 모든 절차를 1시간으로 단축했다.

1990년대 인터넷의 등장은 세상을 바꾸어놓았다. 인터넷의 도입은 곧 혁명이었다. 정보를 교환하는 시간을 극도로 단축시켰고, 정보의 양은 극도로 증가했으며, 정보처리 비용은 극도로 감축되었다. 해외논문을 찾으러 해외 대학까지 방문할 필요가 없어졌고, 1타 강사의 강의를 들으러 전국에서 모일 필요도 없어졌다. WWWWorld Wide Web의 시대가 시작되었다.

웹1.0 시대(1990~2000)는 콘텐츠를 생산하는 주체가 사용자에게 일방적으로 정보를 제공했다. 사용자는 읽기 전용read-only의 정보를 정적으로 전달받았다. 사용자는 데스크톱을 통해 접속access했고, 생산자는 주로 문자 콘텐츠를 전송했다. 사용자는 검색엔진 내에서만 정보를 검색했고, 생산자는 검색엔진으로 정보를 디렉터리로 저장했다. 웹은 미디어였고, 여전히 중앙화의 시대였다.

웹2.0 시대(2000~2020)는 콘텐츠를 생산하는 주체와 사용자가 쌍방향으로 정보를 교환하기 시작했다. 사용자는 읽고 쓰는read-write

방식으로 정보를 상호작용하는 프로슈머Prosumer[1]가 되었다. 사용자는 접속에 머무는 것이 아니라, 참여하고 공유하기 시작했다. 브로드밴드 기술이 도입되고, 데스크톱에서 모바일 기반으로 전환되는 시기다. Open API, 즉 여러 사이트에 있는 정보가 개방되면서, 정보의 홍수 시대가 왔다. 웹이 미디어에서 플랫폼으로 진보했고, 탈중앙화되기 시작했다.

웹의 진화

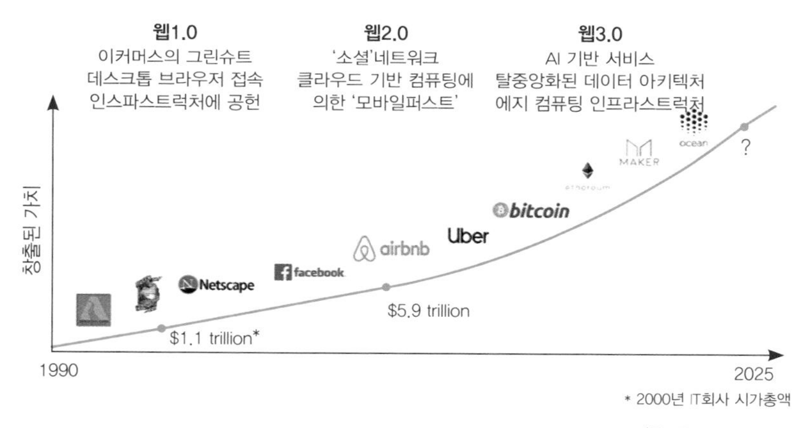

* 2000년 IT회사 시가총액

자료: Fabric Ventures.

1 생산자(producer)와 소비자(consumer)를 합성한 말이다. 소비자가 소비는 물론 제품개발, 유통과정에까지 직접 참여하는 '생산적 소비자'로 거듭나는 의미다.

웹3.0 시대(2020~)에 이르렀다. 지능화된 웹의 등장으로 사용자가 원하는 맞춤화된 정보를 제공하기 시작했다. 무분별한 정보의 홍수 속에 사용자가 원하는 정보를 선별해주는 능력이 필요했고, 사용자는 읽고 쓰며 신뢰하는read-write-trust 방식으로 정보를 재생산한다. 그동안의 정보이용자는 인간이었지만, 웹3.0 시대는 인간과 기계(컴퓨터)가 정보를 이용하기 시작했고, 상황인식context 기반의 초맞춤화 정보제공이 가능해졌다.

웹1.0 vs 웹2.0 vs 웹3.0

	웹1.0	웹2.0	웹3.0
시기	1990~2000	2000~2020	2020~
특징	미디어	플랫폼	개인화-지능화 플랫폼
키워드	2020~ 개인화-지능화 플랫폼	참여와 공유 : read-write	상황인식(Context) : read-write-trust
이용자	인간(Consumer)	인간(Prosumer)	인간과 기계(컴퓨터)
의사소통	일방향	참여형	쌍방향
콘텐츠	문자	문자, 이미지	문자, 이미지, 동영상
단말기	데스크톱	데스크톱→모바일폰	모바일폰
정보생산의 주체	중앙화(Centralization)	중앙화→탈중앙화	탈중앙화 (Decentralization)
정보생산	브라우저, 검색엔진	Open API	시맨틱 웹

웹3.0 시대를 이끌 기술과 산업의 변화

웹3.0 시대를 이끌 핵심 기술을 크게 4가지로 구분할 수 있다. 첫째, 인공지능 기반의 시맨틱웹semantic web[2]은 웹3.0의 핵심이다. 컴퓨터가 정보를 이해하고, 논리적 추론까지 할 수 있는 지능형 웹을 가리킨다. 인간이 원하는 정보를 찾는 방식이 아니라, 컴퓨터가 정보를 찾아 보여주는 맞춤형 웹을 가리킨다. 예를 들어, 여행을 갈 때 숙박 시설, 맛집, 가볼 만한 곳, 쇼핑몰 등에 관한 정보를 사용자가 찾는 것이 아니라, 사용자의 여행 일정과 기호 등을 반영해 웹이 맞춤화된 정보를 찾아 알려주는 것을 뜻한다. 웹3.0은 개인에 맞는 정보를 알아서 찾아주는 인공지능형 웹을 가리킨다.

둘째, 메타버스가 전 산업으로 확대 적용됨에 따라 비대면 온라인 공간에서 실감 나는 체험을 할 수 있게 된다. 현실과 가상의 경계가 사라지고, 초실감화된 서비스를 이용할 수 있게 된다. 메타버스는 새로운 웹 서비스로의 진화를 가장 체감적으로 보여줄 것으로 보인다. 그동안 웹1.0과 웹2.0 기반의 온라인 환경에서 금융, 교육, 유통 등의 서비스를 이용하지만, 오프라인 공간에서 체감하는 수준의 경험을 하기에는 한계가 있었다. VR/AR/MR/XR[3] 등의 기술들이 접목

2 시맨틱웹(Semantic Web)'은 1998년 월드와이드웹(www)의 창시자인 팀 버너스 리(Tim Berners Lee)에 의해 개발, 기계가 읽고 처리할 수 있는 웹이라고 정의되었다.

3 VR은 가상현실(Virtual Reality), AR은 증강현실(Augmented Reality), MR은 혼합현실Mixed Reality, XR은 확장현실eXtended Reality을 가리킨다.

됨에 따라, 온라인 쇼핑을 즐기지만 옷을 입어보거나 안경을 써보는 등의 경험을 할 수 있게 되고, 온라인 교육을 듣고 있지만 선생님이 바로 앞에 현장에 있는 것처럼 느끼게 할 수 있다.

셋째, 블록체인[4]과 NFT(대체 불가능한 토큰) 기반의 분산 데이터 환경이 조성된다. 즉 탈중앙화된 네트워크 환경이 조성되고, 신뢰성이 향상되며, 실시간 커뮤니케이션이 가능해진다. 블록체인 네트워크에 있는 참여자들이 실시간으로 데이터를 검증함으로써 허위나 조작이 불가능하고, 중개자가 사라짐에 따라 웹서비스의 실시간화가 진전된다. 예를 들어, 사용자들이 디지털 콘텐츠를 즐기거나 공유하는 과정에서 저작권자에게 이용료가 실시간으로 과금되거나, 은행과 같은 중개기관 없이도 대출자와 투자자가 신뢰할 수 있는 금융 거래를 실행할 수 있다.

넷째, 에지 컴퓨팅edge computing의 등장으로 인간-기계-사물의 커뮤니케이션 시대가 온다. 사물인터넷IoT이 급속도로 보급되는 과정에서 데이터의 종류와 양이 급증하고 있고, 문자와 이미지에서 홀로그램 영상까지 송수신하는 환경으로 전환되고, 메타버스를 구현하기 위한 빅데이터를 처리하는 환경에 요구되는 기술이다. 웹2.0 시대는 중앙집중 서버가 모든 데이터를 처리하는 클라우드 컴퓨팅

4 블록체인은 정보를 하나의 중앙집중형 서버에 저장하는 것이 아닌 분산형으로 저장하는 기술이다. 즉 분산형 데이터베이스와 유사한 형태로 데이터를 저장하는 연결 구조체 리스트를 가리킨다. 블록체인에 참여한 모든 구성원이 네트워크를 통해 서로 데이터를 검증하고 저장함으로써 특정인의 임의적인 조작이 어렵게 설계된 저장 플랫폼이라 할 수 있다.

클라우드와 에지 컴퓨팅 비교

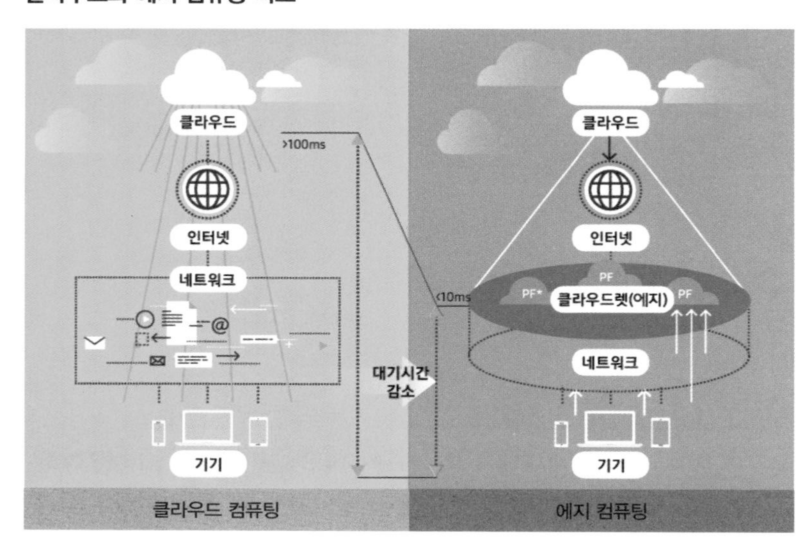

자료: 삼성전자 뉴스룸.

cloud computing이 기반 기술이었다면, 웹3.0 시대는 분산된 소형 서버(단말기 주변)를 통해 데이터를 실시간으로 처리하는 에지 컴퓨팅이 활용된다. 데이터 처리속도가 향상됨에 따라, 자율주행차가 수많은 다른 자동차나 보행자 및 인프라 등과 끊김 없이 실시간 커뮤니케이션을 할 수 있는 시대다.

웹3.0시대, 우리는 무엇을 준비해야 하는가?

시대를 정의하는 용어가 바뀌고 있다. 패러다임의 변화다. 비관론

웹의 변화 추이

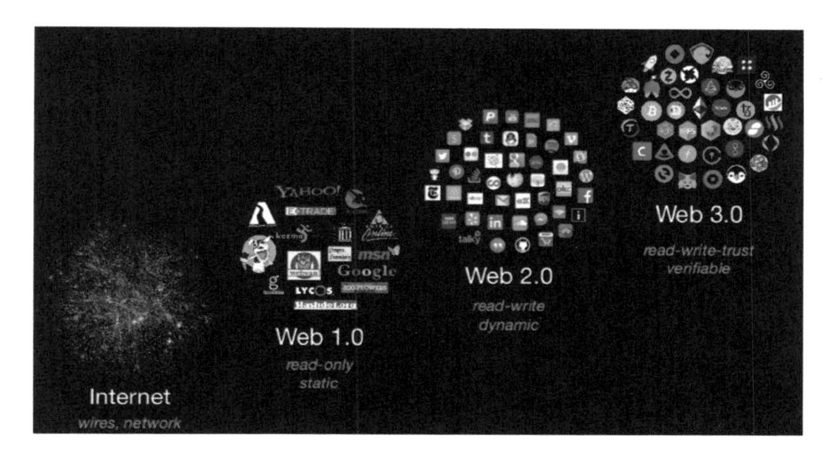

자료: ETHGlobal.

자든 낙관론자든 거스를 수 없는 변화다. 금융사에게도 제조사에게도 똑같이 찾아오는 환경의 변화다. 대기업이든 중소기업이든 아니면 소상공인이든 막아설 수 있는 물결이 아니다. 사장님에게도 인턴 직원에게도 피해갈 수 없이 불어오는 태풍이다. 능숙한 선수에게든 초급자에게든 사람을 가리지 않고 들이닥치는 파도인 것이다.

웹3.0 시대를 이끌 핵심 기술을 포착하고, 산업의 변화에 대응해야만 한다. 먼저, 정부는 웹3.0을 선도할 R&D 정책과 산업진흥 및 인력양성에 초점을 두어야 한다. 기업은 웹3.0 시대를 이끌 소프트웨어나 하드웨어를 주요 사업영역으로 확장하고, 웹3.0이 가져올 산업 패러다임의 변화를 선도하는 차별화된 서비스를 소비자에게 제공해야 한다. 가계는 웹3.0을 주도할 기술적 역량을 확보한 인재가

되거나, 산업의 변화를 들여다보는 장기적인 안목으로 사업이나 투자적 의사결정을 내려야 할 것이다.

3

'규모의 경제'에서 '속도의 경제'로

어제의 정답이 오늘의 오답이 된다. 어제 통용되었던 상식이 오늘 적용할 수 없는 비상식이 된다. 어제 과제를 해결했던 공식이 오늘 주어진 숙제를 푸는 데 도움되지 않는다. 과거 세대에 통용되던 기준이 미래 세대에도 고스란히 수용될 수는 없다. 지난날에 경험했던 지침을 던지면, '꼰대'라는 오늘날의 일침으로 돌아오기도 한다. 표준은 고리타분한 고전이 되고, 경험은 쓸데없는 고집이 된다. 환경은 변화했고, 변화한 환경에 대응하지 않으면 안 된다. 앱노멀abnormal, 즉 '이상한 것'이 아니라, 뉴노멀New Normal, 즉 '새로운 표준'으로 받아들여야 한다. 경제 주체에게 놓여 있는 경제구조는 완전히 달라질 것이다. 새로운 표준을 수용할 준비가 필요하다.

전 산업에 걸쳐 기존 질서를 파괴하고, 새로운 표준을 도입하는 파괴자들이 등장하고 있다. 빅테크 기업들은 새로운 생태계를 조성하고 있다. 전통기업이었지만, 스스로를 파괴하고 디지털 기업으로 부상하기도 한다. 기존 기업들이 전통에만 얽매이고자 할 때, 파괴자들Disrupters은 산업의 경계를 넘나들며 차원이 다른 서비스를 제공하고 있다.

초가속화, '규모의 경제'가 가고 '속도의 경제'가 온다

'규모의 경제Economy of Scale'가 가고 '속도의 경제Economy of Speed'가 왔다. 생산량이 늘어날수록 단위당 생산비용이 줄어드는 규모의 경제의 원리는 그동안 기업 경영의 근간이 되었을 것이다. 품질의 차이가 없었던 시절 상품이 소비자에게 선택되기 위한 거의 유일한 조건이 가격이었기 때문이다. 저렴하게만 만들면 시장에서 성공했던 시대가 있었지만, 이제 이러한 공식은 통하지 않는다. 아이디어가 자본을 압도하고, 기술이 노동력을 능가하는 시대다. 미래산업을 누가 가져갈 것인가는 육체적 힘이 아니라, 생각하는 힘에 달려 있다. 급변하는 환경 속에 기회를 탐색하고 그 변화를 선도하는 기업이 모든 것을 갖게 되는 시대인 것이다.

반도체 산업은 속도의 경제가 왔음을 보여줄 대표적인 산업이다. '누가 더 빨리, 더 가속화할 것인가?'가 경쟁력을 결정한다. 이른바

주요 반도체 기업들의 시스템반도체 양산 로드맵

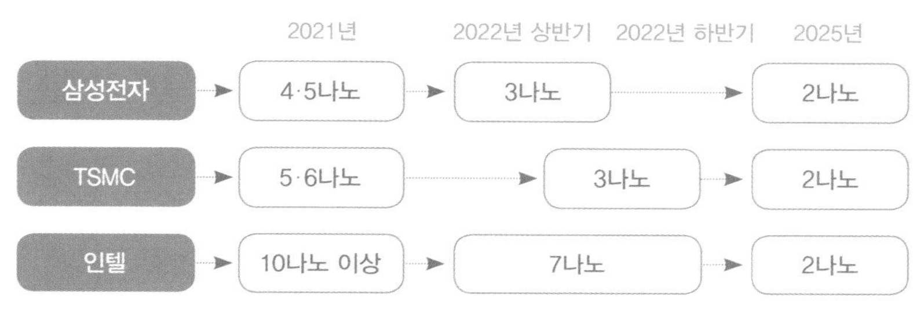

자료: 김광석(2022), 『긴축의 시대』, 21세기북스.

'무어의 법칙Moore's Law'이다. 인텔 창립자 중 1명인 고든 무어Gordon Moore는 반도체 집적회로의 성능이 2년마다 2배로 향상될 것이라고 보았다. 반도체 기업들 간의 속도전이 본격화되었다. 삼성전자는 2025년까지 2나노까지 고성능, 고사양으로 만들겠다고 선언했고, TSMC와 인텔도 2나노까지 도전하겠다는 시스템 반도체 양산을 위한 로드맵을 발표했다. 이재용 삼성전자 부회장은 2022년 '광복절 특별사면'으로 복권된 지 나흘 만에 삼성전자 반도체 연구개발R&D 단지 기공식을 열었고, 총 20조 원을 투자해 차세대 반도체 기술을 개발하겠다는 비전을 밝히기도 했다.

초가속의 시대다. 한번 뒤처지면 끝난다. 디지털 경제하에 반도체 수요는 기하급수적으로 늘어나고 있고, 고부가가치 반도체 산업의 기회가 폭발적으로 증가하고 있다. 후발주자의 추격을 무색하게 만들기 위한 방향으로 초가속화하고 있다. 세계 주요 반도체 기업들은 반도체 설비 용량을 확대하고, 고정밀·고성능 전략을 취하고 있다.

마이크로소프트는 인텔에서 벗어나 자체 칩을 만들기 위해 노력하고 있다. 삼성전자는 1주일간 충전 없이도 사용 가능한 스마트폰 배터리, 인간-기계 및 기계-기계를 연결하는 사물인터넷, 에지 컴퓨팅, 자율주행차 등 혁신을 가능케 할 반도체 기술을 고안하고 있다.

유통산업 내 속도경쟁은 긴장감이 돌기까지 한다. 소비자들은 빠른 배송 그 이상의 속도를 원하고 있다. 누가 초배송을 선점할 것인가? 유통사들은 앞다퉈 '예측배송anticipatory shipping' 시스템을 도입하고 있다. 소비자의 주문이 발생하기 이전에 수요를 예측하고 상품을 사전에 배송하는 것이다. 아마존의 예측배송 시스템은 개별 소비자가 이전에 무엇을 구매했는지, 특정 물건을 어떤 주기로 구매하는지, 현재 카트에 추가된 품목은 무엇인지, 웹상에서의 클릭 데이터, 위시 리스트wish-list, 서비스 담당자와 했던 대화 등을 분석한다. 마켓컬리는 예측주문 시스템을 적용해 신선식품 폐기율을 1% 미만으로 낮췄다. 구글과 알리바바, 징동 등의 기업들은 이미 자율주행차량과 무인배송로봇, 그리고 드론을 이용한 라스트마일Last mile 배송을 테스트하고 있거나 상용화했다.

모빌리티 산업은 초가속 그 자체다. 자동차 기업과 플랫폼 기업들은 서로 기존의 루틴을 파괴하며 속도전에 불을 지피고 있다. 테슬라는 전력을 적게 쓰면서도 빠른 데이터 처리가 가능한 AI 반도체를 선점하기 위해 독자적인 생산 설계에 집중하고 있다. 전기차를 넘어 자율주행차 기술을 혁신하고 있다. 현대자동차는 메타버스와 로보틱스의 결합을 통해 미래 인류의 이동을 책임지는 종합 모빌리티 기업으로 탈바꿈하고 있다. 스텔란티스는 구글의 웨이모와 협력해 완전 무인자율주행인 레벨5까지 도전하고 있다. 우버는 카풀, 자전거 공유, 카셰어링, 대중교통 등 이동의 모든 것을 책임지는 모빌리티 플랫폼으로 인류를 끌어모으고 시장을 장악해나가고 있다.

콘텐츠 산업은 경쟁은 속도를 가늠하기조차 어렵다. 넷플릭스와 디즈니는 적자를 감수하면서도 자체 콘텐츠 제작을 위한 지출을 끊임없이 확대하고 있다. 아마존은 이커머스, 라스트마일 배송 등 기존 플랫폼의 서비스와 연계한 구독상품으로 콘텐츠 산업에 진출했다. 애플은 인공지능 비서로 영화를 추천해주고, 고성능의 셋톱박스를 출시하는 등 인공지능 기술로 경쟁력을 끌어올리고 있다. 티빙을 운영하는 CJ ENM은 세계적으로 흥행한 〈라라랜드〉를 제작한 할리우드 제작사 엔데버콘텐츠를 인수해버렸다.

헬스케어 산업의 파괴자들은 상상을 압도한다. 중국의 알리헬스는 진단-처방-치료제 배송을 모두 비대면 원격으로 제공하는 헬스케어 플랫폼으로 기존의 의료산업을 파괴하고 있다. 프랑스의 다쏘 시스템은 몇 초 만에 이용자와 똑같은 모습의 가상 쌍둥이virtual twin를 만들어 다양한 치료방법들을 시험하고, 경과를 본 후 최적의 치료법을 선택하는 서비스를 도입했다. 애플은 의료데이터 관리 플랫폼을 개발해 보험상품을 출시했고, 아마존의 건강추적기 헤일로Halo는 컴퓨터 비전과 머신러닝이 적용된 앱을 활용해 이용자의 체지방률, 심장 박동수, 운동량 등을 실시간으로 계산한다. '진료'가 아니라 '예방'으로, '환자'가 아니라 '이용자'로, '의료'가 아니라 '헬스케어'로 상상 자체를 파괴하는 초가속이 일어나고 있다.

모든 산업이 파괴되고 있다. 금융업, 교육업, 건설업, 농림어업 모두 초가속의 변화가 일고 있다. 어떤 기업도 예외일 수 없다. 전통기업도 빅테크 기업도 속도 전쟁에서 예외란 없다. 그 누구도 승리를 자신하지 못한다. 1등 기업에게도 자부심은 오히려 독이 된다. 머뭇거리는 순간 소비자들은 다른 플랫폼으로 이동한다.

'물리적 보안'에서 '사이버 보안'으로

사회기반시설을 해킹하고 사회안전망을 교란하는 비상사태도 곳곳에서 발생하고 있다. 2021년 멕시코 만에서 미국 동부지역으로 석유를 공급하는 송유관 업체 콜로니얼 파이프라인이 랜섬웨어 공격을 당했다. 디지털 공격을 받게 되면서 연료 공급이 중단되었고, 도시에 상당한 문제를 초래한 바 있다. 도시가 시스템 보안에 대해 취약하면, 거대한 문제가 발생할 수 있음을 보여준 사례다.

코로나19 발생 이후 디지털 채널과 플랫폼이 금융시장의 핵심으로 도래하면서 금융기업을 상대로 하는 사이버 위협이 급증하고 있다. 흩어져 있던 금융정보 통합에 따른 개인 신용정보 위협이 가중되면서 암호화를 통해 금융 시스템을 마비시켜 파일 복구 몸값을 요구하는 신종 사이버 공격도 등장했다. 2020년 10월 금융기관 대상 운영서비스를 제공하는 아메리칸뱅크시스템American Bank System, ABS

에서 랜섬웨어 공격으로 금융기관 및 이용고객 정보가 유출되었다. 국내에서는 카카오페이와 토스 등 핀테크 기업에서 1,000만 원 상당의 부정결제가 발생하기도 했다.

2022년 1월 12일 독일의 한 10대 소년이 테슬라 전기차 25대를 해킹하고 해당 영상을 SNS를 통해 공개하며 큰 충격을 주었다. 이 소년은 키 없이도 보안 시스템을 무력화시킨 뒤, 원격으로 시동을 걸고 차량 문과 창문을 강제로 여는 수준의 해킹에 성공했다. 2021년에는 화이트해커 '워터스'란 인물이 테슬라 모델X의 보안을 뚫었다. 차량에 진입해 시동을 걸고 출발하는 데 필요한 시간은 불과 2분 30초였다. 2015년에는 지프차가 대규모 리콜되는 사건이 있었다. 지프 체로키Jeep Cherokee 140만 대가 리콜되었는데, 그 이유는 해킹을 통한 원격조정 가능성 때문이었다. 2016년 독일의 자동차운전협회ADAC는 자체 개발한 해킹 장치로 글로벌 자동차 24개 차종을 해킹하며 자동차 업계의 취약한 사이버 보안 대책을 지적하기도 했다.

메타로 사명을 변경한 페이스북은 2021년 4월 5억 3,000만 명의 개인정보가 유출되는 사건을 경험한 바 있다. 페이스북 계정과 이용자의 위치정보, 생년월일, 전화번호, 메일 주소 등의 데이터가 한동안 멕시코 소재 미디어업체 컬추라 콜렉티바 게시판과 아마존 클라우드 서버에 오픈된 상태였던 것으로 밝혀지며 큰 논란이 되었다. 당시에 페이스북은 개인정보 유출 사실을 사전에 알고 있었음에도 불구하고 어떠한 기본적 대응도 하지 않았다는 사실이 밝혀지면서 거센 비난을 받기도 했다.

최근 사이버 위협이 증가하면서 주요국들은 사이버 리스크에 대응하여 사이버 복원력을 제고하기 위한 다양한 규제안을 만들고 있다. 동시에 주요국들은 개인정보보호나 데이터 프라이버시, 데이터 주권, 데이터 오너십 등 여러 법적 논리를 바탕으로 자국 데이터 통제권을 강화하고 데이터를 기반으로 디지털 경제에 대한 주도권을 가지기 위해 치열한 다툼을 벌이고도 있다. 디지털 무역장벽에 가로막혀 기업들이 사업을 지속하기 어려운 상황도 빈번하게 발생하고 있다. 사이버 보안 전략을 확립하지 못한 기업은 디지털 경제에 참여조차 할 수 없는 것이다. 디지털 통상을 위한 준비가 필요하다.

미국 바이든 대통령은 정부 출범과 함께 사이버 보안 조직을 신설하는 등 사이버 안보 정책에 대한 강력한 의지와 대응을 보여왔다. 바이든이 서명한 국가의 사이버 보안 향상에 관한 행정 명령Executive Order on Improving the Nation's Cybersecurity이 대표적인 예다. 연방 정부와 계약하고 있는 소프트웨어 제조사에 대한 새로운 표준을 부과해 정부 기관의 보안 수준을 강화하는 대책이 담겼다. 이후 바이든 행정부는 국가 안보와 개인정보 유출 우려를 이유로 화웨이·틱톡·위챗 등 중국 기업에 대한 대규모 제재를 진행한 바 있다.

중국은 2017년 발표한 사이버보안법을 통해 사이버 보안 표준체계를 구축하고, 정부의 통제를 강화하고 있다. 중요정보 핵심기반시설 관련 개인정보 및 중요한 데이터의 중국 현지 서버 저장이 의무화되었다. 중국은 데이터 보안 규제를 이유로 해외 기업은 물론, 자국 빅테크 기업에 대한 규제도 전방위적으로 확대하고 있다. 2021년 8월 23일 중국 정부는 알리바바가 운영하는 알리 클라우드에서 개인정보 유출 사례를 적발하고, 시정 명령조치를 시행했다. 2022년 3월 1일부터는 알고리즘 서비스를 활용하는 플랫폼에 대한 감시와 모니터링을 확대할 계획이다.

유럽연합EU은 2018년 회원국에 동일하게 적용되는 GDPRGeneral Data Protection Regulation을 도입해 데이터의 국가 간 이동 및 개인정보의 보호기반을 마련했다. 유럽 역외 기업도 유럽 시민의 개인정보를 수집하려면 감독기구의 규제 심사를 통과하는 등 GDPR을 준수해야만 한다. GDPR 시행 당시 사전에 준비하지 못한 국내 중소기업들이 사업 철수까지 고려하는 등 큰 어려움을 겪기도 했다. 유럽에서는 자동차 제조사에 대한 사이버 보안도 한층 강화되고 있다. 2022년 7월부터는 ECUElectronic Control Unit(자동차 전자제어장치)를 장착하는 신차는 자동차 사이버 보안 국제기준 인증을 받아야 한다. 2024년에는 모든 차량으로 대상이 확대될 예정이어서, 인증을 통과하지 못한 자동차 제조사는 유럽 내 신차 판매가 불가능한 상황이 발생할 수도 있다.

사이버 보안에 대한 주요국들의 규제가 강화되면서 기업들이 사이버 보안에 적극 투자하고 있다. 테슬라는 매년 해커톤을 열어 보안상 취약점을 점검하고 있고, 현대자동차는 화이트해커를 채용해 OTA 해킹 방지를 전담하는 팀을 구성했다. 삼성전자는 2017년 해킹 방지 기술을 연구하는 사이버 보안 전문 업체 타워섹TowerSec을 보유한 하만을 인수함으로써 자동차 사이버보안 시장에 본격적으로 뛰어들었다. IBM은 2020년 6월 클라우드 사이버 보안 관리 솔루션 기업인 스파누고를 인수했으며, 이전에는 금융권 이상거래 및 조치 가이드 솔루션을 제공하는 트러스티어Trusteer, 보안사고 발생 시 발견 시간을 단축하고 대응 솔루션을 제시하는 리질리언트Resilient 등을 포함해 사이버 보안 관련 업체만 20곳을 넘게 인수했다. 마이크로소프트는 사이버 위협 분석 및 위험 관리 업체인 리스크아이큐RiskIQ를 인수했다. 해당 인수를 통해 마이크로소프트는 자사의 디지털 기술을 사용하는 고객사의 리스크를 통합적으로 관리하고 있다. LG전자도 자동차 전장의 해킹 위협을 방지하기 위해 자동차 사이버 보안을 연구하는 이스라엘의 사이벨럼Cybellum을 인수했다.

글로벌 사이버 보안 시장 규모

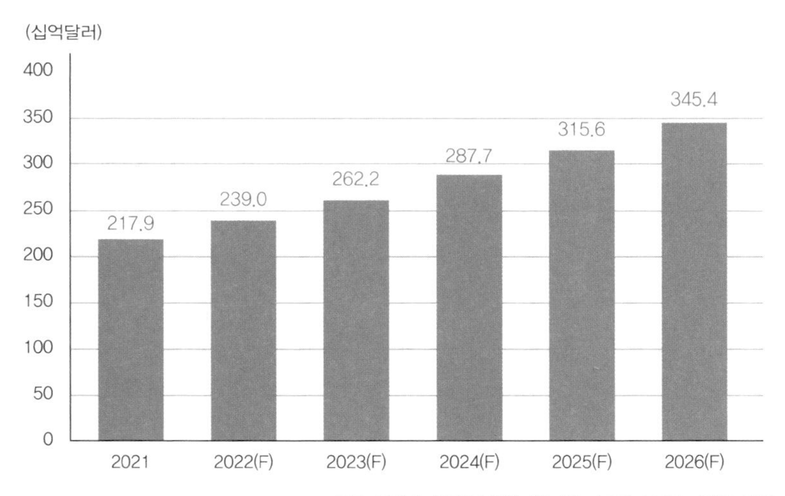

자료: 김광석, 설지훈(2022), 『초가속 파괴적 승자들』, 와이즈베리.

사이버 보안 시장 규모는 급격히 성장할 것으로 전망된다. 스태티스타Statista는 2021년 기준 약 2,179억달러 규모의 사이버 보안 시장이 2026년까지 약 3,454억 달러 규모로 성장할 것으로 전망했다.

디지털 리더십, 기존의 룰을 파괴하라

'속도의 경제' 어떻게 대응해야 하는가? 첫째, 디지털 리더십을 갖추어야 한다. 아날로그 경제에서 디지털 경제로 변화하고 있다. 즉, 디지털 대전환Digital Transformation이 가속화되고 있다. 변화를 거부하면 어떻게 되는가? 일본은 변화에 대응하지 않았다. 한때 일본이 카메라 시장을 독식했던 적이 있다. 당연히 필름 시장도 장악했었다. 디지털카메라로 패러다임이 변화할 때 삼성전자를 비롯한 IT기업들에게 시장의 반을 내주었다. 이제 디지털카메라마저도 스마트폰에 탑재되면서 일본이 장악했던 카메라와 필름 시장은 사라지다시피 했다. 카메라와 필름에서 디지털카메라로 그리고 스마트폰으로 산업의 패러다임이 변화할 때 일본은 그 자리에 머물러 있었다.

기업들도 마찬가지다. 1957년 창립한 세계 최대의 장난감 기업 토이저러스Toysrus가 미국 735개의 매장을 모두 폐쇄하며 파산보호를 신청했다. 모바일 게임과 디지털 기기가 장난감을 대체했고, 소비자들은 오프라인 유통채널을 찾지 않았다. 토이저러스는 별도의 온라인 쇼핑몰을 열지 않고, 아마존의 온라인 시스템에 의존했다.

세상은 디지털로 전환되고 있는데, '나'만 그대로였던 것이다.

디지털 전환은 거스를 수 있는 것이 아니다. 파괴자들이 등장해 기존의 생태계를 부수고, 판 자체를 바꾸어놓기 때문이다. 비즈니스 모델을 완전히 변화시키고, 차원이 다른 경쟁력으로 산업을 압도한다. 변화를 거부하고 안정을 택한 기업들은 과거의 파괴자들이었을지 모르지만, 변화된 생태계로부터 거부될 수밖에 없다. 디지털 리더십을 갖추어야 한다. 디지털 경제하에 산업의 패러다임이 어떻게 달라지는지 모니터링하고, 새로운 표준을 제시할 수 있어야 한다.

둘째, 기존의 룰을 파괴하고 다시 창조하라. Be Digital. 기업이 생존하기 위해서는 단순히 디지털 시대를 준비하는 것이 아니라Do Digital, 디지털 조직 그 자체Be Digital가 되어야만 한다. 산업 각 영역에서 디지털 대전환이 빠르게 진행되면서 디지털 기술이 접목되지 못한 비즈니스 전략이 더는 유효하지 않게 되었다. 그러나, 모든 기업이 디지털 전환에 성공하는 것은 아니다. '무슨 디지털 기술을 도입해야 하는가?'라는 고민에만 머무르면 안 된다. 조직과 생각과 문화는 과거에 머물러 있으면서, '컴퓨터'를 도입한다고 디지털 기업이 될 리 없다.

성공적으로 디지털 시대에 알맞은 조직으로 거듭나기 위해서 기존의 기업들은 고객 관계와 생산관리부터 협력사와의 소통에 이르기까지 전체 비즈니스 모델을 새롭게 구축해야 한다. 그러지 않으면 소프트웨어 기술로 무장한 신생 디지털 기업들이 기존 사업들을 혁신해나갈 것이다. 온라인 서점으로 시작해 글로벌 전자상거래 시장을 장악한 아마존의 성장은 끝을 가늠할 수 없다. 아마존은 미디어, 엔터테인먼트, 헬스케어, 인공지능, 금융에 이르기까지 사업 영역을 끊임없이 확장하고 있다. 아마존이 못하는 걸 찾아야 살아남는다는 이야기가 있을 정도다.

셋째, 사이버 보안을 강화하라. 사이버 보안 전략 수립을 위한 전략적인 조직 운영 방식이 요구되고 있다. 먼저, 사이버 보안 관련 인력에 대한 적극적인 투자가 필요하다. 사이버 보안 기술만 도입해서는 복잡해지고 다변화되는 사이버 위협으로부터 조직과 고객 데이터를 보호하는 데 한계가 있다. 전 조직 구성원이 사이버 보안 강화를 위한 행동지침을 함양하고, 사이버 보안 솔루션 활용 등에 관한 교육도 확대되어야 한다.

사이버 보안을 특정 팀에게만 전담하는 수준에 머무르면 안 된다. 각 부서가 일상적 업무부터 고도의 의사결정까지 전사적 관점에서 사이버 보안의 중요성을 인식하고 명확한 책임의식을 갖도록 해야 한다. 사이버 리스크를 관리하는 것이 전적으로 IT 부서의 책임이 아니라는 점을 명확해야 한다는 의미다. 이를 위해 정보보호최고책임자CISO, Chief Information Security Officer가 다른 부서의 주요 회의에 참가하고, 특히 각 부서의 IT 업무에도 적극적으로 관여하고 점검할 수 있도록 권한을 확대해야 한다. 나아가, 주요 보안 사항의 의사회 보고 등을 의무화하여 주요 의사결정권자의 보안 관련 책임을 확립할 필요가 있다. 이를 통해 회사의 리스크 현황에 대해 심도 있게 논의하고, 조직의 사이버 복원력에 대해 끊임없이 모니터링해야 한다.

4

5대 미래전략산업, 잡을 것인가? 잡힐 것인가?

"연은 순풍이 아니라 역풍에 가장 높이 난다Kites rise highest against the wind, not with in." 윈스턴 처칠Winston Churchill의 말이다. 순탄할 때는 영웅도 없다. 위기일 때 영웅이 나타나는 것이다. 팬데믹 위기 상황인 지금 저성장의 늪에 빠진 한국경제를 구출할 영웅이 필요하다. 수출증가율로 보아도 반도체, 미래 모빌리티(전기차), 디스플레이, 바이오헬스, 이차전지는 한국의 영웅이었다. 미래전략산업은 2023년 그리고 더 먼 미래에도 한국경제를 이끌어가야 한다.

향후 5대 미래전략산업에서 발생할 중요 이슈들을 진단하고 어떤 방향을 설정해야 할지 고민이 필요한 시점이다. 각각을 들여다보자.

5대 미래전략산업의 수출증가율

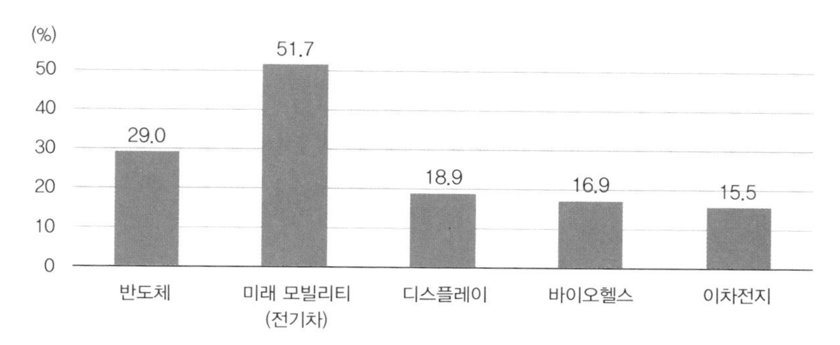

자료: 산업통상자원부, 한국무역협회.
주: 2021년 MTI 3단위 기준.

반도체, 누가 속도를 잡을 것인가?

따라잡을 것인가? 따라잡힐 것인가? 반도체 산업은 긴박한 속도의 경쟁하에 있다. 이른바 '속도의 경제Economy of Speed'에 놓였다. 누가 선점할 것인가를 놓고 각축전이 벌어지고 있다. 삼성전자, TSMC, 인텔 등과 같은 주요 반도체 강자들은 생산(파운드리, foundry)을 확대하기 위해 설비투자를 집중하고 있다. 반도체 설계(팹리스, Febless) 시장에는 경계가 무너지고 있다. 삼성전자, TSMC, 인텔, AMD, 엔비디아와 같은 기존 강자들뿐 아니라, SK텔레콤, 구글, 아마존, 테슬라, IBM, 바이두 등과 같은 빅테크 기업들이 독자적인 반도체 설계 시장에 진입하고 있다. 특히, 2022년에는 전력을 적게 쓰면서, 대용량의 데이터를 빠르게 처리하는 AI반도체를 선점하기 위한 전쟁이 격화할 것이다.

반도체는 미래 산업의 '쌀'이다. 반도체는 거의 모든 산업에 걸쳐 적용되고 있다. 자동차, 스마트폰, 컴퓨터, 가전제품 등 전 부문에 인공지능, 데이터와 같은 디지털 기술들이 접목되면서 반도체 수요는 기하급수적으로 증가하고 있다. 세계 반도체 시장은 2022년에도 약 8.8% 성장할 것으로 전망한다WSTS[1]. 세계 주요국들은 반도체 산업을 핵심산업으로 선정하고 정책적 의지와 투자를 집중하고 있다.

반도체는 한국 전체 수출액의 19.9%를 차지하는 단연 1위 수출품목이다. 한국경제를 구성하는 압도적인 산업이다. 자동차와 자동차부품 수출을 합해도 10.7%이니 압도적이라는 말이 전혀 과하지 않다. 속도 경쟁에서 한번 놓치면, 잃어버린 40년의 일본의 모습을 재현할 수도 있다. 한국경제가 몰락이 아닌 도약의 기회를 맞이해야 한다. 정부의 K-반도체 정책과 기업의 투자 전략이 속도와의 싸움을 이겨낼 수 있어야 하겠다.

미래 모빌리티, 구조적 변화에 올라타라

전기차가 기존의 화석연료 기반의 내연기관차를 대체할 것이라는 데 이견이 없는 것 같다. 특히, 기후 리스크가 크게 강조되면서 세계 각국은 탄소중립을 선언하고, 약속을 이행해나가면서 친환경

1 WSTS(World Semiconductor Trade Statistics)는 세계반도체무역통계기구.

자동차가 기존 자동차를 빠르게 대체해나가고 있다. 미국과 중국을 비롯한 주요국들이 친환경차 의무판매제를 도입하고, 내연기관차 판매금지, 배기가스 규제 강화, 친환경차 보조금 지원 확대 등의 정책 발표를 가속화하고 있다. 2023년 1월부터 EU 등의 탄소국경조정제도[2]가 도입될 것이고, 세계 주요국들이 탄소세[3] 도입 및 도입에 관한 논의를 확대하고 있다.

전기차, 수소차와 같은 친환경차뿐만 아니라, 자율주행차는 미래 인류의 이동을 책임질 수단이 될 것이다. 주요 기업들은 앞차와의 간격을 유지하고, 교통신호를 파악하는 '레벨3' 단계뿐만 아니라, 위급상황까지 판단해 대응하는 '레벨4'의 자율주행차까지 선보이고 있다. 테슬라의 '오토파일럿'뿐만 아니라, 지프 브랜드 등을 생산하는 미국 스텔란티스도 레벨3의 자율주행기술을 개발하고 있고, 레벨4나 완전 무인자율주행인 레벨5까지 도전하기 위해 구글의 웨이모와 협업할 계획이다. 현대·기아차도 2022년 레벨3 차량을 상용화하고, 레벨4 로보택시인 '로보라이드'를 시범 운행할 계획이다. 자동

2 탄소국경조정제도(carbon border adjustment mechanism)란 고탄소 수입품에 추가 관세 등의 비용을 부과하는 제도 혹은 그 관세를 의미한다. EU는 2021년 7월 14일 기후변화 해결을 위한 입법 패키지 '핏포55(Fit for 55)'를 발표하면서 탄소국경조정제도 입법안도 함께 공개하였다. 핏포55는 2030년 EU의 평균 탄소 배출량을 1990년의 55% 수준까지 줄이는 것을 목표로 하고 있다. 이러한 탄소국경세를 통해 EU 역내로 수입되는 제품 중 EU 지역 내 생산 제품보다 탄소 배출량이 많은 제품에 대해 비용을 부담시킬 예정이다. 결국 탄소 배출량을 줄이지 못하면 EU 지역으로의 수출이 타격을 입게 될 것이다.

3 탄소세는 지구의 온난화 방지를 위해 이산화탄소를 배출하는 석유·석탄 등 각종 화석에너지 사용량에 따라 부과하는 세금을 가리킨다. 탄소세의 효과는 첫째로 이산화탄소를 많이 함유하는 화석연료의 가격을 전반적으로 인상함으로써 화석연료 이용을 억제하고, 둘째로 대체에너지 개발을 촉진하여 간접적으로 이산화탄소의 배출량을 억제하는 데 있다.

차 산업의 구조적 변화에 관한 논의는 '3부 5. 자동차 산업의 패러다임 변화' 편에서 상세하게 다루었다. 이를 참고하기 바란다.

디스플레이, 가상을 현실로

언택트 뉴노멀의 세상은 디스플레이를 통해 세상과 소통하게 만들었다. 사람을 대면하지 않을 뿐이지, 스마트폰, 태블릿, PC, TV, 키오스크, 디지털 사이니지 등과 같은 디스플레이를 통해 연결될connected 수 있었다. 즉, '언택트&커넥트Untact and Connect'라는 트렌드가 부상하게 된 배경에는 디스플레이가 있었던 것이다.

차세대 디스플레이 경쟁이 가속화하고 있다. LCD에서 OLED로 대체되고 있고, 차세대 디스플레이인 마이크로LED 시장이 점차 확대될 전망이다. LCD에서 OLED로 대체되는 과정에서 미니LED가 대안으로 부상하면서 OLED의 시장 침투를 방해하고 있다. 나아가 폼팩터Form Factor 혁신이 일고 있다. 삼성디스플레이는 접히는 폴더블 OLED를 선보이고 있고, LG디스플레이는 종이처럼 말리는 롤러블 OLED를 출시했다. 미네소타 대학교는 2022년 1월 3D프린팅을 이용해 자유자재 변형이 가능한 플렉서블 OLED를 제작하는 데 성공하기도 했다. LG디스플레이는 유리처럼 투명한 OLED를 'CES 2022'에서 공개했다. 유리만큼 투명해 현실 세계와 가상공간의 경계를 허물고 있고, 메타버스 서비스가 구현될 이상적 디스플레이 기술을 내놓았다고 평가된다.

2020년을 기점으로 디스플레이 1위 자리를 중국에 넘겨주기 시작했다. 한국은 2004년 이후 세계 디스플레이 시장 1위를 유지해왔으나, 2012년을 기점으로 중국이 시장을 빠르게 확대해오면서 2020년에 역전된 것이다. LCD 시장은 중국이 이미 2018년에 한국을 추월했고, 한국은 OLED 시장에서 독보적인 1위를 유지하고 있으나, 이 역시 중국이 맹추격하고 있다. 중국뿐만 아니라 3위국인 대만도 상당한 속도로 공격적으로 시장을 확대해나갈 전망이다.

국가별 디스플레이 시장 점유율

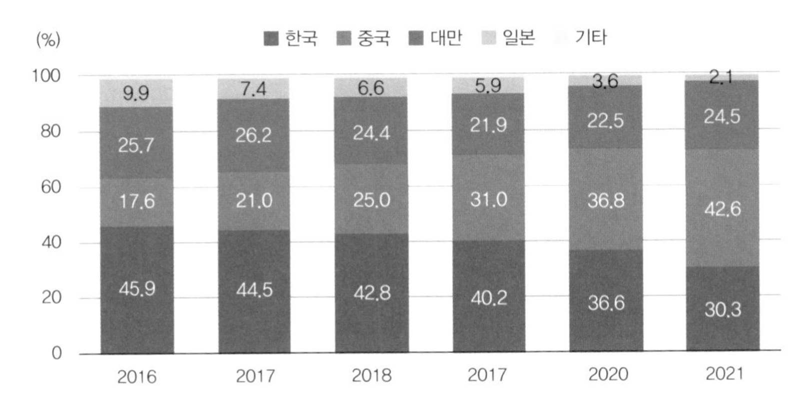

자료: OMDIA, KDIA.
주: 2021년은 상반기 기준임.

바이오헬스[4], 판의 이동이 시작되다

의료에서 헬스케어로, 관점이 바뀌고 있다. '환자'가 '진료'를 받는 의료 서비스에서 '소비자'가 상시로 '관리'를 받는 헬스케어 서비스로 변화하고 있다. 웨어러블 기기를 통해 실시간으로 데이터를 수집하고, 수집된 데이터를 이용해 실시간으로 질병 등을 진단하고, 필요할 때 데이터를 의료기관과 공유함으로써 원격 진료를 받을 수 있도록 하고 있다. 인공지능, 빅데이터, 사물인터넷, 메타버스 등의 디지털 기술들이 접목되고 있고, 의료기관, 제약회사, IT기업, 통신사 등이 기술융합을 위해 협력하고 있다. 세계적으로 디지털 헬스케어 시장이 20%를 초과한 성장률로 확대될 전망이다.

세계 디지털 헬스케어 시장규모 및 증가율 전망

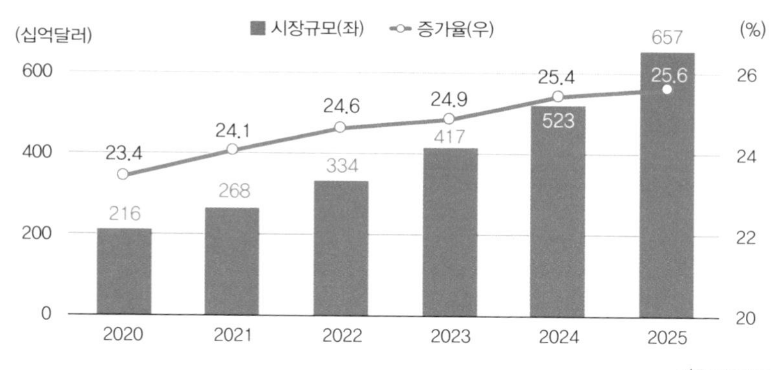

자료: Statista.

4 바이오헬스란 생명공학, 의·약학 지식에 기초하여 인체에 사용되는 제품을 생산하거나 서비스를 제공하는 산업을 뜻한다. 의약품, 의료기기 등 제조업과 디지털 헬스케어 서비스 등 의료·건강관리 서비스업을 포함한다.

중국의 알리헬스Ali Health는 정형, 비정형 빅데이터에 대한 분석을 토대로 CT 영상을 판독하고 증상 분석을 통해 질병을 식별하는 서비스를 제공하고 있다. 진단의 정확성이라는 면에서 인간의 한계를 넘어서고 있다. 알리헬스는 원격 진단-데이터 분석-온라인 처방-약품 배송의 서비스를 하나의 플랫폼에서 제공함으로써 헬스케어 시장을 장악해나가고 있다. 아마존도 2020년 11월 온라인 약국 아마존 파머시Amazone Pharmacy 서비스를 개시하며 헬스케어 시장을 정조준 하고 있다. 'CES 2022'에서 프랑스의 다쏘시스템Dassault Systemes은 몇 초 만에 자신과 똑같은 '가상 쌍둥이Virtual Twin'를 체험할 수 있게 했고, 자신의 심장과 뇌도 볼 수 있게 했다. 환자의 심장을 3D로 구현해 다양한 조건으로 임상실험을 진행하고, 최적의 치료법을 찾을 수 있게 시뮬레이션할 수 있다.

2차전지[5], 거대한 이동

스마트폰, 태블릿 등의 이동 가능한 IT 기기가 보급되면서 함께 증가하는 게 있다. 화력발전과 같은 중앙집중식에서 태양광과 같은

5 2차전지(secondary battery)란 한 번 쓰고 버리는 것이 아니라, 충전을 통해 반영구적으로 사용하는 전지를 말한다. 가장 보편적인 전지는 니카드전지(니켈·카드뮴전지)인데, 값이 싸지만 치명적 단점인 메모리 현상이 있다. 메모리 현상은 2차전지 안에 있는 화학 에너지(전기)를 다 쓰지 않고 충전하면 2차전지에 들어갈 수 있는 에너지의 양이 줄어드는 현상을 말한다. 2차전지를 다 쓰지 않고 충전하면 이런 현상이 생긴다.

1차 전지 VS 2차 전지

분산발전으로 전환됨에 따라 함께 증가하는 게 있다. 내연기관차에서 전기차나 수소차로 이동수단이 변화하면서 함께 증가하는 게 있다. 그밖에도 지능형 로봇, 디지털 헬스케어, 드론 등이 확대되면서 함께 증가하는 게 있다. 바로 2차전지다. 2차전지는 산업의 거대한 이동을 돕는 기반 산업인 것이다.

전기차 제조의 핵심이 배터리다. 배터리 혼자 전기차 제조원가의 35%나 차지한다. 전기차 제조사가 배터리를 다른 공급사로부터 조달받는 모델로는 한계가 있을 것이다. 이에 전 세계 자동차 제조사들이 배터리 자체 개발에 총력을 다하고 있다. 자동차 기업도 자동차 제조에만 머물 수 없고, 배터리 기업은 배터리 제조에만 머물 수 없다. 배터리 기업과 자동차 기업 간의 전략적 협력과 치열한 경쟁이 공존하고, 서로를 인수하려는 눈치싸움도 긴박하게 전개된다. 배터리 경쟁력을 확보한 전기차 기업들은 ESS(에너지저장장치, Energy

Storage System) 사업에 진출하고 있다. 테슬라가 솔라시티Solarcity를 인수해 ESS 사업에 진입한 것이 대표적인 예다.

2차전지 기업들은 불가능에 도전하고 있다. 한 번 충전해 오래갈 수 있고, 소형화하면서 안전성은 높여야 한다. 충전시간은 짧아야 하며, 수명은 길어야 한다. 그러면서도 가격은 낮아야 한다. 세계 전기차용 배터리 1위인 중국의 CATL(29.0%)을 바짝 뒤쫓고 있는 LG에너지솔루션(22.2%)은 새로운 공법 도입과 배터리 재활용 등의 영역에 도전하고 있다. CATL은 중국 내수에만 편중되어 있지만, LG에너지솔루션은 수요처가 글로벌하게 분산되어 있다는 장점이 이 도전을 뒷받침해줄 것이다.

삼성SDI는 배터리 품질을 높일 수 있는 소재를 발굴하고, AI를 도입해 엄격한 품질검사를 진행한다. SK이노베이션은 차세대 전고체 배터리[6]에 초점을 맞추고 있다. 성능과 안전성을 확보하기 위해 미국 조지아 공대 이승우 교수[7] 연구팀 등과 협업하고 있다. 기술적으로도 거대한 이동이 일어나고 있다.

6 전고체 배터리는 현재 배터리에 적용되는 액체 형태 전해질을 고체로 바꾼 배터리를 말한다. 배터리 용량은 늘리면서 무게, 부피, 화재 위험을 현저히 줄일 수 있어 미래 배터리로 각광을 받고 있다. 아직 개발까지 넘어야 할 난제가 많아 '꿈의 배터리'로 불린다.

7 이승우 교수는 카이스트(KAIST)와 공동으로 혁신적인 고무 형태 고분자 고체 전해질을 개발해 세계적인 학술지인 〈네이처〉에 2022년 1월 13일 논문이 소개되기도 하는 해당 분야 석학이다.

미래전략산업, 어떻게 영웅이 될 수 있을까?

영원한 것은 없다. 반도체, 미래 모빌리티, 디스플레이, 헬스케어, 2차전지는 한국의 '현재' 전략산업이지 '미래' 전략산업이라는 확신이 없다. 세계 모든 국가가 주목하고 있는 산업이며, 각축전을 벌이는 전쟁터이기도 하다. 보물을 앞에 두고 뒷짐 지고 있는 사람이 어디 있겠는가? 선진국들은 더 앞서려 하고, 개도국들은 따라잡으려 하는 산업인 것이다. 이 산업들이 어떻게 하면 미국, 중국의 영웅이 아닌, 한국의 영웅이 되도록 할 수 있을까?

기술추격이 눈에 보이는 듯하다. 한때 반도체 산업의 50% 이상을 장악했던 일본이 몰락하고, 그 자리에 한국과 대만이 부상하지 않았는가? 중국을 비롯한 신흥국들이 시장을 확대하고, 기술적으로도 맹추격하고 있거나 이미 따라잡힌 영역도 상당하다. 각 전략산업 내에서도 우리가 가장 잘할 수 있는 영역에 집중적인 R&D가 이루어질 수 있도록 예산을 편성해야 한다. 요구되는 우수 인재를 양성함과 동시에 해외 인재 유치를 지원해야 한다. 실업률이라는 숫자가 아니라, 신사업을 추진하고 싶어도 인재가 없다는 기업들의 목소리에 집중해야 한다.

'속도의 경제'에서 이기기 위해서는 '초가속'이 필요하다. 산업의 경계가 허물어지고 있음을 주목해야 한다. 이는 곧 다양한 전문가들이 모여 융합적으로 방향을 모색해야 함을 의미한다. 지역균형발전이라는 방향성하에 전략산업들을 지역별로 흩어놓는 것이 바람직한 방향인지를 재고해야 할 시점이다. 한데 모여야 미래전략산업을 초가속할 수 있지 않은가? 국내외 선도기업들과의 기술교류를 도모하고, 다양한 산업에서의 아이디어가 융합할 수 있도록 환경을 만들어야 한다. 전략산업에 혁신적인 아이디어를 제공할 스타트업을 육성하고 대기업과 상생할 수 있는 생태계를 조성해야 한다.

5

자동차 산업의 패러다임 변화

테슬라의 시가총액은 글로벌 10개 자동차 기업의 시가총액을 모두 합친 것을 초과한다. 매출액 기준으로는 세계 자동차 시장의 1%도 차지하지 못하는 테슬라가 기존의 자동차 공룡Traditional Dinosaurs들을 압도하는 이유는 바로 미래가치다. 자동차 산업의 패러다임이 완전히 바뀌고 있음을 단적으로 보여주는 증거다.

한국경제는 자동차와 함께했다고 해도 과언이 아니다. 조선과 함께 자동차 산업은 한국을 제조업 강국으로 부상하게 한 대표산업이다. 자동차와 자동차부품 수출은 각각 4위, 8위의 주력 수출품목이고, 두 품목을 합하면 전체 수출의 10.7%를 차지한다(2021년 기준). 자동차가 2만여 부분품의 조합으로 만들어짐을 고려해보면, 얼마나

테슬라와 주요 자동차 업체 시가총액 비교

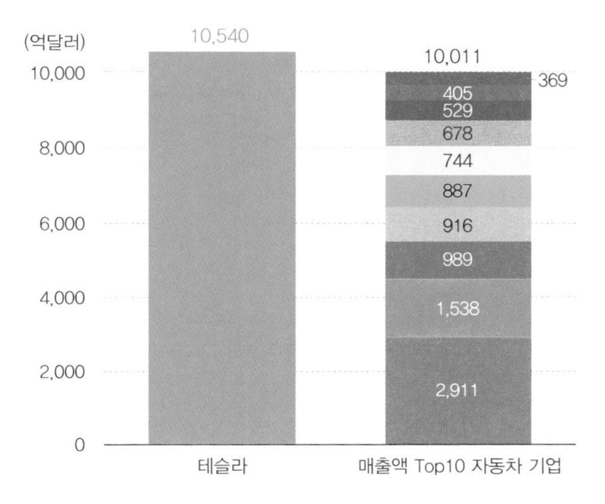

자료: 김광석, 설지훈(2022.4), 『초가속 파괴적 승자들』, 와이즈베리.
주: 2022년 기준의 매출액 Top10 자동차 기업을 선별하고, 2022년 1월 18일 기준 NASDAQ Stock Market 시가총액을 추계함. 단, SAIC Motor는 상해 증권거래소 시가총액을 동일 달러 환율 기준으로 환산함.

많은 원자재와 부품 공급업체들이 자동차 산업에 의존하고 있을지 쉽게 상상하기 어렵다. 물류업, 유통업, 금융업과 같은 산업이나 AS 센터, 정비소까지 관련 업종이 즐비할 것이고 이러한 업계 종사자들이 식사하고 커피 마시는 무수한 종류의 자영업체까지 생각해보면 자동차 없는 한국경제는 설명이 안 될 것이다.

자동차가 급격히 변화하고 있다. 인류는 자동차를 계속 탈 것이다. 다만 자동차의 모습이 변화할 뿐이다. 과거에는 기계를 탔지만, 미래에는 컴퓨터를 탈 것이다. 기계에서 전자제품으로의 변화가 일고 있다. 실제 AS센터에 가면, 과거에는 정비기사가 연장을 들고 차를 살폈지만, 오늘날에는 컴퓨터(랩톱 혹은 태블릿)를 가지고 진단한다.

기계적 결합이 아닌, 소프트웨어적 결합의 가능성이 우선인 시대다. 이는 빙산의 일각일 뿐이다. 자동차 산업에는 거대한 3가지 변화가 일고 있다. 변화에 어떻게 대처하는가는 국가와 기업들의 흥망을 결정할 것이다. 각각을 살펴보자.

전기차, 자동차의 심장이 바뀐다.

불과 10년 전까지만 해도, 많은 사람이 전기차 시대는 오지 않을 것으로 생각했다. 약 12년 전 필자가 '국내외 전기자동차 보급동향 및 정책제언(2010)'이라는 제목의 논단을 한 전문지[1]에 게재했을 때, 주변 사람들은 마치 다음 생애에나 벌어질 수 있는 먼 미래의 이야기라고 평가하기도 했다.

먼 미래의 이야기가 아니라 현재가 되었다. 자동차의 심장이 엔진에서 배터리로 바뀌고 있다. 2021년 유럽에서는 전기차 판매량이 경유차를 앞질렀다. 전기차는 17만 6,000대 판매되었고, 경유차는 16만 대 판매되었다. 유럽에서는 경유차 규제를 강화하는 데 반해, 세계 완성차 기업들이 전기차 출시를 가속화하면서 나타난 결과다. 유럽의 탄소중립 이행계획은 자동차 배기가스 배출 기준을 강하게

1 에너지경제연구원에서 발간하는 〈에너지포커스〉라는 전문지에 2010년 10월 게재했다(제7원 제3호, 통권37호).

규정하고 있고, 사실상 내연기관차는 가까운 미래에 판매가 어렵게 될 전망이다.

국내만 보아도 전기차로 대체되는 현상이 자명하게 드러난다. 2021년 전기차는 10만 402대 판매되었고, 2020년 4만 6,677대에서 2배 이상 늘었다. 정부는 전기차 구매보조금을 확대하고, 전기 충전 인프라 보급 속도를 올리고 있다. 반면, 노후 경유차에 매연저감장치 부착을 지원하거나 조기 폐차를 지원하는 등 노후 경유차 제로화를 추진하고 있다. 2021년 EU가 발표한 탄소국경조정제도[2] 입법안이 승인되었고, 2023년 발효되어 시범운용기간이 끝나면 사실상 친환경차가 아니면 유럽 수출이 어려워질 것이다. 유럽뿐만 아니라 '친환경 보호무역주의'가 확산할 가능성이 높아 수출이라는 측면에서 전기차로의 대체는 필연적인 일이다.

전기차는 한국 수출의 효자상품으로 부상하고 있기도 하다. 2020년 자동차와 자동차 부품 수출이 각각 13.1%, 17.3% 감소했을 때, 전기차 수출은 39.9% 증가했다. 2021년에도 전기차 수출은 51.7%나 증가했고, 약 70억 달러 규모의 수출액 실적을 기록했다. 2022년에는 100억 달러 수출액을 기록할 것으로 전망된다. 자동차 수출시장에서 전기차가 차지하는 비중도 2019년 7.7%에서 2020년 12.3%,

2 탄소국경조정제도(Carbon Border Adjustment Mechanism, CBAM)는 탄소누출 방지를 위해, 역외 생산품은 제품별 탄소함유량에 상응하는 인증서를 구매하여 신고·제출하도록 의무화하는 제도다. 여기서 탄소누출이란 온실가스 다배출 산업이 배출규제가 심한 국가에서 규제가 덜한 국가로 생산기지를 이전하는 현상을 뜻한다.

전기차 수출 규모 및 비중 추이

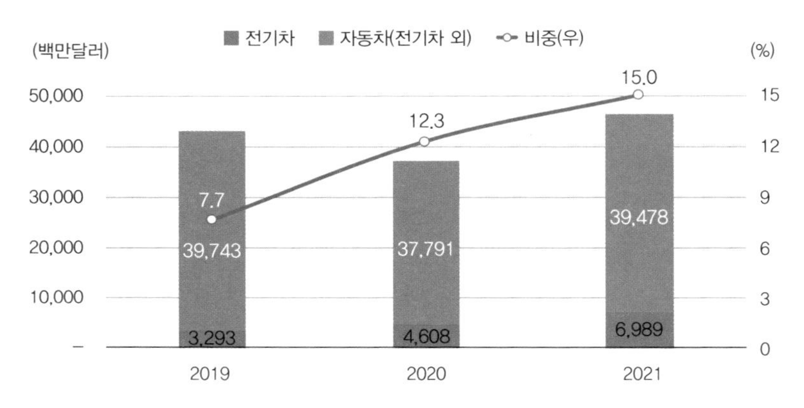

자료: 산업통상자원부, 한국무역협회.

2021년 15.0%로 지속적으로 상승하고 있다.

자율주행차, 자동차의 눈이 바뀐다

기초 설명

자율주행차는 운전자의 조작 없이 자동차 스스로 운행이 가능한 자동차로서, 자동차 스스로 사람의 인지, 판단, 제어 기능을 대체하여 운전한다. 자율주행은 운전자의 과실로 발생하는 교통사고를 줄여 운전자와 보행자의 안전을 높이고, 교통 약자들의 이동장벽을 제거하며, 교통 정체를 완화하는 역할 등을 수행한다.

기존 차량과 자율주행차의 운행 방식 비교

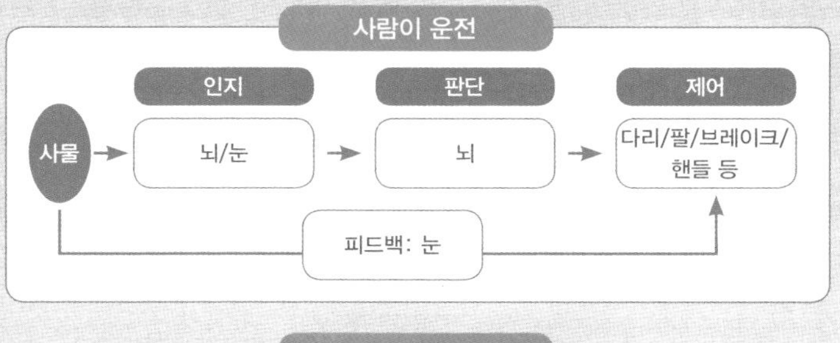

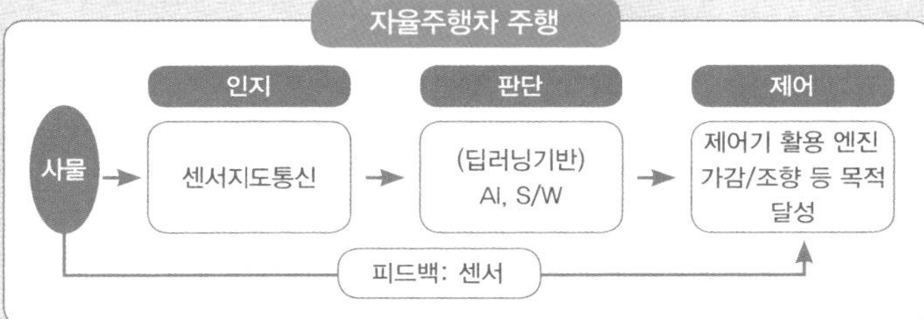

자료: 산업은행.

자율주행차는 운전자의 개입 여부, 자동화 수준에 따라 6단계로 구분된다. 레벨3 단계 이상은 일부 또는 완전 자율주행이 가능하다. 레벨3 이상의 단계부터는 자율주행이 개입되므로 사고 시 자동차 제조사의 법적 책임이 발생한다.

C-ITS Cooperative Intelligent Transport Systems는 차량과 교통인프라 간 양방향으로 교통상황을 공유하여 사고를 예방하는 교통 체계를 말한다. 고해상도 지도와 C-ITS 등의 인프라를 활용하여 자율주행의 안정성을 확보한 도로를 운행설계영역 ODD, Operational Design Domain이라고 한다. 레벨3는 ODD 내에서 운전자의 개입이 필요한 단계이고, 레벨4는 ODD 내에서는 운전자 개입이 필요 없으며, 레벨5는 ODD 외에서도 운전자 개입이 필요 없는 단계다.

자율주행 단계

단계	Level 0	Level 1	Level 2	Level 3	Level 4	Level 5
특성	자율주행 기능 없음	가·감속 등 자동화 기능 운전 보조	2가지 이상 자동화 기능 동시 작동	특정상황 시 운전자 개입 필요	특정지역 시 자율주행 가능	모든지역, 모든상황 자율주행
예시	사각지대 경고	차선유지 또는 크루즈 기능	차선유지 및 크루즈 기능	혼잡구간 주행지원 시스템	지역(Local) 무인택시	운전자 없는 완전 자율주행

자료: SAE(Society of Automotive Engineers, 미국자동차기술학회).

2022년 1월 7일, 자동차 경주 역사상 상상하지도 못했던 일이 벌어졌다. 자동차 경주장에 300km로 달리는 레이싱카가 있고, 관중도 있었지만, 운전자가 없었다. 미국 라스베이거스 모터스피드웨이에서 열린 '자율주행 챌린지Aotonomous Challenge'에서 벌어진 일이다. 심지어 가로등마저 없는 깜깜한 어둠 속에서 라이트를 켜지 않은 채로 달리는 자동차의 모습은 기존의 상식을 완전히 불식시키는 명장면 중 하나였다. 한 전문가의 설명이 인상적이었다. "This technology is not vision Based(이 기술은 시야-눈 중심이 아니다)." 자율주행 기술 경주였지, 운전 실력 경주가 아니었다.

자동차 운행에 인간의 개입이 사라지고 있다. 인간은 눈을 통해 사물을 인지하고, 뇌로 판단하며, 팔과 다리로 제어했다. 자율주행차는 눈이 아닌 센서로 사물을 인지하고, AI가 판단하며, 제어기가

'자율주행 챌린지'의 한 장면

자료: CES 2022.

속도와 방향을 조절한다. 자율주행기술은 레이더, 라이더, 카메라 등의 인지기술과 인공지능, 차량용 소프트웨어 등의 판단기술, 구동장치Actuator 등의 제어기술, V2XVehicle to Everything 통신 네트워크로 구성된다. 특히, 라이다는 대상물에 레이저를 비춰 사물과의 거리 등을 감지할 수 있는 기술로 사람의 눈을 대신한다.

주요국들은 자율주행차를 상용화할 수 있는 여건을 구축하고 있다. 미국의 자율주행 기술 및 산업 정책의 모티브는 선제적 규제 완화에 있다. 웨이모[3], 모빌아이, 모셔널, 엔비디아, 아르고 AI, 크루즈

3 알파벳(Alphabet Inc.)은 구글(Google)의 모회사이고, 알파벳의 자회사 중 구글, 웨이모(Waymo) 등이 있다.

자율주행차 인지 센서

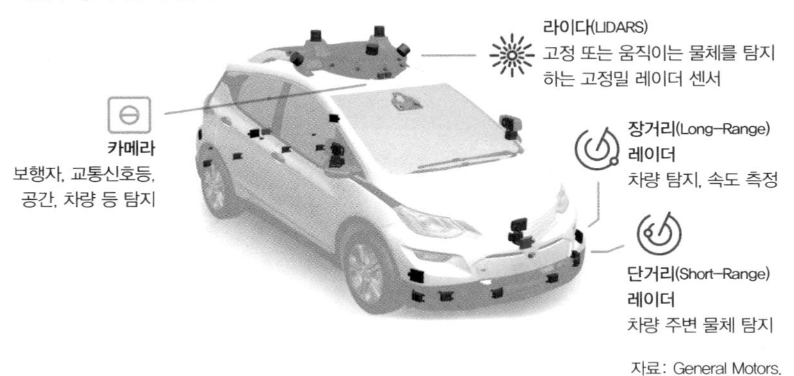

자료: General Motors.

등 자율주행 세계 최정상 기업들이 미국에서 급성장하게 된 배경이다. 일본도 자율주행 상용화를 적극적으로 지원하고 있다. 2023년 도로교통법을 개정해 레벨4 무인버스 운행을 허가할 계획이다. 독일은 2021년에 이미 세계 최초로 레벨4 자율주행차의 도로 주행을 허용하는 법률을 시행했다. 한국에서도 2020년 5월 '자율주행자동차 상용화 촉진 및 지원에 관한 법률'을 시행했고, 자율주행차 활성화를 위해 전용면허제 도입 및 보험 신설 등과 같은 제도 정비가 한창이지만, 여전히 느리다.

모빌리티, 생각이 바뀐다

'만들어서 판매'하는 방식에서 다양한 '서비스를 제공'하는 방식으로 생각 자체가 바뀌고 있다. 이는 제조업에서 서비스업으로 생태계가 바뀌고 있음MaaS, Mobility as a Service을 뜻하기도 하고, 자동차 산업이 아닌 모빌리티 산업으로 콘셉트의 전환이 일고 있음을 의미하기도 한다. 자동차 구독서비스가 확대되고, 다양한 모빌리티 플랫폼을 이용해 이용자 편의가 확대되는 것도 자동차 제조업에서 모빌리티 서비스업으로 개념의 전환이 일고 있음을 보여주는 것이다.

전통적인 자동차 강자들 외에도, IT 기업 혹은 통신사들이 모빌리티 산업에 뛰어드는 이유다. 웨이모는 미국에서 최초이자 유일하게 완전 자율주행 택시 서비스를 하고 있다. 2009년부터 자율주행차 개발에 착수했고, 수천 명의 승객을 태우고, 총 200억 마일 이상을 주행했다. 웨이모는 자율주행기술을 트럭에도 적용해 상용화에 속도를 내고 있다. 미국 화물 운송 기업인 JB헌트와 협업을 확대해 물류 분야의 자율주행에 뛰어들고 있다.

혁신의 아이콘, 애플이 내놓을 '애플카'에 시선이 집중되고 있다. 2024년이면 애플카 생산이 시작될 전망으로, 자율주행 전기차 개발에 총력을 기울이고 있다. 하드웨어, 소프트웨어, 서비스를 통합해 나갈 것이다. 자동차에 전자제품을 싣는다기보다는 스마트폰에 바퀴를 단다고 생각해도 괜찮겠다. 사람은 자동차를 타고 운전하는 것이 아니라, 가상현실VR 콘텐츠를 즐기는 등 메타버스를 앞당길 것이다. 통신사와 콘텐츠 회사들도 자율주행차 사업에 동참하고 있다.

SDV 시대, 무엇이 필요한가?

자동차는 더는 하드웨어가 아니다. 소프트웨어다. 자동차 산업에서 일어나고 있는 3가지 트렌드를 축약한다면, SDV Software Defined Vehicle 다. 소프트웨어로 통제되며, 소프트웨어로 정의되는 자동차다. 이는 곧 자동차 산업의 가치사슬이 변신하고 있음을 암시하기도 한다. SDV는 디자인 단계부터 생산 단계뿐만 아니라 소비자가 이용하는 과정까지도 거대한 변신이 시작됨을 뜻한다.

모빌리티 산업이 한국을 이끌 미래 주력산업이 되게 하기 위해서는 정부의 산업 정책도 변신해야 한다. 첫째, 자동차의 경쟁력은 주행거리가 될 것이다. 한 번 충전해 더 길게 달리기 위해서는 경량화 소재 개발과 배터리 고도화가 동시에 요구된다. 경량화 소재 및 배터리에 들어가는 리튬, 니켈, 코발트 등의 핵심 광물을 안정적으로 조달받는 것도 로드맵 안에 있어야만 한다. 둘째, 규제가 산업의 변신을 막아서는 안 된다. 자율주행의 주요 기술인 무선소프트웨어업데이트 OTA, Over The Air 조차 아직 막혀 있다. 자동차관리법상 정비업체를 방문해야만 자동차 업데이트가 가능하다. 제작 안전기준상 레벨4 자율주행차는 출시조차 어렵다. 셋째, 모빌리티 플랫폼 시장에도 경쟁력이 필요하다. 플랫폼이 주는 효용과 경제적 가치를 간과해서는 안 된다. 가치사슬 자체가 바뀌고 있음을 주지하고, 산업의 경계를 그어놓고 고민해서는 안 된다. 어떤 산업이든 막론하고 전문가들이 모일 수 있도록 해 새로운 가치사슬에 새로운 가치를 더해야 한다.

6

NFT(대체 불가능 토큰)에게 불가능한 시장은 없다

초가속의 시대다. 세상은 변화하고 있는데, 그 변화를 따라잡기가 힘들다. 인공지능이 세상을 뒤집어놓을 듯했다가, 메타버스나 암호화폐가 세상을 압도하는 키워드로 부상했다. 2021년에는 NFT 조회수가 비트코인을 넘어섰다. 2022년에도 NFT가 산업 전반에 걸쳐 확대되면서 경제를 장악할 모습이다.

매체들에서는 NFT에 관한 뉴스가 끊이지 않고 있다. 가치도 없어 보이는 이미지 파일이 수백억에 거래됐다는 소식에 당황스러웠다가, 나이키 운동화, NBA 동영상, 트위터 문구 하나가 거액에 거래되고 있다는 소식을 연속해 접하다 보니, 이제 현실이 된 듯하다. 12세 소년이 NFT를 공부해 거래한 그림으로 60억을 벌었다는 소식까지 접하면서 초조해지기까지 한다. 이제 NFT라는 변화의 물결을 외면하면 안 되겠다는 확신을 하게 만들기도 한다. NFT가 무엇이고, 어떤 영역들에 활용되고 있으며, 향후 그 경제적 가치는 무엇이 있는지 들여다보아야 한다.

NFT란 무엇인가?

통상적으로 1만 원짜리 지폐는 다른 1만 원짜리 지폐와 교환될 수 있다. 1만 원을 지인에게 빌려주었다면, 반드시 그 1만 원짜리 지폐로 돌려받아야 하지 않듯 말이다. 특별한 경우가 아니라면, 1만 원짜리 지폐는 다른 1만 원짜리 지폐와 동일한 가치로 교환될 수 있다. 즉, 대체 가능한 실물자산이다. 비트코인과 이더리움 같은 암호화폐나 스테이블 코인도 서로 동일한 가치로 거래할 수 있는 대체 가능한 토큰FT, Fungible Token의 일종이다.

NFT는 대체 불가능한 토큰Non Fungible Token의 약자로, 하나의 토큰을 다른 토큰으로 대체하는 것이 불가능한 디지털 자산을 뜻한다. 토큰마다 별도의 고유한 인식값이 부여되어 희소성과 유일성을 담보하게 된다. 저작물을 NFT로 만드는 것을 민팅minting[1]이라고 하는데, 블록체인 기술에 기초하기 때문에 위조나 조작이 불가능하다.

1 민팅(minting)이란 디지털 저작물을 이더리움 블록체인을 거쳐 NFT화시키는 것을 뜻한다.

자산의 구분

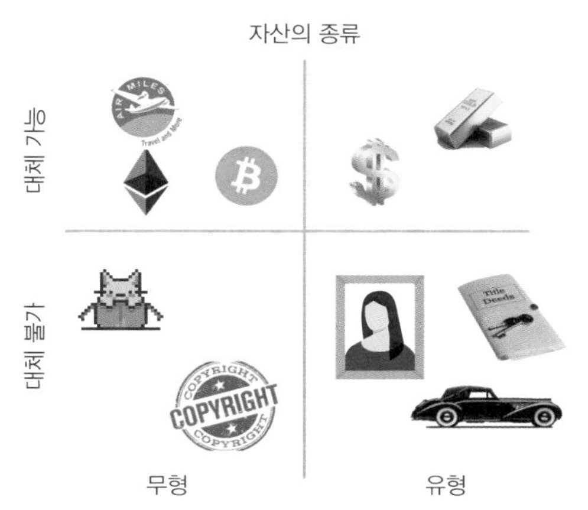

자료: BAE-Art 2020.

소위 명품에 고유의 일련번호가 붙고, 보증서가 따라다니듯, NFT는 '디지털 증명서' 역할을 할 수 있다. 복제가 쉬운 디지털 세상에서 '디지털 원본'이라는 개념이 만들어진 것이다.

아이템, 캐릭터, 미술품, 부동산, 예술품, 골동품 등에 대해 NFT를 발행하여 토큰을 생성하고, 해당 토큰의 가격이 결정되면 가상자산으로 거래하는 방식이다[2]. NFT에는 자산 고유 ID, 작품명, 이미지 등 디지털 자산을 나타내는 세부정보가 담겨 있다. 모든 영역의 자산을

2 ERC(Ethereum Request for Comment)는 '이더리움의 요구사항을 위한 표준', 즉 이더리움을 이용해서 가상자산을 발행할 때 지켜야 하는 규칙을 뜻한다. ERC는 이더리움 블록체인 네트워크에서 발행되는 토큰의 표준이며, 대체가능한 토큰의 성격을 가진 암호화폐(이더리움 등)에 사용되는 알고리즘은 ERC-20이고, ERC-721이 2018년 6월 최종적으로 채택되면서, NFT 시대가 시작되었다.

대상으로 NFT 생성이 가능하고, 디지털로 변환된 자산에 대한 가치와 희소성을 보장하는 기술이다. 디지털 자산의 정보가 블록체인 네트워크에 분산저장되기 때문에 위변조가 불가능하고, 최초 발행자부터 현재 소유자까지의 모든 거래 내역을 추적하는 것도 가능하다.

NFT 개념도

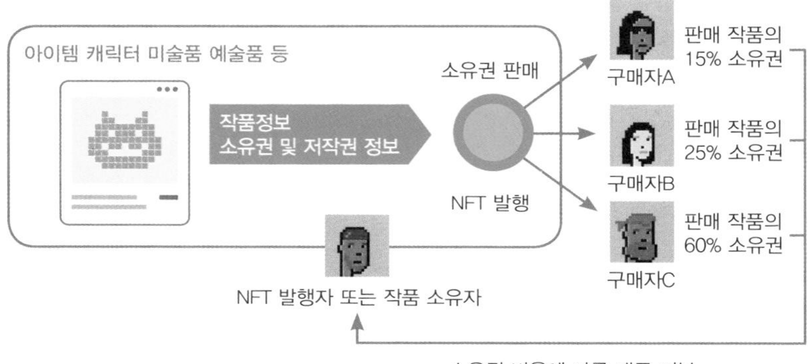

자료: 한국인터넷진흥원.

기초 설명

블록체인

공학적 설명 : 블록체인이란, 분산형 데이터베이스와 유사한 형태로 데이터를 저장하는 연결 구조체 리스트다. 블록체인에 참여한 모든 구성원이 네트

워크를 통해 서로 데이터를 검증하고 저장함으로써 특정인의 임의적인 조작이 어렵도록 설계된 저장 플랫폼이라 할 수 있다. 블록체인을 구성하는 각 블록Block은 헤더Header와 바디Body로 이루어져 있다. 헤더에는 현재 블록을 이전 블록과 다음 블록으로 연결하는 해시Hash 값과, 암호화된 시스템에서 사용되는 임의의 수인 넌스Nonce 등이 포함되어 있으며, 바디에는 거래별 트랜잭션Transaction이 기록되어 있다. 블록체인 참여자들은 해시값을 통해 해당 데이터의 정합성을 검증할 수 있다. 블록은 일정시간마다 새롭게 생성되는데, 블록체인이라는 명칭도 거래내역을 담은 신규 블록이 형성되어 기존 블록에 계속 연결되는 구조적 특성에 기인해 있다.

비유적 설명 : 한 반에 50명이 있다고 하자. 한 남학생이 한 여학생에게 카톡을 보냈다. 좋아한다고 말이다. 이때, 48명의 친구들은 그 사실을 알 수 없다. 그런데 만약 50명이 사용하는 단체카톡방이 있다고 해보자. 단체카톡방에서 똑같이 그 남학생이 여학생에게 메시지를 보냈다. 나머지 48명의 친구들을 신경 쓰지 않고 말이다. 이 경우 48명의 친구들도 이 사실을 알게 된다. 특별히 대화에 참여하지 않고서도 말이다. 어떤 대화를 나누든 단체카톡방에서 전개되면, 정보를 전달하는 매개자(중개자)도 필요 없고, 허위나 조작이 불가능해질 것이다. 블록체인은 단체카톡방과 같은 기술이다.

블록체인은 간단히, 정보 저장기술 중 하나다. 블록체인은 정보를 하나의 중앙집중형 서버에 저장하는 것이 아닌 분산형으로 저장하는 기술로, (1)중개자가 필요 없고, (2)허위나 조작이 불가능하다는 중요한 특징을 갖고 있다. 이러한 특징들을 이용해 다양한 산업에 걸쳐 블록체인이 활용되고 있다.

최근 블록체인이 디지털 콘텐츠 유통산업에 활용되기 시작했다. 인터넷 및 클라우드 등을 통해 다양한 디지털 콘텐츠들이 전달 및 공유되고 있다. 저작권이 있는 디지털 음악, 그림, 사진, 영상 콘텐츠들을 전달하는 과정에서 블록체인에 기반하여 자동으로 지급결제가 이루어지는 방향으로 시스템이 진화하고 있다. 블록체인 플랫폼은 음원 사용자들에게 다양한 정보를 용이하게 공개해주고, 창작자의 권리 보호 수준을 크게 높일 수 있을 것으로 예상된다.

음원 콘텐츠 산업의 블록체인 도입

음원 및 콘텐츠 제작자

음원 및 콘텐츠 제작자는 유통사의 중앙 서버가 아닌, 구성원 간 네트워크를 통해 연결되어 있는 블록체인 서버에 해당 제작물을 등록

블록체인 플랫폼

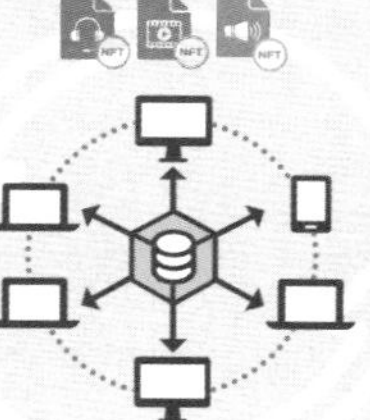

음원 및 콘텐츠 소비자

등록된 모든 음원 및 콘텐츠에는 개별 코드가 삽입되어 해당 제작물을 다운로드나 스트리밍할 경우 사용료가 제작자에게 자동으로 이체.

자료: 삼정KPMG 경제연구원.

NFT가 점유할 시장

NFT의 시초라고 할 수 있는 프로젝트는 크립토펑크Cryptopunks다. 2017년 6월 소프트웨어 기업 라바랩스는 이더리움 기반의 NFT 프로젝트로 가로세로 24픽셀로 이루어진 얼굴 이미지의 아바타 1만

개를 발행했다. 본 프로젝트는 디지털 캐릭터에 가상자산의 개념을 부여한 것이고, NFT 시장 형성의 토대를 만들었다. 현재 크립토펑크 거래가격은 1,000만 달러를 상회하는 것도 있다.

NFT 주요 거래

CryptoPunks
©
2,500 ETH
US$10,256,825.00

CryptoPunks
©
4,200 ETH
US$7,678,482.00

CryptoPunks
©
4,200 ETH
US$7,555,044.00

자료: NonFungible Corporation.
주: NFT 역대 최고 거래액 CrptoPunks(2021년 12월 26일 검색 기준).

NFT는 거의 모든 산업에 걸쳐 활용될 것이다. 첫째, 최초의 NFT 프로젝트가 그랬듯, 캐릭터 또는 아이템은 NFT의 가장 많은 활용 영역이다. 크립토키티Cryptokitties는 가장 인지도 높은 NFT 프로젝트 중 하나로, 액시엄 젠Axiom Zen에서 개발한 가상의 고양이를 수집하고 기르는 게임의 캐릭터다. 액시 인피니티Axie Infinity는 가상의 몬스터를 수집하고 진화시켜 서로 싸움을 붙이는 블록체인 게임의 캐릭터다. 한화로 수억 원에 달하는 가격에도 거래되었다. 'P2EPlay to Earn'라는 새로운 장르의 게임이 등장한 것이다.

둘째, 디지털 콘텐츠 산업에 활용 가능성이 크다. 2020년 미국프로농구NBA는 대퍼랩스Dapper Labs와 함께 NFT 거래 플랫폼인 'NBA Top Shot'을 런칭했다. 유명 선수의 하이라이트 장면을 편집한 동영상을 NFT 형태로 판매하는 방식이다. SM, JYP, 하이브 등 엔터테인먼트 기업도 NFT를 주목하고 있다. 모노튜브 측은 유튜브를 통해 진행한 '강동원 목공 라이브' 동영상을 판매했다. 트위터 창업자 잭 도시가 쓴 첫 트윗 "내 트위터 설정 중just setting up my twttr"은 290만 달러에 낙찰되기도 했다. 아무리 많은 복제품이 돌아다녀도 NFT 형태로 발행된 콘텐츠는 진품, 즉 희소성이라는 가치를 지니기 때문에 형성되는 시장이다.

셋째, 미술품, 예술품, 수집품Collectible 등과 같은 창작물 거래에 활용되고 있다. 하나의 품목에 여러 개의 NFT를 발행할 수 있으므로 투자자는 수억 원 이상 가는 작품도 소유권 일부를 가질 수 있다. 미술품 경매업체인 크리스티Christie's의 뉴욕 경매에서 비플Beeple이 만든 NFT 작품이 6,934만 달러에 낙찰되기도 했다. 코로나19로 침체하였던 예술 시장이 대중의 이목을 집중하는 데 성공하기도 했다.

넷째, 중고 거래인 리셀 시장에 활용되고 있다. 특히, 슈테크(신발+재테크)에 열광하는 MZ세대를 중심으로 상당한 관심이 쏠리고 있다. 나이키는 '크립토킥스Cryptokicks'라는 브랜드를 런칭했다. 운동화의 소유권을 추적하고, 정품 여부를 확인할 수 있는 NFT 기술을 특허 등록했다. 리셀 시장에서 한 켤레에 1억 원대에도 팔리고 있다.

그밖에도 다양한 명품 거래나 중고차 거래 등에 NFT가 확대 적용될 전망이다.

다섯째, NFT를 활용한 부동산 거래나 금융산업이 등장하고 있다. 블록체인 기업 엔진Enjin과 부동산 플랫폼 랩스LABS는 부동산 소유권 일부를 NFT로 발행하고 거래할 수 있는 기술을 발표했다. 금융 분야에서도 NFT를 담보로 대출을 제공하는 서비스를 런칭했다. NFT 담보대출 플랫폼 NFT파이fi는 캐릭터나 미술품의 NFT를 담보로 상승하는 가치의 가상화폐로 대출을 제공하고 있다. 씨파이CeFi(중앙화 가상자산 금융), 디파이DeFi(탈중앙화 금융) 등 금융업계에서는 NFT를 활용한 금융상품을 출시하거나 계획을 발표하고 있다.

NFT 거래동향과 경제적 영향

2021년은 NFT의 해라고 해도 과언이 아니다. 2018년 6월 NFT 시대가 시작된 이후, 2021년 하반기 들어 NFT 거래와 투자 및 산업적 관심이 폭발했다. NFT 거래가 하루 8만 건을 초과하거나, 하루 4억 달러가량의 거래액이 발생하기도 했다. 과열된 NFT 거래가 소강상태를 보이고 있다. 2022년에는 NFT 투자 버블이 꺼지고, 장기적인 산업적 적용이 시작되었다. 투자 과열이 주춤해지는 대신, 2021년 이전과 비교했을 때, 거래량과 거래가격 자체가 레벨업되었음을 확인할 수 있다. 가장 대표적인 NFT 마켓플레이스인 오픈시OpenSea에서 크립토펑크를 비롯한 주요 프로젝트들의 최저가격Average Floor Price도 2021년 이전 수준과 비교했을 때, 높은 수준을 유지하고 있다.

NFT 일별 거래추이

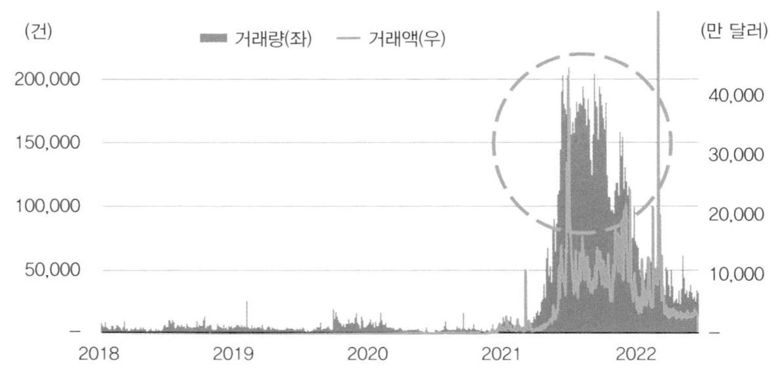

자료: NonFungible Corporation.

NFT는 기술적 가치가 상당하고, 또 다른 세상을 이룰 만큼 상당한 경제적 영향을 미칠 것으로 전망된다.

첫째, NFT는 디지털 자산시장의 형성을 의미한다. 디지털 세상에 머무는 시간이 길어지고 있다. 이 글을 쓰고 그래프나 삽화를 삽입하는 것조차 디지털 공간에서 디지털 파일을 만드는 것이지, 아날로그적으로 펜을 들고 있는 것이 아니다. 영상을 보고, 글을 읽고, 게임을 즐기고, 누군가와 연락을 주고받는 주된 일상이 아날로그가 아니라 디지털 세상인 것이다. 메타버스의 부상은 이러한 변화를 가속화 하고 있다. NFT는 가상공간에서 형성되는 모든 것들에 가치를 부여해 거래할 수 있는 환경을 만들고 있다.

둘째, NFT는 실물자산의 디지털화를 주도한다. 미술품과 예술품이 대표적인 예이지만, 부동산, 자동차 등 모든 실물자산의 거래를 디지털화할 수 있다. NFT는 실물자산에 디지털 증명서를 발행하는 것이고, 해당 자산의 진위나 소유권을 증명하는 데 용이하다. 모든 대면 서비스가 비대면 서비스로 전환되는 언택트 시대에 실물자산의 거래를 효율화할 수 있다. 각종 증명서와 계약서 등의 종이 문서를 전자문서로 대체시키고, 실물자산의 소유권을 이전하는 전 과정이 디지털화될 수 있다.

셋째, NFT는 탈중앙화Decentralization를 가속화한다. 금융관리자(정부, 은행, 증권 등)의 간섭 없이 개인 간 금융활동이 가능한 디파이Decentralized Finance[3]와 결합한다.

디파이DeFi와 NFT가 결합한 NFTfi[4]는 은행이 담보가치를 평가하여 대출을 승인하는 과정이 사라지고, 블록체인 네트워크상에서 스마트 콘트랙트를 활용하여 P2PPeer to Peer 방식의 담보대출이나 금융서비스를 제공한다. 금융기관뿐만 아니라, 부동산 중개소, 중고차 거래소, 디지털 콘텐츠 유통사와 같은 매개체(중개자)가 사라지는 새로운 산업구조로 점차 대체될 것이다.

3 DeFi(Decentralized Finance)란 블록체인 기술 기반 금융서비스로 '탈중앙화된 금융'을 뜻한다.
4 NFTfi는 NFT를 통해 형성된 디지털 자산을 담보로 가상화폐 대출을 지원하는 플랫폼을 뜻한다.

NFT가 이끄는 경제, 무엇을 준비해야 하는가?

2021년의 NFT는 과열이라고 표현될 만하다. 2022년에는 투기과열이 소강되는 모습이다. 2023년은 NFT가 전 산업에 걸쳐 본격적으로 활용되는 단계라고 판단된다. 1단계는 투기였지만, 2단계는 미술품 거래와 저작권 보호 등의 관점에서 활용될 것이고, 3단계는 소유권 보장과 탈중앙화라는 기능에 집중해 다양한 산업에 걸쳐 확산할 것으로 보인다. 따라서, NFT를 투기 대상으로 접근하는 것이 아니라 기능적 활용에 집중할 수 있는 시장 분위기를 형성하는 것이 중대한 과제가 될 것이다. NFT가 이끄는 탈중앙화는 기존 시스템이나 기득권의 거부감과 충돌할 수 있으므로, 갈등을 최소화하는 새로운 구조의 시장과 제도를 선제적으로 모색해야만 한다.

기업들은 NFT를 활용한 새 판을 짜야 한다. NFT의 기능을 활용해 새로운 비즈니스 모델을 수립하고, 이를 통해 가치를 창출해야 한다. 가상공간에서 NFT 기반으로 거래가 이루어짐과 동시에 현실공간에서 실물자산이나 창작물이 이동할 수 있도록 하는 등 현실과 가상의 경계를 허무는 전략을 고민해야 한다. 국내외 기업들의 NFT 활용사례를 분석하고, 기존의 서비스를 혁신할 수 있는 것들이 있는지 생각해봐야 한다. 예를 들어, 콘텐츠를 생산하는 기업이라면 NFT를 활용해 이용자들이 손쉽게 이용함과 동시에 요금이 부과되고 소유권자에게 실시간으로 정산될 수 있는 모델을 모색할 수 있다.

가계에는 NFT의 가치와 본질을 충분히 공부할 것을 추천한다. 창작물을 NFT로 발행하는 것도 시도해볼 수 있겠다. 창작물이 없다면 즉석에서 도화지에 그림을 그려보고, 이를 NFT로 발행할 수도 있다. 섣불리 투자에 뛰어드는 행동은 도박이 될 수 있다. NFT의 가치와 본질을 충분히 학습하는 것이 선행되어야 하겠다. NFT 투자에 관심 있는 독자라면, 유망한 프로젝트를 선별할 수 있어야 한다. 이 순간에도 수천 가지의 프로젝트가 진행 중이다. 모든 프로젝트가 성공적이거나 가치가 부여될 수 없음을 주목해야 한다.

가장 쉬운 NFT 발행

NFT 발행하기

카카오 블록체인 계열사인 그라운드 X가 제공하는 플랫폼 중 크래프터스페이스Krafterspace가 있다. 누구나 쉽고 간편하게 NFT를 발행하고 관리할 수 있는 플랫폼이다. 스마트폰이 아닌 크롬Chrome PC 버전으로 이용이 가능하다.

필자도 그동안 발행했던 경제전망 시리즈의 책 표지를 NFT로 발행해보았다. 카이카스 지갑만 있으면 누구나 가능하다. 일반 온라인 쇼핑몰 가입하는 정도의 난이도에 불과하고, 필자도 4권의 책표지를 NFT로 발행하는 데 대략 10분 정도 소요된 것 같다.

NFT 발행

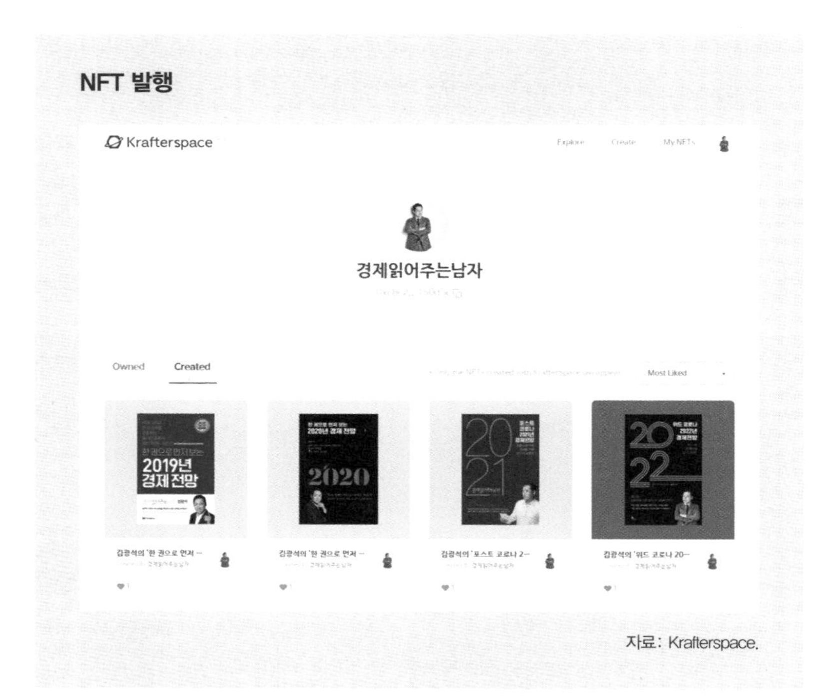

자료: Krafterspace.

7

식량전쟁의 시대, 식료품 원자재 슈퍼 스파이크 오나?

쌀 가격이 오르면, 김밥 가격을 안 올릴 수 있을까? 쌀뿐만 아니다. 달걀도 햄도 김밥 재료값이 모두 오르는데, 버틸 수가 있겠나. 손님이 주는 게 걱정이지만, 가격을 유지하면 남는 게 없으니 올릴 수밖에. 모든 식료품 원자재 가격이 오르면서, 라면, 빵, 과자 등 전반적인 소비품목의 가격이 오르는 이른바 인플레이션의 시대다.

인도네시아발 식용유 보호무역주의

인도네시아가 팜유 수출을 금지하는 일이 벌어졌다. 2022년 4월

세계 식용유 소비 현황(2021)

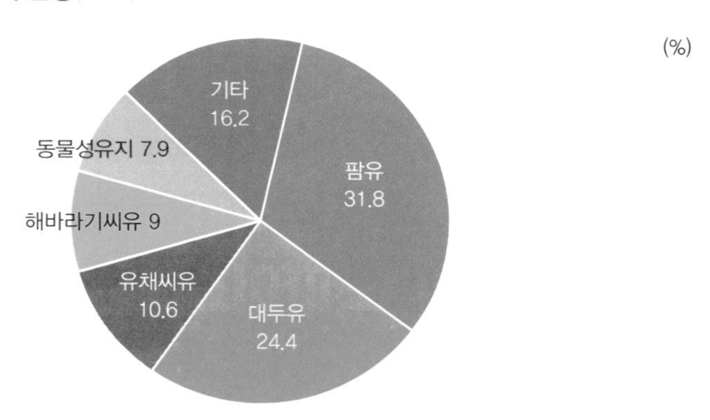

자료: CPOPC(Council of Palm Oil Producing Countries).

세계 주요국 식용유 생산 비중

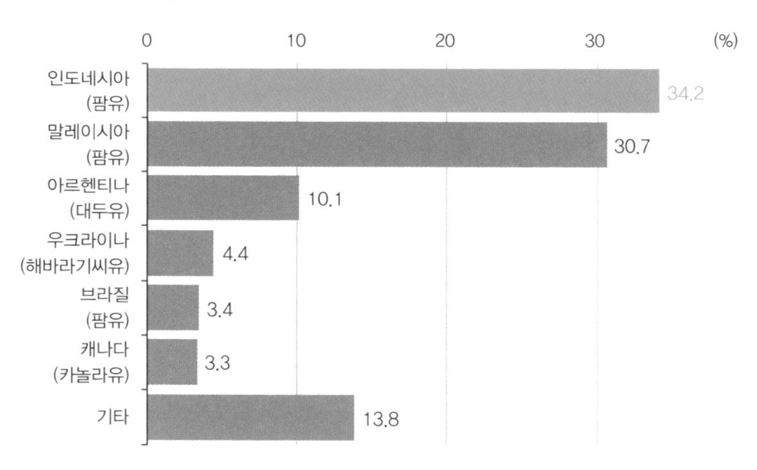

자료: OECD and FAO Secretariats.

인도네시아 정부가 자국의 식용유 품귀현상을 막기 위해 내린 조치다. 인도네시아는 세계 최대 팜유 생산국으로, 팜유산업이 구조적으로 수출에 집중돼 있었다. 2021년 세계 식용유 국제가격이 급등하는 추세 속에, 2022년 들어 발생한 러시아-우크라이나 전쟁으로 더 치솟으면서 인도네시아 팜유업체들이 수출에만 주력하게 된 것이다.

세계 식용유 쇼크가 벌어졌다. 팜유는 세계 식용유 소비의 약 31.8%를 차지하는데, 팜유 공급이 원활하지 못해 가격이 오르면 대체재인 대두유 등의 식용유 가격이 오를 수밖에 없다. 인도네시아는 세계 식용유의 34.2%를 차지하는 팜유 최대 생산국이다. 더구나 전쟁으로 인한 우크라이나의 해바라기씨유 공급 차질이나 식료품 물가 안정화를 위한 주요국의 식량 보호주의 확산 등을 고려하면 식용유뿐만 아닌 식료품 전반에 걸친 가격 상승세가 우려되는 시점이다.

식료품 원자재 슈퍼 스파이크, 현실화되나?

자원 수출국이면 원자재 가격 급등이 불안의 요소가 아니다. 기회의 요소다. 자원 빈국이기 때문에, 농산물 가격 강세가 불안하게 느껴지는 것이다. 더구나 인도네시아가 보여준 자원민족주의는 긴장감을 주기도 한다. 식용유뿐만 아니라 농산물 전반에 걸친 가격 상

주요 농산물원자재 가격 추이

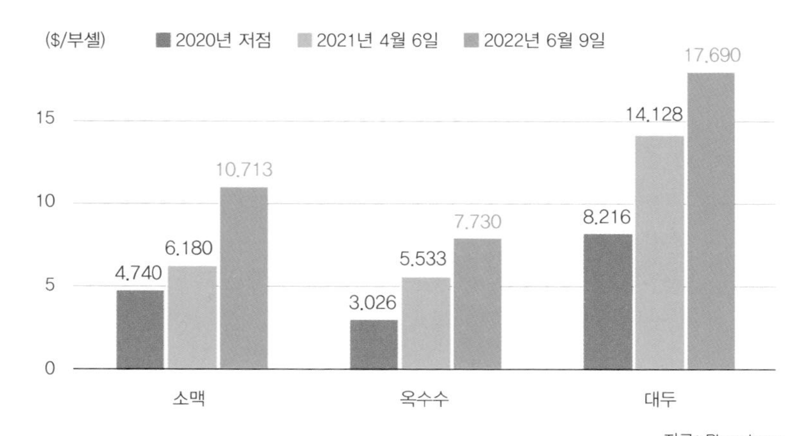

자료: Bloomberg.
주: 2020년 저점의 기준일은 소맥(6.26), 옥수수(4.28), 대두(3.16).

승압력이 한국경제의 하방압력으로 작용한다. 『위드 코로나 2022년 경제전망』에서도 원자재 가격 상승세가 지속함에 따라 경제에 상당한 부담으로 작용할 것임을 강조한 바 있다.

세계 3대 농산물원자재 가격이 치솟고 있다. 코로나19 충격으로 2020년 각 원자재 가격은 저점을 기록했고, 이후 추세적으로 상승해왔다. 옥수수는 2020년 저점에서 155.5%나 올랐고, 대두나 소맥도 각각 115.3%, 126.0% 상승했다(2022년 6월 9일 기준). 러시아-우크라이나 전쟁 이후 더 치솟고 있고, 가계소득이 정체된 상황에서 서민에게 얼마나 큰 부담으로 작용할지, 우려의 감정을 감추기 어렵다.

2023년 식료품 원자재의 슈퍼 스파이크Super Spike[1]가 세계경제를 위협할 전망이다.

슈퍼 스파이크는 원자재 가격이 4~5년간 급격히 상승하는 단계를 가리키는 말로, 통상적으로 20년 이상의 장기적인 가격상승 추세를 뜻하는 원자재 슈퍼 사이클Commodities Super-Cycle과는 차이가 있다. 원자재 전반에 걸쳐 장기 상승세를 이어가는 슈퍼 사이클을 전망할 단서를 찾을 수는 없다. 그러나 2020년 4월 원자재 지수CRB index가 저점을 기록한 이후 현재까지 상승세를 지속하고 있고, 2023년~2024년까지도 식료품 원자재 가격만큼은 상승압력으로 작용할 요인들이 상당히 많은 상황이다.

기초 설명

원자재 슈퍼 사이클

역대 원자재 슈퍼 사이클들은 장기적이고 구조적인 원인에 의해서 발생했다. 1차 슈퍼 사이클(1906~1920)은 1917년을 고점으로 발생했고, 미국 경

1 골드만삭스가 2005년 말 글로벌투자보고서에서 원자재 가격 추이를 분석하면서 처음 사용한 말로 원자재가격이 4~5년간 급등하는 단계를 의미한다. 원자재의 수요가 급격히 증가하는 데 반해, 공급이 이를 따라가지 못하여 생기는 현상이다. 골드만삭스 산하 세계투자연구센터(GIR)가 2005년 말과 2006년 초 두 차례에 걸쳐 발간한 보고서에서 처음 사용하였다. 이 보고서에서 골드만삭스는 1970년대 발생한 1, 2차 오일쇼크와 같은 유가가 급등, 배럴당 105달러에 이를 것으로 분석한 바 있다. 2008년 5월 골드만삭스는 원유소비급증, 원유의 공급부진, 석유수출국기구(OPEC)의 낮은 증산량, 주요 산유국들에 대한 외국투자 제한 등의 요인으로 전체적인 원유공급은 수요를 쫓아가지 못할 것이라는 점을 들어 향후 2년 안에 200달러까지 유가 급등이 이어질 것이라고 전망했다.

제가 부상하면서 원자재 수요가 확대되었다. 2차 슈퍼 사이클(1932~1947)은 1941년을 고점으로 한다. 제2차 세계대전 및 한국전쟁에 따른 원자재 소비와 전쟁 후 사회간접자본 재건과 같은 구조적 원인이다. 1973년을 고점으로 한 3차 슈퍼 사이클(1972~1980)은 1·2차 오일쇼크에 따라 원유 공급이 급격히 부족해졌고, 대체재 수요가 증폭되면서 발생했다.

2000년대에 있었던 4차 슈퍼 사이클(2001~2016)을 자세히 들여다보자. 2000년대 들어 중국이 사회주의적 시장경제socialist market economy를 도입하기에 이른다. 2001년 WTO(세계무역기구)에 가입하고, 국유기업의 민영화를 추진했다. 환율제도를 개편하면서 해외직접투자가 중국으로 집중되는 등 대외거래가 급격하게 증가했다.

중국이 두 자릿수로 성장하면서 세계 주요 원자재를 흡입하다시피 했다. 중국은 세계 에너지의 20%, 철강의 43%, 알루미늄의 41%를 소비했다(2012

국제 원자재 가격 추이

자료: Bloomberg.
주1: CRB Index=Commodity Research Bureau Index.
주2: S&P GSCI=S&P Goldman Sachs Commodity Indices.

년 기준). 한편, 인도, 브라질, 러시아 등의 신흥국들이 도시화를 진전시키고, 제조업을 일으키며 사회기반시설을 확충하면서 다양한 원자재 소비가 늘었다. 그뿐만 아니라 신흥국들의 국민소득이 증대되고 중산층이 확대되면서 곡물 소비가 증가하고, 커피나 코코아 등과 같은 기호성 농산물 소비도 크게 늘었다.

식료품 슈퍼 스파이크 가능성 진단

트러블 슈팅Trouble Shooting[2]이 필요하다. 어떠한 문제가 발생했을 때, 문제의 원인을 논리적이고 체계적으로 찾는 일이며, 종합적으로 해결 방안을 찾는 일을 가리킨다. 2020년 2분기 이후 식료품 원자재 가격이 급등한 다섯 가지 배경들을 중심으로 향후 슈퍼 스파이크가 현실화될지 진단해보자.

첫째, 국제유가 상승이 식료품 원자재 가격상승에 영향을 미쳤다. 국제유가 상승은 전통적으로 석유화학을 기초로 하는 화학비료 등의 가격을 상승시켜 식료품 원자재 가격을 상승시킨다. 우리 몸의

2 트러블슈팅(troubleshooting)은 문제 해결의 일종으로, 망가진 제품, 또는 기계 시스템의 망가진 프로세스를 수리하는 일에 주로 적용된다. 문제 해결을 위해 문제의 원인을 논리적이고 체계적으로 찾는 일이며 제품이나 프로세스의 운영을 재개할 수 있게 한다. 트러블슈팅은 증상 식별에 필수적이다. 처음에는 정보기술(IT)업계의 용어로 사용되기 시작해 보편화되었으며, 시스템에서 발생하는 복잡한 문제들을 종합적으로 진단해 처리한다는 뜻이다. 정부 측에선 규제 권한을 갖고 있는 중앙부처와 지자체가 한데 모여 문제를 일괄 타결하는 조정 방식으로 불린다.

70%가 물이듯, 소지품의 70%는 석유다. 원유가격이 오르면 석유화학제품의 가격이 오르고, 이를 가공해 만드는 비료와 농약 등의 가격도 오르기 마련이다. 특히, 농산물 생산단가에서 비료와 농기계용 연료가 차지하는 비중이 크기 때문에, 에너지 가격의 상승은 농업에 상당한 부담을 준다.

미국 에너지 정보청EIA, Energy Information Administration의 전망에 따르면, 2022년 2분기에 국제유가가 고점을 기록하고 이후 하향 안정화 추세를 보일 것이지만 당분간 고유가 시대는 계속될 것으로 판단하고 있다. 식료품 원자재 슈퍼 스파이크 가능성에 무게를 둘 수 있는 근거가 된다.

둘째, 지구온난화와 이상기후가 식료품 원자재 가격의 상승요인으로 작용한다. 지구온난화는 이상기후에 의한 재해를 빈번하게 하여 농산물 공급을 불안정하게 한다. 글로벌 이상기후는 주요 식료품 원자재 생산국들에 최악의 홍수나 가뭄을 가져왔고, 대두, 옥수수, 밀, 보리 등의 원자재 가격을 폭등시켜 왔다. 근래 들어 동아프리카와 서아시아 지역에는 메뚜기 떼가 기승을 부리고, 라니냐La Niña[3]는 브라질, 아르헨티나 등 곡물 수출국들의 생산과 수출을 가로막았다. 세계적으로 탄소저감을 위한 노력을 가속화하고 있지만, FAO 등과

3 적도 부근 동태평양의 해수면 온도가 평년보다 0.5℃ 이상 높은 상태가 5개월 이상 지속될 경우를 '엘니뇨(El Niño)'로 정의하고, 반대로 동태평양 해수면 온도가 5개월 넘게 평년보다 0.5℃ 이상 낮은 경우는 '라니냐(La Nina)'로 정의한다. 엘니뇨와 라니냐는 세계 곳곳에 홍수, 가뭄, 한파 같은 이상기후 현상을 일으킨다.

석유화학산업의 구조

자료: YNCC.

같은 주요 기관들은 단기간 안에 지구온난화를 막을 수 없다고 관측하고 있고, 이러한 점에서 당분간 곡물 가격 상승압력이 유지될 것으로 전망된다.

세계 식량가격지수

자료: FAO.

셋째, 화석연료를 대체하는 바이오 연료[4]가 부상하면서, 대체에너지로서 주요 곡물 수요가 구조적으로 증가하고 있다. 바이오에탄올, 바이오디젤 등과 같은 바이오 연료의 사용 확대는 세계적인 추세이

4 바이오연료는 자연에 존재하는 각종 유지 성분을 물리, 화학적 과정을 거쳐 석유와 유사한 액체 연료로 변환시킨 것이다. 화석연료 대비 미세먼지, 질소산화물, 황산화물이 현저히 적게 발생한다.

고, EU, 미국, 캐나다, 브라질, 인도, 태국 등 많은 국가가 화석연료와 혼합하여 사용하고 있다. 온실가스를 감축하고 탄소중립을 이행하기 위한 움직임의 일환인 것이다. 한국은 '신재생법'상 바이오디젤 혼합의무비율을 규정하고 있고, 현재 자동차용 경유에 바이오디젤 혼합의무비율[5]을 약 3.5% 수준에서 점차 상향하여 2030년까지 5%로 강화해나갈 계획이다. 세계적으로 많은 기업이 바이오 연료 개발을 신산업으로 추진하고 있고, 국내에는 최근 GS칼텍스와 포스코인터네셔널이 팜유를 활용한 친환경 바이오디젤 사업 진출을 추진하고 있다. 이는 바이오 연료의 원료에 해당하는 옥수수(바이오에탄올)나 대두 및 팜유(바이오디젤) 수요 증가로 이어질 수밖에 없다.[6] 더욱이 최근 국제유가 상승으로 대체재인 바이오 연료 수요가 더욱 증가하고 있다.

넷째, 러시아의 우크라이나 침공은 원자재 가격에 '기름 붓기'에 비유될 만하다. 전쟁은 일시적으로 원자재 전반의 가격을 급등시켰지만, 전쟁이 종식될지라도 식료품 원자재 가격에는 중기적인 가격 상승효과를 가져올 전망이다. 러시아는 원유나 천연가스와 같은 에너지 자원 강국일 뿐 아니라, 세계 최대 밀 수출국이기도 하다. 우크라이나도 못지않다. 우크라이나의 식료품 원자재 수출량은 세계 옥

5 국내 5개 정유사를 대상으로 2015년 7월부터 경유에 바이오디젤 혼합 의무비율 2.5%를 적용하기 시작해 2018년 3%, 2021년 7월부터는 3.5%를 적용하고 있다.

6 미국의 경우 전체 옥수수 수요 중 에탄올 부문이 34%를 차지하고, 대두유의 경우 전체 수요의 25%를 바이오 디젤이 차지한다(USDA, 미국 농무부).

일반경유에 바이오디젤 의무혼합비율 계획

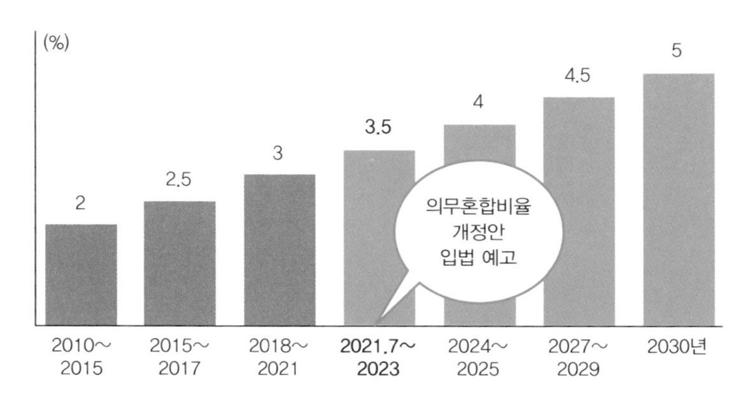

자료: 산업통상자원부.

수수의 14%, 밀의 9%, 해바라기유의 43%를 차지한다. 전쟁으로 상당수의 우크라이나 농경지가 훼손되었고, FAO는 기존의 28%에서만 재배가 가능하다고 밝혔다. 이러한 문제는 단기간 안에 해결될 과제가 아니다. 우크라이나가 곡물 수출을 재개하긴 했지만, 한계가 있다. 전쟁 중에 과연 씨를 뿌릴 수 있겠는가? 적어도 2023년 수확량에도 큰 지장을 줄 것이다.

다섯째, 글로벌 식량안보 경쟁이 식료품 원자재 가격을 더욱 요동치게 할 것이다. 식료품 보호무역주의는 러시아전쟁 이전부터 일었다. 코로나19의 충격으로 식량안보 경쟁이 시작되어 세계 각국은 식량 재고를 축적하기 위한 움직임을 단행해왔다. 2021년 아르헨티나는 옥수수를 비롯한 주요 농산물 수출 금지 조치를 단행하고, 러시아는 소맥 수출 쿼터제와 수출세를 도입했다. 앞서 기술했듯,

2022년 인도네시아는 자국의 물가 안정을 우선해 팜유 수출을 금지했다. 세계적인 밀 생산국인 인도 역시 밀 수출을 금지했고, 말레이시아는 닭고기, 생닭 및 닭고기 가공품 일체의 수출을 금지한 바 있다. 보호무역 조치는 또 다른 보호무역 조치를 불러올 것이다. 세계 경제는 초인플레이션 시대에 놓였고, 각국 정부는 물가를 안정시키기 위한 노력을 집중할 것이다. 식료품 물가 안정을 위해 자국의 농산물 수출을 막고, 해외 수입을 추진하는 이른바 '식량 전쟁'으로 이어질 가능성도 작지 않아 보인다.

글로벌 식량 전쟁의 시대, 새로운 준비

첫째, 단기적으로 식량 위기관리 대응체계를 구축해야 한다. 세계 7위의 곡물 수입국인 한국은 식료품 원자재 슈퍼 스파이크에 더 취약할 수밖에 없다. 이에 대응하기 위해서는 적정 비축량 관리가 필요하다. 쌀을 제외한 밀(12.8%), 콩(8.6%), 옥수수(7.4%) 등의 식량자원은 FAO의 권장 재고율(18.0%)에 못 미친다. 정부는 민간부문과 협력하여 적정 비축량을 유지할 수 있어야 한다. 특히, 사료용 곡물의 공공비축 도입이 필요하다. 육우 축산물생산비 중 사료비 비중이 55.2%에 달한다. 사료 가격 폭등에 따른 충격을 완화하기 위한 비축 기준 마련 등 제도적 보완이 시급하다. 식량자급률 자체가 장기적으로 떨어지고 있는 상황하에서 중장기적인 대응책을 모색해야 할 시점이다.

연도별 식량 및 곡물 자급률

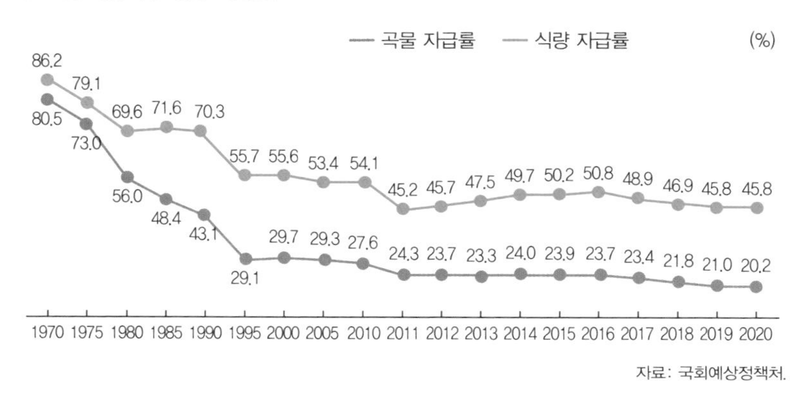

자료: 국회예상정책처.

둘째, 중장기적인 관점에서 식량자원 개발사업을 추진해야 한다. 이코노미스트Eoconomist가 평가하는 세계식량안보지수Global Food Security Index로 보아도 OECD 회원국 중에서 하위수준이다. 농지면적과 식량자급률[7]이 매년 줄고 있어, 적정 농지면적과 적정 자급률 기준을 마련하고, 이를 관리해야 한다. 농업국으로 가자는 뜻은 아니다. 경지 면적이 버슷한 네덜란드처럼 농업 정보망과 기술력을 갖추어 생산성을 끌어올릴 필요성이 있음을 제기하는것이다. 한편, 해외 식량자원 개발도 적극적으로 추진해야 한다. 80%를 수입하는 한국은 자

7 2020년 기준 한국의 식량자급률은 45.8%, 곡물자급률은 20.2%로 하락하는 추세에 있다.

원외교 등을 통해 그 80%를 생산하는 나라들과 탄탄한 식량 공급망을 구축해야 한다. 개발도상국 지원사업과 연계해 해외농업을 늘리는 노력도 필요하다. 태국, 인도는 이미 주요 곡물 수출국 대열에 합류했으니 미얀마, 베트남 등과 같은 잠재력이 큰 나라들을 중심으로 네트워크를 확보해야 한다. 민간 기업들의 식량자원 개발사업 진출을 지원하고, 해외농업 전문가도 양성해야 하겠다.

식량안보지수

글로벌 랭킹	국가	총합	구매능력	공급능력	식품 안정성	천연자원 및 회복력
1위	아일랜드	84.0	92.9	75.1	94.0	74.1
2위	오스트리아	81.3	90.5	75.2	91.2	65.7
3위	영국	81.0	91.1	72.7	89.6	69.0
4위	핀란드	80.9	91.7	66.2	93.8	75.1
5위	스위스	80.4	89.0	76.9	86.4	65.1
6위	네덜란드	79.9	89.7	73.7	92.2	61.2
7위	캐나다	79.8	87.6	77.7	94.5	54.4
8위	일본	79.3	90.0	75.7	83.4	61.9
공동 9위	프랑스	79.1	90.3	67.0	92.1	67.5
공동 9위	미국	79.1	88.7	71.0	94.3	61.3
11위	독일	78.7	90.1	69.3	87.8	66.0
12위	이스라엘	78.0	90.6	75.2	90.7	47.6
13위	스웨덴	77.9	91.0	62.7	92.3	67.3
14위	체코	77.8	88.3	69.1	81.4	70.9
21위	포르투갈	75.2	88.8	67.1	88.3	52.3
22위	폴란드	74.9	87.0	65.0	80.5	65.0
23위	러시아	74.8	86.9	64.9	85.8	59.9
공동 24위	코스타리카	73.6	84.5	61.4	82.4	67.0
공동 24위	카타르	73.6	83.8	74.4	83.5	43.4
27위	스페인	73.6	88.4	61.2	84.4	58.2

28위	그리스	73.3	89.0	59.6	89.5	53.6
29위	루마니아	72.4	81.8	66.6	85.4	52.6
30위	쿠웨이트	72.2	80.1	72.3	86.4	43.0
31위	헝가리	72.1	83.5	66.9	77.4	55.4
공동 32위	호주	71.6	84.9	64.1	87.8	44.7
공동 32위	한국	71.6	80.3	69.7	78.5	52.2
34위	중국	71.3	77.4	78.4	71.4	47.2

자료: Economist.

셋째, 식료품 원자재 가격의 충격을 관리해야 한다. 식료품 제조사들은 약 6개월분의 재고를 확보하고 있으므로 일시적인 가격폭등에는 대처할 수 있지만, 지금과 같은 장기적 비용상승에는 수익성이 악화하고 부진한 경영성과로 연결될 수밖에 없다. 실적 악화는 주가 하락으로 연결되어 악순환에 처할 수 있다. 특히, '손님이 줄까' 하는 걱정으로 메뉴 가격을 올릴 수 없는 자영업자들은 코로나19 충격을 간신히 이겨냈는데, 재료비 상승이라는 '끝판왕'을 이겨내지 못할 수 있다. 비용 상승분을 메뉴 가격에 반영하는 가격전가능력이 떨어지는 자영업자와 소상공인 등의 이중고를 치유해주는 정책 도입을 검토해야 한다.

마지막으로, 선제적 식탁물가 안정화 방안을 마련해야 한다. 홍수나 가뭄 이후 마련하는 대응책이나 한파나 폭설 이후 도입하는 대책이 아니다. 이미 식료품 물가가 2년여 동안 상승해왔고, 앞으로도 지속될 위협이 있다. 실물경제가 충분히 회복되지 않은 상황에서 서민의 식료품 물가상승으로 이어질 것이다. 똑같은 식료품 물가상승도 저소득층에게만 유독 위협적일 수 있기 때문에, 식료품 바우처 제도를 확충하거나 취약계층을 위한 필수 식료품 직접 지원 등의 정책 마련을 고려할 필요가 있다.

2023
ecession

4부

2023년 경제전망과 대응전략

1

경제전망의 주요 전제

모든 것을 송두리째 바꾸어놓았다. 바로 전쟁이다. 러시아-우크라이나 전쟁은 뚜렷하게 회복되던 경제를 멈춰 세웠다. 〈타임스Times〉 표지에서 보여주듯 2022년 코로나19는 잊혀지는 단계였다. 물리적으로는 코로나19가 재확산하는 흐름도 나타났지만, 경제주체의 마음속에서는 지워지기 시작했다. 이른바 '위드 코로나' 시대가 왔고, 코로나19는 더이상 변수가 아니었다. 백신을 먼저 확보한 선진국들을 중심으로 세계경제가 회복되던 터였는데, 전쟁이라는 통제할 수 없는 변수가 등장했다. 단기간 안에 끝날 것만 같았던 전쟁은 장기전이 되었다. 미국을 중심으로 한 서방국가들은 러시아에 대한 경제제재를 발동했지만, 이는 인플레이션이라는 부메랑이 되

IMF 경제전망 보고서 표지(2022.4)

자료: IMF(2022.4).

〈TIMES〉 표지(2022.2)

자료: 〈TIMES〉(2022.2).

어 서방국가들을 괴롭히기도 했다. 경제제재는 글로벌 공급망을 틀어막히게 했고, 에너지 위기, 식량 위기, 초인플레이션 충격, 고금리의 역습, 킹달러의 복수 등 무수한 부메랑들이 세계 경기를 침체하게 했다. IMF는 경제전망 보고서에 "War Sets Back the Global Recovery"라는 부제를 이용해, 전쟁이 세계 경제 회복세를 멈춰 세우고 있음을 강조한 바 있다.

2023년은 녹록지 않은 경제가 될 것이다. 인플레이션 쇼크와 금리의 역습이 시작될 것이다. 부동산 시장을 비롯한 자산시장의 버블이 꺼지고, 가계의 소비심리와 기업의 투자심리가 위축되는 국면이 시작될 것이다. 모두가 어렵다고 느끼는 '내핍'의 시대가 온다. 그런 의미에서 2023년 경제를 '내핍점Point of Austerity'이라고 규명했다. 위기의 성격을 제대로 알고 대응책을 강구하는 것이 매우 중요한 순간이다. 2023년 경제가 어떻게 진전될 것인지를 들여다보는 일은 '준비된 나'를 만드는 첫 단계가 될 것이다.

먼저 2020~2022년의 세계경제를 회고한다. 다음으로 2023년 세계경제를 전망하는데, 이는 세계경제, 주요국 경제, 국제유가 등과 같은 대외변수들을 판단한다. 이러한 대외변수들은 국제기구들의 전망치로 전제하고, 한국경제를 전망하는 순서를 갖는다.

경제전망에 대한 기초 설명

한국이라는 '배'는 세계라는 '바다'를 먼저 보아야 알 수 있다. 배가 아무리 튼튼히 지어지고, 연료를 충분히 보유하며, 성실한 선원들을 충분히 확보하고 있을지라도, 폭풍을 동반한 파도를 만나면 움직일 수 없다. 더욱이 대외의존도가 높은 한국경제의 구조적 특징들로 인해 세계경제라는 바다를 먼저 들여다봐야 한다. 즉, 한국의 경제를 전망하는 일은 세계 경제의 흐름을 어떻게 바라보고 있는지에 대한 전제가 선행될 필요가 있다.

한국경제는 세계경제의 흐름과 크게 역행한 적이 없다. 일반적으로 경제전망을 수행하는 국내 주요 연구기관들은 세계경제, 주요국 경제, 국제 무역, 국제유가, 환율 등에 대해서 IMFInternational Monetary Fund(국제통화기금), 세계은행World Bank, WTOWorld Trade Organization(세계무역기구), OECD(경제협력개발기구), EIAU.S. Energy Information Administration 등의 국제기구 전망치를 전제로 한다. 즉, 한국경제를 전망할 때, 세계경제의 주요 변수들은 국제기구의 전망치에 의존하는 것으로 전제하는 것이다.

2020~2022년 세계경제 회고

2020년의 변수는 코로나19였고, 2021년의 변수는 백신이었다. 2020년 코로나19로 팬데믹 경제위기가 찾아왔고, 세계경제는 1930년 대공황 이후 가장 충격적인 상황에 놓였다. 세계 경제성장률은 −3.1%를 기록했고, 모든 것을 뒤집어놓았다. 세계 주요국들은 마치 인공호흡 하듯 유동성을 급격히 공급하고 기준금리를 제로금리로 끌어내리며 경기를 부양시키는 데 총력을 다했다. 과도하게 풀려나간 유동성은 자산가치를 급등시켰고, 이른바 자산버블을 가져왔다. 더욱이 2021년 백신이 보급되면서 경제가 코로나19 이전수준으로 회복되어갔다. 2020년~2021년 주식이나 부동산 시장은 이른바 대세 상승장이었다.

2022년의 변수는 전쟁이었다. 2021년 백신의 보급으로 선진국들의 경제가 매우 탄탄하게 회복되기 시작했고, 이는 자동차, 스마트폰, 가전제품 등과 같은 내구재 수요뿐만 아니라, 외식, 스포츠, 여행 서비스 수요를 폭발적으로 끌어올렸다. 백신 보급 속도가 더뎠던 신흥개도국들로부터 원자재나 부품을 원활히 수급받을 수 없었던

주요국 기준금리 추이 및 전망

자료: OECD(2022.9.) 「OECD Economic Outlook」, Interim Report.

수준으로 수요가 넘쳐났고, 이는 공급망 병목현상을 초래했다. 인플레이션 현상이 나타나던 터에, 전쟁이라는 변수가 등장했고 인플레이션 압력을 엄청나게 가중했다. 미국을 비롯한 선진국들은 인플레이션과의 전쟁Inflation fighting을 선언했고, 빅스텝과 자이언트스텝을 단행하며 기준금리를 빠르게 인상해 나갔다. 2020년~2021년 동안의 자산버블은 2022년 들어 빠르게 수축되기 시작했다. 주식가치가 하락하고, 부동산 시장도 급격히 위축되기 시작했다. 유례없는 수준의 강달러 기조가 나타나 외환시장과 세계교역을 급격히 불안하게 만들었다.

2023년 세계경제 전망

2023년 세계경제는 '내핍점Point of Austerity'이다. 고물가의 압력과 저성장의 부담은 2023년 경제를 상당히 암울하게 만든다. IMF[1], 세계은행[2], BIS[3], OECD[4]와 같은 국제기구들은 한목소리를 내고 있다. IMF는 2023년 경제를 어둡고 불확실성이 가중된다gloomy and more uncertain고 표현했고, OECD는 전쟁의 대가를 지불하는 과정paying for the price of war에 비유하기도 했다. WTO는 전쟁으로 인해 글로벌 공급망에 제동이 걸렸고, 더디게 회복되었던 세계 교역을 위험에 처하게 했다put fragile global trade recovery at risk고 표현했다.[5]

IMF는 2023년 세계경제 성장률을 2.7%로 전망했다. 이는 지난 2022년 10월의 전망치고, 2021년 10월 기준 4.4%, 2022년 1월 기준 3.8%에서 2022년 7월 들어 2.9%로 하향 조정한 이후 추가적으로 하향 조정한 결과치다. 2022년 7월 이후 고물가 압력이 고조되고, 금리 인상 기조가 가속화되었기 때문에, 시장은 이미 2022년 10월 발표하는 IMF의 세계경제 성장률 전망치는 추가적으로 하향조정될

1 IMF(2022.10.) 「World Economic Outlook」.

2 World Bank(2022.6), 「Global Economic Forecast」.

3 BIS(2022.6) 「Annual Economic Report 2022」

4 OECD(2022.9) OECD 「Economic Outlook, Interim Report」.

5 WTO(2022.4) 「Trade Statistics and Outlook」.

IMF의 2023년 세계경제 전망

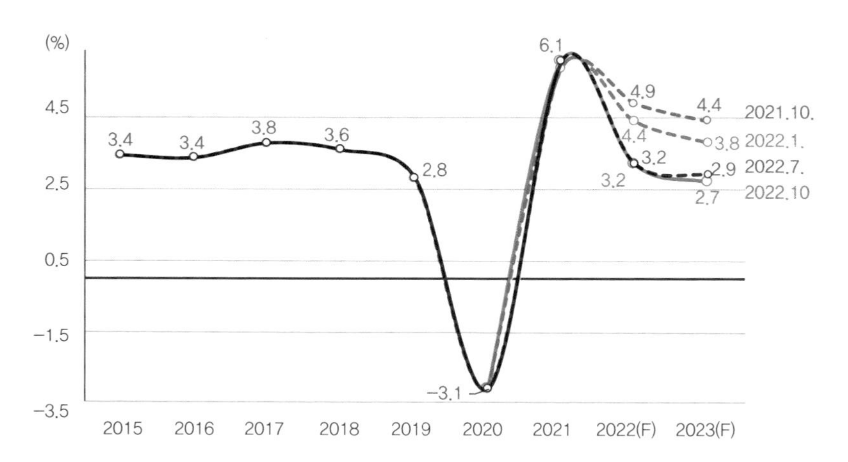

자료: IMF(2022.10.) 「World Economic Outlook」.
주: 2021년 10월과 2022년 1월, 7월 각각의 점선으로, 2022년 10월 전망은 실선으로 표시함.

것으로 판단하고 있었다[6]. 그만큼 세계경제는 종전에 보았을 때보다 긍정적 시그널보다 부정적 시그널들이 집중되는 양상이다. 예를 들어, 미국 연준Fed은 9월 FOMC회의에서 2023년 미국의 경제성장률을 1.2%로 전망했고, 이는 6월 FOMC회의에서의 전망치(1.7%)보다 0.5%p나 하향 조정한 결과다. 전망치는 하향 조정한 반면, 물가상승률 전망치(PCE 기준)는 2.6%에서 2.8%로 상향 조정했다.

2023년 세계 경제성장률을 보면 '매우 어려운 국면이겠구나' 하

6 IMF 보고서는 발표되지 않은 상황이지만, 2022년 7월 이후 인플레이션 압력과 금리인상 기조가 고조되었으며 이를 중요한 조건으로 판단하고 있는 IMF 총재 및 수석 부총재의 주요 연설과 발언을 바탕으로 추가적인 하향조정이 있을 것으로 추론이 가능했다.

는 생각이 든다. 세계 경제의 평년 성장률이 3.5% 수준이라는 것을 고려하면, 2%대를 밑도는 세계 경제성장률은 매우 부진한 경제임을 암시한다. 그렇다고 해서 2008년 글로벌 금융위기나 2020년 팬데믹 경제위기와 같은 마이너스 성장세를 보이는 위기상황은 아니지만, 매우 녹록지 않은 부진한 경기 흐름이 나타날 것을 의미한다. 차라리 위기가 왔다가 빠르게 제자리로 돌아가는 게 낫지 않느냐 하는 생각이 들 만큼 저조한 기업실적이 나타날 것이다.

전쟁 이후 어두워지는 세계 경제

자료: IMF, OECD

주: 상단의 삽화는 IMF가 2022년 7월 세계경제전망(World Economic Outlook) 보고서를 발표할 때 홈페이지에 게시한 그림이고, 하단의 삽화는 OECD가 2022년 9월 「OECD 경제전망」(OECD Economic Outlook) 보고서를 발표할 때 홈페이지에 게시한 그림이다.

2023년 경제의 컬러감은 회색이다. 2020년처럼 소나기와 폭풍이 일고 나서 맑게 개는 흐름이라기보다, 먹구름이 가득한 찌뿌연 하늘이 마음을 더욱 무겁게 만드는 느낌이다. IMF와 OECD가 각각 경제전망 보고서를 홈페이지에 게재할 때 사용했던 삽화들은 대략적인 경기흐름을 가늠케 한다. 특히, OECD가 2022년 9월 경제전망 보고서를 발표할 때 사용했던 그림은 참 인상적이다. 라디에이터(방열기)에 손을 얹어놓고, 외투를 입고 있다. 에너지 가격이 치솟아 충분히 난방하지 못하는 모습을 보여주는 듯하다. 라디에이터를 뜨겁게 틀었다면 손을 얹을 수 없기에 약하게 틀어놓았음을 보여주는 것이고, 대신 실내에서 두꺼운 외투를 입고 몸을 라디에이터에 가까이하고 있다.

2023년 주요국별 전망

선진국 권역이 신흥개도국보다 경기 하방압력이 더 높을 것으로 보인다. 러시아-우크라이나 전쟁 이전부터 미국과 유럽의 물가 상승세가 두드러졌고, 전쟁 이후 러시아 경제제재에 따른 에너지 및 식료품 가격이 급등한 것도 이들 지역이었다. 따라서 선진국들이 상대적으로 더 높은 물가 압력이 작용했고, 이에 대응하기 위해 강도 높게 기준금리 인상을 단행했다. 고물가-고금리 부담은 경기 하방압력으로 작용해 선진국 경제를 크게 둔화시킬 전망이다. 선진국 권

IMF의 선진국과 신흥개도국 경기 흐름

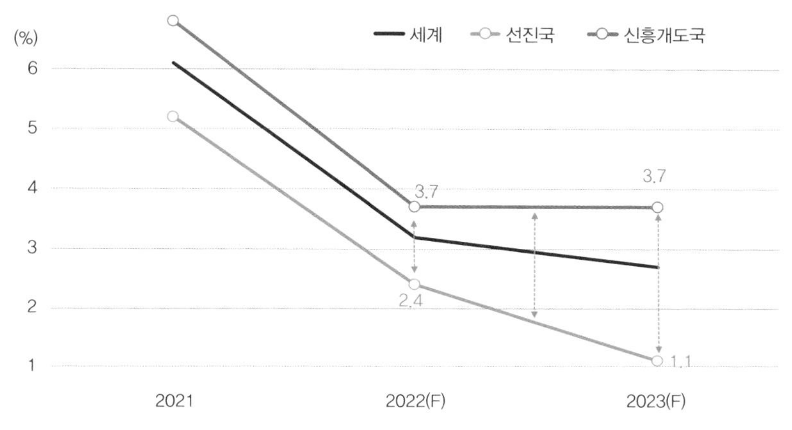

자료: IMF(2022.10.)「World Economic Outlook」.

역은 2022년 2.4%에서 2023년 1.1%로 둔화할 전망이다.

2023년 신흥개도국 권역은 옥석이 가려질 전망이다. 외환위기에 처하거나, 금융불안이 심각한 몇몇 취약신흥국들의 경우 심각한 경기침체에 처할 것이지만, 펀더멘털을 지켜온 국가들은 나름의 탄탄한 경제흐름을 유지할 것으로 전망한다. 신흥개도국 권역은 2022년과 2023년 3.7% 수준의 개선세를 유지할 전망이다. 3%대 성장세가 신흥개도국들에게도 저조한 흐름임을 보여주는 것이겠지만, 선진국들의 급격한 둔화 속에서도 '나름의 버티는 모습'이라고 비유할 수 있을 법하다.

주요국별로 살펴보자. 2023년 미국과 유로지역Euro Zone의 경기둔화가 눈에 띄게 나타날 전망이다. 인플레이션과 싸우는 과정에서 상당한 수준의 경기침체를 수용하는 국면이 될 것이다. 미국은 인플레이션 감축법Inflation Reduction Act, IRA을 활용해 해외 주요기업들을 자국으로 유치하고, 자국 기업들에게 환경보조금의 혜택이 온전히 돌아가도록 조치하는 등의 바이든 행정부의 정책의 효과에 따라 연착륙 여부가 정해질 수 있겠다. 유럽도 얼마나 빨리 그리고 성공적으로 탈러시아 즉, 러시아에 대한 에너지 의존도를 줄이는지, 또한 재생에너지 인프라를 확충해 에너지 자립화를 이루는지에 따라 급격한 침체를 막을 수도 있겠다. 2023년 미국과 유럽 경제를 보는 주요한 관전 포인트가 될 것이다.

일본은 상대적으로 물가상승압력이 높지 않고, 오히려 디플레이션의 늪에서 빠져나오는 모양새다. 그렇기 때문에 일본은 기준금리를 인상할 필요도 없다. 물가가 자연히 정상적인 수준으로 돌아왔기 때문에, 경기부양만 신경 쓰면서 완화적 통화정책 기조를 유지할 수 있다. 일본경제는 2021년, 2022년까지 1.7%를 유지하다가, 2023년 1.6%로 소폭 하향 안정화하는 흐름으로 전망된다.

중국은 엇박자의 흐름이다. 세계경제가 2022년 기준금리를 인상하는 과정에서 오히려 정책금리를 인하하며 완화적 통화정책 기조를 보여왔다. 코로나19가 재창궐함에 따라 대봉쇄 조치가 단행되고, 공장 가동률 급격히 줄어들며 물류 마비가 반복되었다. 2022년 정부의 엄격한 방역정책이 서비스 회복을 지연시키고도 있다. 세계경제가 물가와 싸우는 동안 중국은 코로나19와 싸웠고, 2023년에는 작게나마 경기부양 효과가 나타날 전망이다. 다만, 미중 패권전쟁 등의 영향으로 중국으로부터 생산공장이 이탈하는 현상이 두드러지게 나타나 과거의 폭발적인 회복속도는 기대하기 어려울 것이다. 중국은 2022년 3.2%에서 2023년 4.4%으로 완만한 회복세를 나타낼 전망이다.

2023년은 취약 신흥국 문제가 쟁점이 될 것이다. 이미 '1부 2. 내

IMF의 2023년 주요국별 경제전망

(%)

	2019년	2020년	2021년	2022년(E)	2023년(F) 2022년 1월전망	2022년 7월전망	2022년 10월전망
세계경제성장률	2.9	-3.1	6.1	**3.2**	3.8	2.9	**2.7**
선진국	1.7	−4.5	5.2	**2.4**	2.6	1.4	**1.1**
미국	2.3	−3.4	5.7	**1.6**	2.6	1.0	**1.0**
유로지역	1.6	−6.4	5.4	**3.1**	2.5	1.2	**0.5**
일본	−0.2	−4.5	1.7	**1.7**	1.8	1.7	**1.6**
신흥개도국	3.7	−2.0	6.8	**3.7**	4.7	3.9	**3.7**
중국	6.0	2.2	8.1	**3.2**	5.2	4.6	**4.4**
인도	3.7	−6.6	8.7	**6.8**	7.1	6.1	**6.1**
브라질	1.2	−3.9	4.6	**2.8**	1.6	1.1	**1.0**
러시아	2.2	−2.7	4.7	**−3.4**	2.1	−3.5	**−2.3**
ASEAN−5	4.9	−3.4	3.4	**5.3**	6.0	5.1	**4.9**
세계교역증가율	0.9	−7.9	10.1	**4.3**	4.9	3.2	**2.5**

자료: IMF(2022.10.) 「World Economic Outlook」.
주: ASEAN−5는 인도네시아, 말레이시아, 필리핀, 태국, 베트남을 가리킴.

몰리는 신흥국, 외환위기 오는가?'를 통해 자세히 짚은 것처럼, 기준금리를 높게 인상한 선진국들로 자금이 쏠리는 과정에서 신흥국들의 외환건전성이 무너질 것으로 전망된다. 이미 스리랑카와 방글라데시는 IMF에 구제금융을 신청해 외환위기에 처한 상태이고, 주변 신흥국들로 위험이 전이될 가능성이 매우 높은 상황이다. 2022년까지 신흥국들은 재정을 과도하게 투입해 정부부채가 GDP 대비 60% 이상 확대되었고, 2023년 외환위기 등에 대응할 재정여력이 충분치 않은 것으로 진단된다. 선진국으로의 자본이탈이 염려될 뿐만 아니라 자국 인플레이션을 방어하기 위해 서둘러 금리인상을 단행하고 있지만, 방어할 만한 여력이 부족한 취약신흥국들이 매우 불안한 상황이다.

2023년 국제유가 전망

국제유가는 강세 기조는 유지되나, 완만하게 안정화될 것으로 전망된다. 2022년 2분기 108.9달러대의 고점을 기록한 이후, 매우 완만하게 하락하고 있는 추세다. 국제유가는 2020년 2분기 저점을 기록한 이후 2021년 뚜렷하게 반등했다. 2022년 2분기 러시아-우크라이나 전쟁으로 국제 에너지 가격이 동반해 폭등했고, 이후 소폭하락하고 있지만 평년에 비하면 여전히 강세를 유지하고 있다.

주요 에너지 기구들은 2023년에는 국제유가가 소폭 하락할 것이지만, 공급부족 여건이 이어지면서 강세 기조를 유지할 것으로 의견을 모으고 있다. EIAU.S. Energy Information Administration(미국에너지정보청)는 WTI와 Brent 유가가 2022년 각각 95.7달러, 102.1달러에서 2023년 각각 88.6달러, 94.6달러 수준으로 하락할 것으로 전망했다.[7]

단, 러시아-우크라이나 전쟁의 확전 또는 장기화 여부에 따라 국제유가 변동성이 커질 것으로 보이고, OPEC 회원국들의 증산 여부에 따른 불확실성이 여전히 존재한다. 최근 OPEC+는 하루 200만 배럴 감산합의에 도출한 반면, 미국은 전략비축유 1,000만 배럴을 추가 방출하기로 하는 등 국제유가에 영향을 미치는 변수들이 불안하게 전개되고 있다. 기조적으로는 팬데믹에서 엔데믹 시대로 전환함에 따라 여행 서비스 수요가 급증하고 있어 에너지 수요가 늘어나고 있지만, 경기침체가 이어지면서 여행 부문의 에너지 수요 증가분을 어느 정도 상쇄할 것으로 보인다.

주요 국제유가 동향 및 전망

(달러/배럴)

구분	2019	2020	2021	2022					2023				
				1분기	2분기	3분기	4분기	연간	1분기	2분기	3분기	4분기	연간
WTI	57.0	39.2	68.2	95.2	108.9	93.7	86.0	95.7	87.3	87.4	89.0	90.7	88.6
Brent	64.4	41.7	70.9	101.2	113.8	100.5	93.0	102.1	93.3	93.4	95.0	96.7	94.6

자료: EIA(2022.10) 「STEO(Short-Term Energy Outlook)」.

7 EIA(2022.10) 「STEO(Short-Term Energy Outlook)」.

2

2023년 한국경제 전망과 대응전략

2023년 한국경제 전망

녹록지 않은 경제가 전개될 것으로 보인다. 안 좋은 선택지 중에 덜 안 좋은 것을 골라야 하는 과정이다. 고물가-고금리-고환율은 기업의 투자도 가계의 소비도 억누르는 악조건 중의 악조건이다.

2022년 국내외 경제는 코로나19 이전수준으로 회복되는 국면이었다. 러시아의 우크라이나 침공은 경제의 흐름을 송두리째 뒤바꿔 놓았다. 2020년의 변수는 코로나19였고, 2021년의 변수가 백신 보급이었다면, 2022~2023년의 변수는 전쟁이다. 전쟁의 지속 혹은 확전 여부에 따라 인플레이션의 정도가 달라질 것이고, 이는 각국

2023년 한국경제 전망에 대한 전제

기업명	업종	세부내용
시나리오1	낙관적 시나리오 : 러-우 전쟁의 조기 종식	• 인플레이션 조기 안정 • 통화정책 긴축 → 완화 전환
시나리오2 (기준)	중립적 시나리오 : 러-우 전쟁의 장기화	• 인플레이션 압력 지속 • 긴축적 통화정책 지속
시나리오3	비관적 시나리오 : 러-우 전쟁의 격화	• 인플레이션 추가 압력 • 긴축적 통화정책 가속

자료: 김광석(2022.10), 『그레이트 리세션 2023년 경제전망』, 지식노마드.

의 기준금리 인상의 속도와 정도를 결정할 것이다.

2023년 한국경제 전망은 다음과 같은 3가지 시나리오를 전제로 하겠다. 러시아-우크라이나 전쟁이 조기에 종식되는지 혹은 걷잡을 수 없을 수준으로 확전되는지 등에 따라서 낙관적 혹은 비관적 전망이 갈릴 것이다.

먼저, 시나리오1은 가장 낙관적인 상황을 전제한다. 러시아-우크라이나 전쟁이 2022년 연중에 종식될 것을 조건으로 상정했을 때, 국내외 경제는 빠른 속도로 안정화할 것으로 전망된다. 시간적 격차는 있겠지만, 러시아에 대한 경제제재가 완화되고 공급망 불안이 빠른 속도로 해소되면서 글로벌 물가가 빠른 속도로 안정화될 것으로 보인다. 인플레이션과의 전쟁을 벌이던 세계 주요국들의 통화정책 기조가 급격히 전환될 것이고, 억눌렸던 경기를 부양시키기 위해 기준금리를 인하하는 등의 움직임이 일 것이다. 공격적 투자 성향이 집중되면서, 위험자산으로 돈이 몰리고 자산가치가 급등하는 현상이 나타날 수 있다. 기업들의 신사업 투자와 가계의 소비도 반등할 것이고, 2023년 한국경제는 2.5% 수준의 잠재성장률을 소폭 상회하는 흐름이 나타날 것으로 전망한다.

시나리오2는 중립적인 가정을 전제로 한다. 러시아-우크라이나 전쟁이 2023년까지 장기화할 것을 조건으로 상정했을 경우다. 러시아에 대한 경제제재는 유지되고, 우크라이나 경작지는 추가적으로 훼손되며, 유럽의 주요 국가들이 에너지 위기에 시름하게 될 것이다. 세계의 군사적 긴장감이 글로벌 교역을 둔화시키고, 다국적 기업들은 신사업 진출을 꺼리게 된다. 인플레이션 압력이 지속됨에 따라 세계 주요국들은 상당 기간 긴축적 통화정책을 유지할 것으로 보인다. 고물가와 고금리의 압박은 한국경제의 회복을 지연시킬 것으로 판단되며, 2023년 한국경제는 1.9% 수준의 부진한 흐름이 전개될 것으로 전망한다.

시나리오3은 가장 비관적인 상황을 전제한다. 러시아-우크라이나 전쟁이 장기화하는 것은 물론이고, 러시아가 핵무기를 사용하는 등의 군사적 도발이 강화되고 미국의 직접적인 전쟁 개입이 진행되는 등 확전되는 양상이 나타날 우려가 있다. 러시아와 러시아 동맹국들에 대한 추가적인 경제제재가 가해지고, 세계 경제는 이른바 '신냉전' 체제에 이른다. 에너지 위기, 식량 위기, 공급망 위기는 엉킬 대로 엉켜 실마리를 풀기조차 어려워진다. 고물가 기조가 장기화함에 따라 주요국들의 추가적 기준금리 인상이 단행된다. 몇몇 신흥국들이 외환위기 상황에 놓이고, 금융시장의 불안이 고조된다. 안전 자산 선호현상으로 자산시장은 급격히 조정되고, 경기침체가 장기화할 것으로 보인다. 기업들의 허리띠 졸라매기와 구조조정이 일고, 가계의 소비심리는 얼어붙는다. 2023년 한국경제는 1.4% 수준으로, 몇몇 위기 상황을 제외하면 가장 안 좋은 국면에 놓일 것으로 전망한다. 1997년 IMF 외환위기, 2008년 글로벌 금융위기, 2020년 팬데믹 경제위기와 같은 주요 위기 수준은 아니지만, 그에 준하는 체감경기가 나타날 것으로 판단된다.

2023년 한국경제 전망

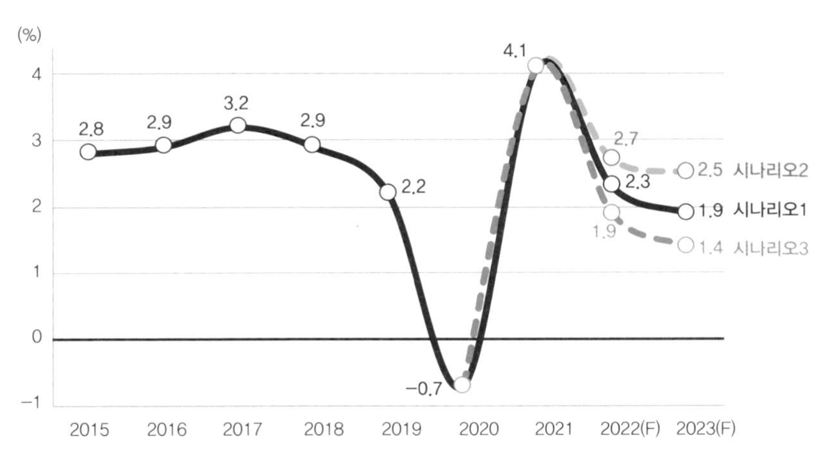

자료: 김광석(2022.10), 『그레이트 리세션 2023년 경제전망』, 지식노마드.
주1: 2022년 10월 15일 기준 전망치임.
주2: 시나리오2는 기준이 되는 중립적 전제를, 시나리오1은 낙관적 전제를, 시나리오3은 비관적 전제를 의미함.

2023년 부문별 한국경제 전망

2023년 한국경제가 부문별로 어떻게 전개될 것인지를 주목할 만하다. 경제를 구성하는 주요 부문인 소비, 투자, 수출 전반에 걸쳐 상당한 하방압력이 있을 것으로 보인다. 주요 부문별로 상세히 들여다보자. 물론, 부문별 전망치는 시나리오2를 전제로 한다.

경제성장률에 관한 기초 설명

경제 = GDP

경제성장률 = GDP증가율

경제 = GDP = C + I + G + netEx

(C는 소비, I는 투자, G는 정부지출, netEx는 순수출을 의미)

경제성장률은 경제규모(GDP)가 전년 경제규모에 비해 얼마나 증가했는지를 보여주는 지표다. 경제를 구성하는 항목이 소비^{C}, 투자^{I}, 정부지출^{G}, 순수출^{netEx}이기 때문에, 경제성장률은 C, I, G, netEx의 (가중)평균적인 증가율이 되는 것이다. 투자는 건설투자, 설비투자, 지식재산생산물투자로 구분되나, 지식재산생산물투자는 비중이 미미하여 전망의 대상에서 제외한다. 정부지출도 유사한 이유로 전망의 대상에서 제외한다. 국내외 주요 연구기관들도 같은 방법을 취한다.

(1) 소비

2023년 민간소비는 둔화하는 흐름이 나타날 것으로 전망한다. 기업들의 투자심리 위축으로 고용시장이 부진하고, 가계의 명목소득이 정체될 것이다. 물가 부담은 여전히 높아 실질소득과 실질소비는 크게 위축될 것으로 보인다.

시중금리가 상승하고 불확실성이 높다고 지각하면서, 가계는 저축성향을 높이고 현재 소비를 줄인다. 특히, 변동금리 대출자들의 이자상환 부담이 고통스러울 만큼 가중됨에 따라 소비심리가 위축될 수밖에 없다. 코로나19 방역수칙이 완화되는 과정에서 여행 및 오락 서비스 수요가 증가함에 따라 소비침체분을 일정 부분 상쇄할 것으로 보인다.

(2) 투자

투자도 미진할 것으로 보인다.

높은 금리는 기업들의 자금조달 비용을 상승시키고, 신규투자 의지를 크게 꺾어놓기 마련이다. 군사적 긴장감이 지속함에 따라 국제정치 여건도 기업들의 신사업 투자심리를 억누른다. 더욱이, 정부의 2023년 SOC 예산 축소로 공공부문 수주도 감소하기에 건설투자도 위축될 것으로 보인다.

이러한 흐름은 2022년부터 지속하였고, 2022년 건설투자와 설비투자가 마이너스 증가세를 기록할 것이기 때문에, 기저효과High Base

Effect[1]로 2023년 수치는 플러스로 전환될 것으로 전망한다. 다만 이는 숫자만 플러스일 뿐, 체감적으로는 평년보다도 부진하게 전개될 것으로 보인다. 미국의 인플레이션 감축법IRA과 유럽의 에너지 구조 개혁을 위한 '리파워EU' 등의 세계적인 탄소중립 움직임에 따라 재생에너지 인프라를 중심으로 투자 진작 효과가 있겠지만, 전반적인 투자침체 기조를 극복하기에는 부족할 것이다.

(3) 수출

한국의 수출은 글로벌 교역량의 흐름과 함께 움직인다. 2022년 한해 원자재 가격이 치솟고 강달러 기조가 나타남에 따라 세계 교역이 급격히 수축되었다. 2023년에는 IPEF 본격화와 미중 패권전쟁, 러시아 경제제재 등으로 세계교역이 둔화하는 흐름이 지속할 것으로 보인다.

WTO는 세계 상품교역량이 2021년 9.8% 증가한 데 이어, 2022년과 2023년에는 각각 3.0%, 3.4% 수준으로 증가세가 둔화할 것으로 전망했다.[2] IMF도 세계교역량이 2022년 3.2%, 2023년 2.5%의 흐

1 기저효과(Base Effect)는 경제지표를 평가하는 과정에서 기준시점과 비교 시점의 상대적인 수치에 따라 그 결과에 큰 차이가 나타나는 현상을 가리킨다. 즉, 불황기의 경제 상황을 기준시점으로 비교하면, 경제지표가 실제보다 많이 부풀려져 나타날 수 있다. 기저효과는 광의의 의미로 저점(Low Base)과 비교해 부풀려지게 나타나는 경우와 고점(High Base)과 비교해 축소되어 나타나는 경우를 모두 포괄한다. 그러나 협의의 의미로는 기저효과는 전자의 경우로 한정해 Low Base Effect를 주로 의미하고, 후자를 역기저효과(High Base Effect)로 표현한다.

2 WTO(2022.4), 「Trade Statistics and Outlook」.

2023년 부문별 한국경제 전망

(%, 만명)

건설투자 (%)	2017년	2018년	2019년	2020년	2021년	2022년 (F)	2023년 (F)
경제성장률 (%)	3.2	2.9	2.2	−0.7	4.1	2.3	**1.9**
민간소비 (%)	2.8	3.2	2.1	−4.8	3.7	3.7	**1.8**
건설투자 (%)	7.3	−4.6	−1.7	1.5	−1.6	−1.7	**2.1**
설비투자 (%)	16.5	−2.3	−6.6	7.2	9.0	−4.0	**0.7**
수출증가율 (%)	15.8	5.4	−10.4	−5.5	25.7	13.5	**2.3**
소비자물가 (%)	1.9	1.5	0.4	0.5	2.5	5.4	**3.8**
실업률 (%)	3.7	3.8	3.8	4.0	3.7	3.2	**3.7**
취업자수 증감 (만 명)	31.6	9.7	30.1	−21.8	36.9	60.0	**11.0**

자료: 김광석(2022.10), 『그레이트 리세션 2023년 경제전망』, 지식노마드.
주1 : 2022년 10월 15일 기준 전망치임.
주2: 수출증가율은 재화의 수출(F.O.B)을 기준으로 함.
주3: 시나리오2(중립적 시나리오)를 전제로 전망함.

름을 나타낼 것으로 전망했다.[3] World Bank도 세계교역량이 2021년 10.3%에서 2022년 4.0%, 2023년 4.3%로 다소 둔화할 것으로 전망했다.[4] EIA는 국제유가가 2022년의 고점에서 2023년 완만하게 하락할 것으로 전망[5]했고, 교역량에 영향을 크게 미치는 주요 원자재 가

3 IMF(2022.10), 「World Economic Outlook」.
4 World Bank(2022.6), 「Global Economic Prospects」.
5 EIA(2022.9), 「STEO(Short-Term Energy Outlook)」.

격도 소폭 안정화할 것으로 판단하고 있다.

F.O.B 기준의 재화 수출이 증가하는 흐름을 유지할 것이나, 증가세는 둔화하는 모습을 보일 전망이다. 세계무역에 부정적인 요소가 가중되고 있고, 한국의 수출은 그 경향이 더욱 강하게 나타날 것이다. 한국의 수출이 더욱 탄력적인 흐름을 보이기 때문에, 세계 교역이 둔화할 때 더 심하게 감소할 것이다. 게다가 한국의 주력 수출품목인 반도체, 자동차, 디스플레이, 배터리 등에 관해 주요국들이 보호무역 조치를 단행하고, 자국 산업의 성장을 지원하는 움직임이 한국 수출에 큰 걸림돌로 작용할 것이다.

2023년 내핍점, 어떻게 대응해야 하는가?

비머네스크Beamonesque는 어떤 악조건하에서도 놀라운 성과를 거둘 수 있음을 뜻하는 용어로 널리 알려져 있다. 1968년 멕시코시티 올림픽에서 밥 비먼Bob Beamon은 계측기의 측정 한계를 넘어선 착지를 한다. 한계치를 벗어났기 때문에 심판과 관계들은 당황해 20여 분이 흘렀고, 줄자를 찾아 어렵게 기록을 측정해 발표했다. 비먼은 엎드려 눈물을 흘렸고, 관중석에서는 엄청난 함성이 쏟아졌다. 비먼은 8.9m를 뛰었고, 2위 기록(8.19m)을 71cm나 초과했다. 세계 신기록을 경신했고, 그 후 23년 동안 깨지지 않는 경이적인 기록을 남겼다.

당시 비먼은 세계 신기록 보유자들 사이에서 주눅이 들어 있었고, 이틀간의 예선을 간신히 통과할 만큼 성적이 좋지 못했다. 예선에서 실격 직전까지 가면서 결승전에 나가지 못할 뻔했다가 가까스로 결승진출 자격을 따냈다. 결선에서의 경쟁자들은 모두 전 올림픽 금메달리스트나 세계기록 보유자였다. 극도로 무기력해져 있었고 압박감이 가슴을 짓눌렀다. 더욱이 경기 전날 과한 스트레스로 술도 마셨던 터였다.

결선의 점프를 앞두고 매우 초조해 있던 비먼에게 동료가 건넨 말이 있었다. 당시 유력한 금메달 후보였던 랄프 보스턴Ralph Boston은 이렇게 말했다. "Your legs have never been as strong as they are

비머네스크

자료: IOC.

right now. Your body weighs nothing. Your mind has wings. Use them! Fly up! Fly out!" "지금 너의 다리는 그 어느 때보다 강인해. 지금 이 순간 네 몸은 깃털처럼 가벼워. 네 마음엔 날개가 달려 있어. 그것을 사용해서 힘껏 날아오르라고!"

Defying gravity. 비먼의 멀리뛰기는 중력을 거스르는 것이었다. 압박감을 견뎌내야 한다. 내핍의 시대, 살얼음판 같은 부진한 경기 흐름에 육중한 고물가-고금리 압력이 가해질 것이다. 비먼이 좋은 컨디션에서 좋은 기록을 낸 것이 아니다. 어떤 악조건에서도 잠재력을 끌어내는 것이 필요하다. 중력을 저항하게 하는 보스턴의 조언이 필요하다. 2023년 경제를 전망했다면, 어떻게 대응할지를 모색해 2023년의 비머네스크를 만들어 보자. 2023년을 맞이하는 3대 경제 주체(가계, 기업, 정부)가 어떻게 대응해야 할지 제안을 담아 본다.

(1) 가계의 투자관점의 대응

다시는 당하지 말자. 경제를 모르면 당한다. 2020~2021년 완화의 시대, 주식과 부동산 시장의 대세 상승장이 찾아왔다. 투자의 기회가 있음을 모른 채 성실히 열심히 살아온 '월급쟁이 세입자들'은 상대적 박탈감을 느꼈다. 뒤늦게 '영끌'해서 투자했지만, 2022년 국면이 바뀌었다. 금리는 오르고 이자부담은 가중되고, 투자한 부동산과 주식은 대세 하락장을 만났다. 또다시 당해야만 했다. 이들이 열심히 일하지 않아서 당한 것이 아니다. 성실하지 않아서가 아니다. 국면의 전환을 몰랐던 것이다. 2022~2023년은 긴축의 시대다.

국면의 전환을 이해해야 한다. 우물 안에서 종목만을 보는 것이 아니라, 우물 밖의 시장 상황을 보아야 한다. 코끼리 뒷다리에 매달려 발톱만을 바라보지 말라. 산 정상에 올라가 수십 마리의 코끼리가 어디서 어디로 이동하고 있는지를 관찰해야 한다. 돈이 어디서 어디로 이동하는지 지켜봐야 한다.

"변화에 투자하라." 매 경제전망서를 발표할 때마다 강조하는 표현이다. 물론 여기서 투자는 '나 자신에 대한 투자'도 포함된다. 즉, 2023년 경제가 어떻게 전개될지를 들여다보고 변화할 환경에 어떻게 대응할지를 고민해야 한다. 금리를 비롯한 글로벌 통화정책의 향방이 바뀌기 시작했고, 돈의 가치가 움직일 수밖에 없다. 돈의 가치가 움직이니 자산가치도 움직인다.

『위드 코로나 2022년 경제전망』에서 이렇게 강조한 바 있다. "돈의 이동이 시작되었다. 이른바 머니 무브Money Move다. 수도꼭지를 마음껏 풀었다가, 이제 조금씩 잠그고 있다. 완화의 시대에서 긴축의 시대로 옮겨져 가고 있다. 테이퍼링이 단행되고, 기준금리를 인상하는 시대다. 시중금리는 이미 먼저 반응해서 상승하고 있다. (중략) 2021년 상반기까지는 공격적 투자가 유리했을지 모르지만, 2021년 하반기 이후부터는 지키는 투자가 필요하다. 역사상 가장 낮았던 금리가 이제 상승하는 시기를 맞이했기 때문에 현금 보유 비중을 늘려나갈 필요가 생겼다. (중략) '영끌·빚투'시대는 이제 끝났다."

미국을 비롯한 주요국들이 기준금리 인상을 단행하면서 시중금리가 올라갈 것이다. 2023년까지도 저축은 좋은 투자처가 될 것이다. 주식시장은 금리와 역행하지만, 선행성이 있음을 고려해야 한다. 2023년 중반에 금리의 고점이 형성될 것으로 본다면, 3~6개월 선행하는 주식시장은 2022년 말과 2023년 초에 저점을 형성할 것이다. 이후 반등하는 흐름이 나타나겠지만, 경기침체가 맞물려 나타날 것이므로 극적인 상승세는 기대하기 어려울 것이다. 즉, 2022년에는 기업들의 실적은 괜찮은데 거시경제 여건이 좋지 않아 주식시장이 폭락했다면, 2023년에는 기업들의 실적 자체가 어두울 것이다.

2022년 4분기부터 2023년까지는 기업들의 실적이 부진하게 발표될 것이다. 대표적인 예가 애플이다. 세계 시가총액 1위 기업인 애플이 아이폰14 증산 계획을 철회했다. 얼마 전까지만 해도 애플은 아이폰14 판매 예상치를 상향 조정해 초도물량 600만대 증산 계획을 세웠으나, 정식 출시 이후 계획을 철회한 것으로 알려졌다. 경기침체가 본격화할 것이라는 우려를 반영한 것이다. 뱅크오브아메리카(BOA)는 이례적으로 애플에 대한 투자 의견을 '매수'에서 '중립'으로 내렸고, 목표 주가를 185달러에서 160달러로 상당폭 낮췄다.

2023년 경제전망에 기초한 투자가 필요하다. 『포스트 코로나 2021년 경제전망』에서는 원유선물 ETF 투자를 추천했고, 『위드 코로나 2022년 경제전망』에서는 에너지뿐만 아니라 비철금속 원자재 및 탄소배출권 시장을 추종한 ETF 투자를 추천한 바 있다. 탄소중립 및 탈러시아 움직임이 가속화 하면서 풍력, 태양광, 전기차 시장은 매력적인 흐름이 나타날 것이다. 구리, 리튬, 니켈, 코발트와 같은 친환경 관련 금속green metal 수요가 집중적으로 늘어날 것이고, 이러한 광물자원 가격에 연동된 ETF 투자가 추천할 만하겠다. 이상기후 현상이 당분간 지속될 것이라는 관점에서 옥수수나 대두와 같은 식료품 원자재 투자도 적절할 수 있겠다.

2023년 부동산 시장은 '거품 수축'의 해다. 2023년 하반기까지 주택가격이 조종되는 국면이기 때문에, 내 집 마련과 투자관점의 매수 시점을 신중히 진단할 필요가 있겠다. 2023년 중반 이후 미분양 주택이 점차 해소되거나, 주택 거래량이 점차 늘어나는 현상이 나타나는 시점에서 매수 시점을 잡을 것을 추천한다. 부동산 정책이 재건축 및 초과증축 규제를 완화하는 방향으로 움직일 것이기 때문에, 수도권 주요지역들의 기회를 포착하는 것도 중요할 것이다.

(2) 기업의 전략적 대응 전략

기업은 패러다임 변화를 직시해야 한다. 기업은 경제환경에 둘러싸여 있고, 그 환경은 끊임없이 변화하고 있으므로 그 자리에 머무를 수만은 없다. 세계적으로 경기가 둔화하고, 통상환경이 만만치 않을 것이다. 긴축전략tightening strategy이 필요하다. 즉, 허리띠를 졸라매야 한다. 확장적인 사업전략을 취하기보다, 수익성이 높은 캐시카우cash cow에 집중하는 방향이 적절할 수 있겠다. 해가 비추기 전까지 비가 오는 기간에는 준비의 시간을 충분히 가져야 한다. 금리뿐만 아니라 원자재나 인건비도 높은 국면에서는 수축해 있다가, 경기 바닥을 통과하는 지점에 본격적으로 신사업 진출과 신제품 출시해야 한다.

신흥국 외환위기 가능성이 고조되고 있기 때문에, 그 위험이 전이되지 않도록 해야 한다. 신흥국 위험이 주변 신흥국으로까지 전이될 수 있고, 부분적으로 한국 기업에 영향을 줄 수 있다. 채무불이행에 처하는 기업들로부터 대금 회수에 차질이 발생하지 않도록, 취약 신흥국에 대한 실시간 모니터링이 있어야 할 것이다. 잠재적 위험이 감지될 때 해당국 공급업자나 현지 법인 및 파트너사를 중심으로 위험을 관리함으로써 조기 대응에 나서야 한다.

공급망 안정화를 이루어야 한다. 탈세계화가 진전되고, 블록경제가 도래하고 있다. 특히, IPEF를 둘러싼 미중 패권전쟁이 격화될 위협이 있다. 중국과 러시아의 동맹이 강화되고, 미국-유럽 동맹국과의 갈등과 긴장감이 조성될 수 있고, '제2의 요소수 사태'가 있을 수 있음을 감안해야 한다. 무엇보다 원자재 조달이나 제품 수출 등이 특정 국가에 편중되게 의존적이지 않도록 체제를 정비해야 한다. 기업의 구매담당 부서는 IPEF 참여국들을 중심으로 소재 공급처를 확보하는 등 사전 대응에 나서야 한다.

기업들은 산업 패러다임 변화를 관찰해야 한다. 인구구조 변화, 탄소중립 노력 가속화, 웹3.0 시대, NFT 시장의 부상, 에너지 위기, 식량 위기 등과 같은 변화 속에서 위협요인을 직시하고, 기회요인을 빠르게 포착하는 노력이 요구된다. '규모의 경제'가 가고, '속도의 경제'가 왔다. 즉, 방향을 포착하고 변화를 선도해야만 속도경쟁에서 이길 수 있다.

ESG는 유행이 아니라 새로운 물결이다. ESG 열풍이 2020년 시작되었다면, 2023년은 ESG 2.0 시대다. 사회적인 책임감으로 ESG 경영을 시도하는 시대가 아니라, ESG가 하나의 부상하는 산업이 되고, 신사업 전략이 되는 시대다. ESG를 외면하면, 소비자로부터 외면받는다. E(친환경 접근), S(사회 문제 해결), G(기업 지배구조 개선)가 '이윤 추구'라는 기업의 목적과 상충되는 것이 아니라, 이윤을 극대화하기 위해서 고려해야 할 경영패러다임인 것이다. ESG 경영 사례들을 축적하고, 차원이 다른 ESG 경영을 시도하는 것은 기업의 피할 수 없는 전략적 방향이어야 한다.

(3) 정부의 정책적 대응 전략

정부의 대응책이 그 어느 때보다 중대한 시점이다. 세계는 군사·안보적으로 첨예하게 대립하고 있고, 금융·외환 시장은 극도로 불안정하다. 신흥국들의 외환위기 가능성이 고조되고 있고, 고물가-고금리-고환율이라는 최악의 경제환경이다. 경제주체들이 어려운 상황에 부닥치지 않도록 진두지휘해야 한다. 특히, 경제 상황에 맞는 유연한 정책이 필요하다. 기존에 제시했던 공약과 정책 방향이 아무리 좋을지라도, 글로벌 리세션에 대한 우려가 있기 전과, 우려가 현실화한 상황에서는 맞지 않는 것들이 있다. 특히, 경제주체들에게 부담을 가중시키는 정책이나, 무분별한 확장적 사업을 추진하는 것은 금물이다.

'IMF 외환위기 다시 오나?' 경제주체들의 걱정이 이만저만이 아니다. 위기관리가 필요하다. 현재로서는 한국이 직접적으로 외환위기 상황에 놓이지 않은 것으로 판단된다. 그렇다고 과도한 안도감을 갖는 것이 아니라, 구조 개선을 통해 외환·금융시장을 안정적으로 관리해야 한다. 1996년 당시에도 위기의 조짐은 나타났다. 수출액은 감소하고, 대외 채무는 폭증하며 성장률은 급격히 떨어지고 있었다. 그런데도 구조 개선을 단행하지 않고 과다한 외채를 끌어와 과잉투자를 벌였다. 지금의 상황과 유사한 면이 있다. 외환건전성이 급격히 떨어지고 있고, 무역수지 적자가 해소되지 않고 있다. 대외채무를 줄이고, 취약 신흥국들로부터 위험이 전이되지 않도록 관리하는 등 위기대응태세를 갖추어야 한다.

세계화가 종식되고, 탈세계화가 진전되고 있다. '글로벌 경제'는 가고, '블록경제'가 오고 있다. 미중 패권전쟁이 군사적인 충돌로 확전될 우려가 있다. 다시는 특정 국가의 경제보복에 나라가 흔들리는 일이 없도록 해야 하겠다. 특히, IPEF가 주는 위협을 최소화하고, 기회를 포착하는 데 대외정책을 집중해야 한다. 원자재 수급과 벨류체인 및 수출에 이르기까지 IPEF 참여국들로 다변화해야 한다. 반도체를 비롯한 배터리, 디스플레이, 청정에너지 등과 같은 주력산업의 기술 및 인적교류를 통해 고부가가치 사업을 선점하는 데 중점을 두어야만 한다. 식료품 원자재를 비롯한 에너지 및 광물자원의 수급난을 고려해 해외자원개발사업 및 자원 외교를 추진하는 것도 늦출 수 없다.

'수출로 먹고사는 나라'인 만큼 수출 촉진 노력을 게을리할 수 없다. 글로벌 경기 둔화에 따라 한국의 수출 감소 우려가 커지고 있다.

대외 환경변화에 대응할 수 있도록 공공과 민간부문의 적극적인 소통과 협력이 필요한 시점이다. 기업들이 글로벌 공급망을 재편하고 신시장을 확보하는 과정에서 시행착오를 최소화할 수 있도록 시장 특성별 차별화 전략 및 신시장 개척 방안 등에 관한 방법론과 노하우를 공유할 수 있도록 해야 하겠다.

취약계층을 보살피는 일에 게을리함이 없어야 한다. 양 떼는 먹잇감만을 찾아 풀이 많은 곳으로 움직이지만, 정부는 위험하지 않은 곳으로 양들을 인도해야 한다. 물가는 치솟고 소득은 불안정한 어려운 국면에서 저소득층과 취약계층을 돌보지 않는다면, 그 정부는 아무것도 하지 않는 것이나 마찬가지다. 어떤 계층에게 어떤 지원을 제공해야 할지를 고심해야 한다.

정부는 위기 상황에서도 다음 경로를 감지해야 한다. '죽음의 계곡'을 지나는 것도 중요하지만, 이후 어떤 먹거리를 위해 도전할지를 미리 모색해야 한다. 반도체, 전기차, 배터리, 재생에너지, 디스플레이, 콘텐츠, NFT 등과 같은 유망산업의 경쟁력을 확보하기 위한 환경을 마련해야 한다. 유망기술 인재를 육성하고, 해외 주요기업들을 국내 유치해 기술교류가 일어날 수 있도록 유도해야 한다. 과거의 규제가 미래의 신성장 산업을 제약하지 않도록 합리적 규제체제를 마련하는 것도 절대적으로 필요한 일이다. 오늘을 살지만, 내일을 고민해야 한다. 경제주체들이 다음 단계로 도약할 수 있도록 '성장 사다리'를 놓는 경제·산업 정책이 필요하다.

그레이트 리세션
2023년 경제전망

초판 1쇄 발행 2022년 10월 20일

지은이 김광석
펴낸이 정병철
기획편집 조혜정
디자인 강수진
펴낸곳 ㈜ 이든하우스출판

출판등록 2021년 5월 7일 제2021-000134호
주소 서울시 마포구 양화로 133 서교타워 1201호
전화 02-323-1410 **팩스** 02-6499-1411
메일 eden@knomad.co.kr

ISBN 979-11-92248-06-6 (13320)